Hegels *Logik* lesen
Ein Selbstversuch

Patrick Eiden-Offe

Hegels *Logik* lesen

Ein Selbstversuch

Matthes & Seitz Berlin

Für Bender

Inhalt

I Ein Gespräch über Bäume. Politik und Humor

»Was sind das für Zeiten, wo / Ein Gespräch über Bäume fast ein Verbrechen ist / Weil es ein Schweigen über so viele Untaten einschließt!« Was sind das für Zeiten, in denen ein Gespräch über Philosophie – ein langes, fortgesetztes Gespräch mit einem von jenen »alten Büchern«, an die schon Brecht sich so gern gehalten hat – einem selbst schon vielleicht nicht gerade wie ein Verbrechen, so doch wie eine Flucht vorkommt …

Ohne unsere »finsteren Zeiten« mit jenen gleichsetzen zu wollen, in denen Brecht sein großes Gedicht »An die Nachgeborenen« geschrieben hat – es ist in den 1930er-Jahren im dänischen Exil entstanden und wurde kurz vor Ausbruch des Zweiten Weltkriegs in Paris in der *Neuen Weltbühne* publiziert –,[1] so lässt sich doch nicht von der Hand weisen, dass mich selbst bisweilen ein ungutes Gefühl, das Gefühl eines unlauteren (und vielleicht dafür umso lustvolleren) Eskapismus beschlichen hat, als ich mich im Winter 2018/19 jeden Morgen hingesetzt und Stück für Stück, Satz für Satz Hegels *Wissenschaft der Logik* – nun, nein, nicht: durchgearbeitet, sondern: durchgelesen habe. Tag für Tag eine Stunde in der Früh, und bis zu meinem Geburtstag im Frühling wollte ich durch sein mit den 800 Seiten: Das waren die selbstauferlegten Spielregeln, das klingt machbar, und das war es auch. Aber begrenzbar auf die eine Stunde am Tag war die Auseinandersetzung mit Hegel natürlich nicht; das Gelesene wirkt fort, verknüpft sich, bildet Knoten und löst sie, vergisst sich und taucht an unerwarteter Stelle wieder auf, kurz: Es hält einen dann doch den ganzen Tag (und darüber hinaus) auf Trab. Und bedeutet die Anstrengung (und Lust), die damit verbunden ist, nicht auch ein »Schweigen« über die drängenden Probleme der Welt?

Sicher, es gibt noch entlegenere Gegenstände, noch eskapistischere Beschäftigungen. Immerhin ist Hegel offenkundig auch ein Philosoph des Politischen, und so wurde und wird er immer auch rezipiert. In der Gegenwart gibt es – unter Fachphilosoph*innen, zu denen ich nicht gehöre, aber auch darüber hinaus – ein starkes Interesse an Hegels Rechtsphilosophie, in der viele ein probates Mittel zur Überwindung der Krise der liberalen Demokratien sehen.[2] Das ganze 20. Jahrhundert hindurch wurde Hegel als Ratgeber in Krisen- und Umbruchsituationen herangezogen: Lenin las 1914/15, als der Ausbruch des Ersten Weltkriegs alle Beteuerungen einer internationalen Vereinigung der Arbeiterklasse grausam dementiert zu haben schien, im Züricher Exil Hegels *Logik*, und ohne diese Lektüre hätte er das massenhafte Blutvergießen womöglich tatsächlich als End- und nicht als Durchgangsstation zur Revolution verstanden. In den 1930er und 40er-Jahren, angesichts des historischen Faschismus, haben so unterschiedliche marxistische Denker wie Georg Lukács und Herbert Marcuse Hegel nicht nur gegen den Vorwurf in Schutz genommen, Vordenker des Faschismus und/oder des Totalitarismus zu sein – Vorhaltungen, die bezeichnenderweise sowohl von den Stalinisten wie von Liberalen erhoben wurden –, sie haben auch einen selbst schon zutiefst revolutionären Hegels präpariert, dessen Beschäftigung mit den Problemen der politischen Ökonomie des aufstrebenden Kapitalismus dann von Marx tatsächlich nur noch vom Kopf auf die Füße gestellt werden musste. Und noch in den 1960er-Jahren, vor und während der Revolte von '68, haben Theodor W. Adorno und Jürgen Habermas ihre auf Aktion gestimmten Student*innen Hegel büffeln lassen – gerade auch die *Logik*.[3] Diese haben sich ihren eigenen Reim darauf gemacht und gleich eine ganze »Neue Marx-Lektüre« aus dem Boden gestampft;[4] der ausgewilderte und dann früh verstorbene Adorno-Schüler Hans-Jürgen Krahl kann mit seinen »Bemerkungen zum Verhältnis von Kapital und Hegelscher Wesenslogik«, 1970 zuerst veröffentlicht in einem Suhrkamp-Bändchen zu *Aktualität und Folgen der Philosophie Hegels*, dabei als Diskursbegründer gelten.[5] Der »Hegel-Marxismus« wurde dann vielfach zum Synonym einer hochgradig ausdifferenzierten und offensichtlich überstudierten, zugleich aber auch verstockt-doktrinären linken Theorie-Szene der 1970er- und 1980er-Jahre, von deren Spätformen noch meine eigene theoretische Sozialisation geprägt wurde.

Nun, das alles waren *nicht* die Gründe, mich nun – hier und heute – selbst mit Hegel und seiner *Logik* auseinanderzusetzen. Es ging mir nicht darum, meine eigene Kritik an den politischen und ökonomischen Zuständen der Gegenwart philosophisch tieferzulegen und im Rekurs auf Hegel zu fundieren oder zu fundamentalisieren: *Das* wäre mir in unseren »finsteren Zeiten« tatsächlich als verlorene Liebesmüh' erschienen. Der große marxistische Literaturwissenschaftler Hans Mayer – ein Freund und Diskussionspartner so unterschiedlicher Figuren wie Lukács und Bataille – hat in seinen Memoiren einen Satz über Hegel geschrieben, der mir nicht mehr aus dem Kopf gegangen ist, seit ich ihn aus irgendwelchen Gründen mit 18 oder 19 gelesen habe. Er habe, so schreibt Mayer über seine Zeit als linker KPD-Dissident im Exil, Hegels *Phänomenologie des Geistes* »immer wieder gelesen: nicht als berühmtes Buch der Philosophiegeschichte, sondern als Einübung beim Verstehen meiner jeweiligen Gegenwart.«.[6] Nachhaltig irritiert hat mich hier die Betonung der »Einübung«: Es geht also nicht darum, Hegel'sche Begriffe auf die eigene Gegenwart zu applizieren, um diese dann als verstandene in die Tasche stecken zu können, sondern darum, die Gegenwart erst einmal als eine unverstandene anzuerkennen und sich ihr dann in einem langen Prozess anzunähern. Das Verstehen ist kein rein kognitiver Akt, sondern eine Praktik, eine wiederholte und sicher immer auch körperlich zu verstehende Handlung; in der Rede von der »Einübung« habe ich immer auch etwas Rituelles, vielleicht eine Art Meditationspraxis mitgehört, die seltsam quer liegt zu dem, was in der Linken üblicherweise unter »Theoriearbeit« verstanden wird. Dass Mayer im Pariser Exil dem Collège de Sociologie nahestand, kann angesichts eines solchen Verständnisses von Theorie – und von Hegel – nicht mehr verwundern.[7] Meine Hegel-Stunde am Morgen, die immer gleiche Abfolge, einen langen Berliner Winter lang: Vielleicht mehr eine »Einübung« ins Verstehen denn das Verstehen selbst? Eine Einübung ins Verstehen des Verstehens, in die Reflexion der Reflexion, eine Hegel'sche Meditation? Sehr schnell jedenfalls wurde mir klar, dass ich zunächst einmal alles *vergessen* – oder genauer: dass ich aktiv alles *abbauen* oder *destruieren* – musste, was ich über Hegel wusste oder zu wissen meinte, wenn ich ihn wirklich lesen wollte.

Oder umgekehrt: dass das Lesen der *Logik* gar nicht so sehr ein neues Wissen erzeugt, sondern vor allem Gerüchte und angemaßtes Wissen zerstört – zunächst einmal die Gerüchte über Hegel selbst, die in meinem Kopf herumspukten. Erst von dem so zu erreichenden Nullpunkt aus wird es dann möglich, ein neues, ein anderes, ein nicht bloß antiquarisches Verständnis des Hegel'schen Denkens zu erreichen;[8] ein Verständnis, das – so viel kann ich vorwegschicken – im Hegel'schen Text vor allem die Kraft zum Abbau, zur Auflösung, zur rückhaltlosen Negation zu entfesseln versucht. Mein Selbstversuch mit Hegel: Er ist nichts anderes als eine Einladung, mich auf diesem Weg des Negativen zu begleiten.

Dass jedes Verstehen, auch das der eigenen Gegenwart, an Übung, an Einübung gebunden ist, das war dem Theatermann Brecht ganz selbstverständlich. Und wenn ich in Brechts Gedicht »An die Nachgeborenen« jene Skrupel auf den Punkt gebracht sah, die ich selbst gegen meine Beschäftigung mit Hegel (»ausgerechnet!«) heute hegte, so fand ich bei Brecht auch einen Hinweis, der mir dieselbe Beschäftigung selbst »in finsteren Zeiten« wieder lohnend erscheinen ließ.

In seinen *Flüchtlingsgesprächen*, entstanden im Winter 1940/41 nach der Flucht aus dem nun von den Deutschen besetzten Dänemark, lässt Brecht den durchs Exil deklassierten und nun – wie er selbst – ebenfalls in Finnland gestrandeten Intellektuellen Ziffel mit dem klassenbewussten Proleten Kalle aufeinandertreffen, der es nach einer Zeit im KZ Dachau nun endlich auch raus aus Deutschland geschafft hat.[9] Das in der Transitsituation Tag für Tag beim Warten auf Möglichkeiten der Weiterreise immer wieder aufgenommene Gespräch zwischen beiden kommt von den allfälligen Problemen des Tages – es geht um Pässe und schlechte Zigarren – schnell auf philosophische Fragen: Was ist das heute, der Mensch, und was ein »Untermensch«? Was ist Ordnung, was Tugend? Gibt es einen gültigen Begriff des Guten? Das zehnte Gespräch schließlich trägt einen seltsamen Titel: »Dänemark oder der Humor / Über die Hegelsche Dialektik«.[10] Hier erklärt Ziffel, der Intellektuelle, warum »der Philosoph Hegel« gerade in den Härten des Exils ein unerlässlicher Ratgeber ist. Die verblüffende Antwort: wegen seines Humors. Hegel habe gar, so Ziffel, »das Zeug zu einem der größten Humoristen unter den Philosophen gehabt«. Hegels Humor belegt Ziffel an einem politischen Beispiel: »Er hat einen solchen Humor gehabt, daß er sich so etwas wie Ordnung zum Beispiel gar nicht hat denken können ohne Unordnung. Er war sich klar, daß sich unmittelbar in der Nähe der größten Ordnung die größte Unordnung aufhält, er ist so weit gegangen, daß er sogar gesagt hat: an ein und demselben Platz.«[11] Dass Ordnung hier unmittelbar politisch zu verstehen ist, wird nicht nur in der Fortsetzung deutlich, wo Ziffel Hegels Staatstheorie zusammenfasst (Hegel habe den Staat begrifflich dort entstehen lassen, »wo die schärfsten Gegensätze zwischen den Klassen auftreten«: ein schon sehr marxistischer Hegel, den Ziffel hier präsentiert ...), sondern bereits aus der Erinnerung an ein vorheriges Gespräch, in dem Kalle auf seine Haft in Dachau und auf den SS-Wachmann Schiefinger zurückkommt, den »ordentlichste[n] Mensch[en], den ich im Leben kennengelernt hab«: »Wenn er uns mit der Lederpeitsch geprügelt hat, ist er so gewissenhaft vorgegangen, daß die Striemen, die er verursacht hat, ein Muster ergeben haben«. Ordnung, so wird hier klar, das ist »[b]lutiger Ernst. Ein Ernst, der nicht blutig ist, ist keiner.«[12]

Wenn Hegel nun in der Ordnung die Unordnung sieht – und sich die Ordnung gar nicht anders denken kann als durchsetzt von Unordnung –, dann ist Hegels Humor unmittelbar politisch, weil er dem blutigen Ernst die schreckliche Unausweichlichkeit nimmt, ohne diese unsichtbar zu machen oder zu beschönigen. Indem Hegel bestreitet, »daß eins gleich eins ist«, wie Ziffel behauptet, bestreitet er zugleich die in sich ruhende Faktizität des Schreckens – denn »alles, was existiert«, muss für Hegel »unaufhaltsam und unermüdlich in was anderes übergeh[en], und zwar in sein Gegenteil«.[13]

Dies mag noch eine sehr allgemeine Art sein, die Dialektik zu beschreiben; eine Art, bei der zumal nicht klar wird, warum sie eigentlich komisch sein soll. Die Rede von Hegels Humor wird erst da schärfer, wo Ziffel vom Philosophen auf dessen Philosophie zu sprechen kommt, und Ziffel vollzieht diesen Übergang (wieder) mit einer komischen Übertreibung. Denn es soll (ausgerechnet!) *Die Wissenschaft der Logik* sein, die für Hegels Humor einsteht:

»Sein Buch *Die große Logik* habe ich einmal gelesen, wie ich Rheumatismus hatte und mich selbst nicht bewegen konnte. Es ist eines der größten humoristischen Werke der Weltliteratur. Es behandelt die Lebensweise der Begriffe, dieser schlüpfrigen, unstabilen, verantwortungslosen Existenzen; wie sie einander beschimpfen und mit dem Messer bekämpfen und sich dann zusammen zum Abendessen setzen, als sei nichts gewesen. Sie treten sozusagen paarweise auf, jeder ist mit seinem Gegensatz verheiratet und ihre Geschäfte erledigen sie als Paare, das heißt, sie unterschreiben Kontrakte als Paar, führen Prozesse als Paar, veranstalten Überfälle und Einbrüche als Paar, schreiben Bücher und machen eidliche Aussagen als Paar, und zwar als völlig unter sich zerstrittenes, in jeder Sache uneiniges Paar! Was die Ordnung behauptet hat, bestreitet sofort, in einem Atem womöglich, die Unordnung, ihre unzertrennliche Partnerin. Sie können weder ohne einander leben noch miteinander.«[14]

Diese Lesart ist zunächst natürlich ein Witz, aber es ist ein guter, der etwas Entscheidendes an seinem Gegenstand trifft. Der komische Effekt von Ziffels Beschreibung selbst kommt zunächst dadurch zustande, dass er die starke Subjektivierung – oder gar Anthropomorphisierung – der Begriffe aufnimmt, die in Hegels Philosophie überall ins Auge springt: Für Hegel sind es nicht Menschen, nicht Philosophen, die Begriffe bestimmen, sondern die Begriffe »bestimmen sich selbst«. Sie besitzen eine eigene Handlungsmacht, ein quasipolitisches Selbstbestimmungsrecht. Die Begriffe führen ein ganz eigenes Leben, und es ist die »Lebensform der Begriffe«, die Hegel uns in der *Logik* vorführt.[15] Das Leben der Begriffe aber lässt sich nur als Komödie darstellen. Die Begriffe »treten« immer »paarweise auf«, als *odd couples*, wo die Partner*innen sich nur dadurch ergänzen, dass sie sich gegenseitig in die Pfanne hauen – was wiederum der Funktionalität und Produktivität des Paars keinen Abbruch tut: Sie erfüllen gemeinsam die Rechtsform des Paars, und sie sind gemeinsam kreativ. Sie sind sogar in der Lage, gemeinsam das Gesetz zu brechen: wie Bonnie und Clyde, aber ewig sich ankeifend. Nur lachen kann das Paar nicht über sich selbst; das bleibt den Zuschauer*innen überlassen.[16]

Man kann sich schon denken: Das, was Ziffel Kalle und uns hier erläutert, soll eine Darstellung des Grundprinzips der Hegel'schen Philosophie sein: »Den Witz einer Sache hat er die Dialektik genannt.«[17] Der Witz über das Komödienpaar aus These und Antithese geht allerdings noch weiter, und zwar dadurch, dass hier die Synthese ausbleibt, auf die bei Hegel doch angeblich immer alles hinausläuft. Die Synthese bleibt ohne Figur. Nicht in ihrer Herbeiführung liegt für Brecht der Sinn von These und Antithese, sondern in deren gegenseitiger möglichst weitgehender Zerlegung. Niemand kennt die Schwächen des einen Partners so gut wie der andere, und so kann auch niemand die Gültigkeit der Aussagen und Setzungen des einen so gut bestreiten wie die andere. Auf der »imaginäre[n] Bühne« der *Logik* haben es die Begriffe nur darauf abgesehen, sich gegenseitig zu »blamieren«.[18]

Eine solche Lesart hat weitreichende Konsequenzen: Denn eine stabile Systemarchitektur lässt sich so nicht bewerkstelligen. Wenn »die Ordnung« des einen Partners vom anderen immer schon als bloße Setzung entlarvt und somit als »Unordnung« erkannt wird, dann lässt sich auch keine dauerhafte Ordnung der Begriffe selbst mehr konstruieren. Und wenn es auf dieser »schlüpfrigen, unstabilen« Grundlage überhaupt ein System geben kann, dann nur ein solches unter Vorbehalt, ein System, das uns zugleich mit einem »Augenzwinkern« – Hegel zwinkert die ganze Zeit, so Ziffel, ob er will oder nicht – kundtut, dass seine Architektur nicht trägt.[19] Die »verantwortungslosen Existenzen« der Begriffe sind aber immerhin verantwortungsbewusst genug, uns durch ihr Gebaren vor der scheinbaren Sicherheit aller Ordnungen und Systeme zu warnen.

Es ist nun freilich nicht Ziffels (und Brechts) Anliegen, große systematisch-antisystematische Konsequenzen aus seinen Thesen zu ziehen. Auf einen kurzen, skeptischen Einwand des Proleten Kalle hin – »Handelt das Buch nur von solchen Begriffen?« – rudert Ziffel schnell zurück und löst die Subjektivierung der Begriffe pragmatisch auf: Natürlich handeln die Begriffe nicht selbst, sie werden vom Menschen gemacht und gehandhabt. Immerhin aber bestimmen sie doch auch immer mit, was wir mit den Dingen machen können, von denen wir uns einen Begriff machen. Begriffe sind »Griffe, mit denen man die Dinge bewegen kann«. Dass die Dinge aber beweglich sind, muss überhaupt erst einmal gesehen werden, und sehen kann dies nur, wer seine Begriffe schon als Griffe zu verwenden gelernt hat.[20] Ohne diese pragmatische Sichtweise würden uns die Dinge gerade nicht beweglich erscheinen; dann wäre und bliebe das Eine eben doch immer nur ein und dasselbe.

Die Zirkularität, die Ziffel uns hier zu bedenken gibt – eine bestimmte Sicht der Dinge hängt an Begriffen, die wiederum sich nur bilden kann, wer diese Sicht schon teilt –, verweist wiederum auf eine Einübung, auf die man sich allererst einlassen muss. Es bedarf dazu einer Schule oder Schulung, und diese wiederum findet nicht nur in Büchern statt: »Die beste Schul für Dialektik«, so weiß Ziffel, »ist die Emigration. Die schärfesten Dialektiker sind die Flüchtlinge. Sie sind Flüchtlinge infolge von Veränderungen und sie studieren nichts als Veränderungen. Aus den kleinsten Anzeichen schließen sie auf die größten Vorkommnisse, das heißt, wenn sie Verstand haben. Wenn ihre Gegner siegen, rechnen sie aus, wieviel der Sieg gekostet hat, und für die Widersprüche haben sie ein feines Auge. Die Dialektik, sie lebe hoch!«[21]

Die Dialektik, sie lebe hoch – auch und gerade in finsteren Zeiten. Sie lebe hoch, nicht als ein Ordnungswissen, sondern als eine Sichtweise, die jene Unordnung sichtbar macht, auf der sich jede Ordnung erhebt. Die Dialektik lebe hoch als Einübung in einen Blick, der selbst noch in den finstersten Machenschaften der Gegenwart die Komödie zu erblicken vermag, und in der Komödie die nicht zu unterdrückende Tendenz jeder Ordnung, sich selbst zu entlarven. Wenn die Dialektik ein Weltprinzip ist, wie es die Jung- und die Althegelianer aller Zeiten immer wieder behauptet haben, dann muss sie nach Brecht als ein »humoristisches Weltprinzip« gelten,[22] als ein Weltprinzip davon, dass es kein Weltprinzip geben kann. »Aber das ist eine Komödie!«[23] – Der empörte Ausruf Batailles über Hegel (genauer: über Hegels begriffliche »Aufhebung« des Todes) muss auch als methodische und politische Aussage ernst genommen werden: Ja, es ist eine Komödie, auch und gerade, wenn es nichts zu lachen gibt. Hegel übt uns ein, die Komödie in allem zu entdecken und als solche zu handhaben. Die »Wahrheit« liegt nicht hinter der Komödie, sondern darin, das politische Spiel – das Spiel der Begriffe, der Akteure, der sozialen Bedeutungen – überhaupt erst als Spiel, als Schauspiel: als Komödie sehen zu lernen. Dialektische Begriffe bieten eine Handhabe, keine Ewigkeitsbehauptung einfach so stehen zu lassen. Das mag wenig sein angesichts der Monstrosität der Weltlage, aber auch angesichts der Welterklärungsansprüche, die mit dem Hegelianismus und dem Hegelmarxismus einmal verbunden waren. Aber im Abgleich mit dem, was im Moment sonst theoretisch (und politisch) im Angebot ist, ist dieses wenige immer noch viel. Und selbst wenn man den alten Anspruch des Hegelianismus zurücknimmt, die Totalität der Welt durchschaut zu haben, so bleibt dem Ziffel'schen Ansatz doch immerhin noch der Vorteil des alten Hegelianismus erhalten, jeder einseitigen Setzung immer auch ihr Gegenteil vorhalten und beide als zusammengehörig verstehen zu können: weder Ordnung noch Unordnung lassen sich für sich alleine verstehen. Die »Befreiung von dem Gegensatz des Bewußtseins«,[24] die Hegel seinen Leser*innen in der Vorrede der *Logik* durch den Nachvollzug des dialektischen Denkens in Aussicht stellt, geht mit der Befähigung, aber auch mit einem Zwang zur immer neuen Berücksichtigung *des Ganzen* jeder Sache einher. Immer beide Seiten im Spiel zu halten, ohne sich in einseitige Bestimmungen zu verlieren, das erfordert jene Einübung, die das dialektische Denken selbst schon ist. Deshalb muss, mit Hans Mayer, Hegel »immer wieder gelesen« werden; man kann ihn gar nicht »nur einmal« lesen, wenn man die eigene »jeweilige Gegenwart« verstehen will. Die *Logik* aber ist die Handreichung, das Ein-Übungsbuch, das uns in das dialektische Denken hineinführt, indem wir sie lesen.

Die ersten drei Kapitel dieses Buches erproben in drei Anläufen verschiedene Zugänge zur *Logik*: über den Humor, die Erfahrung und die Ästhetik. Zusammengenommen ergeben die drei Kapitel eine Einleitung, die sich nicht auf einen Zugang reduzieren lassen kann und will. In den folgenden Kapiteln wird dann jeweils die Abfolge von Humor, Erfahrung und Ästhetik durchgeführt, ohne dass diese freilich allzu zwanghaft einhalten würde. Sie soll bloß als Geländer genommen werden, nicht schon als die Sache selbst.

II Mannesalter. Erfahrung

Hegel war 42 Jahre alt, als 1812 der erste Band der *Logik* erschien und 46 beim Erscheinen des dritten. Männer diesen Alters machen oft albernere Dinge, als sich einzubilden, die Gedanken Gottes vor der Schöpfung aufschreiben zu können:

> »Die Logik ist sonach als das System der reinen Vernunft, als das Reich des reinen Gedankens zu fassen. Dieses Reich ist die Wahrheit selbst, wie sie ohne Hülle an und für sich selbst ist; man kann sich deswegen ausdrücken, daß dieser Inhalt die Darstellung Gottes ist, wie er in seinem ewigen Wesen vor der Erschaffung der Natur und eines endlichen Geistes ist.« (I, 17)

Wir neigen dazu, solche Sätze für reine Hybris zu halten, und wenn wir sie ernst nehmen, dann haben wir als ihren Autor einen Großphilosophen vor Augen, der in Berlin auf dem wichtigsten philosophischen Lehrstuhl seiner Zeit sitzt, um *ex kathedra* – vom *Mittelpunkt des Mittelpunktes* aus, um ein anderes geflügeltes Wort jenes überspannten Geistes zu zitieren – Wahrheit und Größe des preußischen Staates und seiner Epoche zu verkünden.[25]

Hegel in Bayern. Dieses Bild aber ist ein späteres, ein retuschiertes, das sich über den Hegel der 1810er-Jahre schiebt und dem der Philosoph selbst in seinen späteren Jahren nach Kräften zugearbeitet hat. In den Jahren 1808 bis 1816, als er die *Logik* schrieb und veröffentlichte, war Hegel Gymnasiallehrer und -rektor in Nürnberg; philosophische Logik hat er zunächst seinen Schülern am Egidien-Gymnasium vorgetragen. Dass die Fertigstellung des Werks, dessen baldige Vollendung er schon 1807 in der Selbstanzeige der *Phänomenologie des Geistes* annonciert hatte, überhaupt so lange gebraucht hat, musste Hegel seinen

Freunden und dem Verleger – und vielleicht aber auch sich selbst – gegenüber immer wieder mit dem Tagesgeschäft seines Lehr- und Verwaltungsberufs begründen. In den ersten Jahren kommt Hegel – wie er in Briefen immer wieder und ausgiebig beklagt – »zu nichts«: zu aufwendig ist die Arbeit an der Schule, zu aufreibend die Verwaltungstätigkeit als Rektor, der sich nebenbei – es ist Krieg! – immer wieder auch um die Beschaffung von Schulmöbeln und Brennholz für die Unterrichtsräume kümmern muss.[26]

Der dritte und abschließende Band der *Logik* erscheint endlich 1816 – kurz bevor Hegel Nürnberg verlässt, um in Heidelberg seine erste *richtige* Universitätsprofessur anzutreten. Die erste Professur, die er 1801 bis 1806 in Jena innehatte, war unbesoldet und ohne alle Garantien. Nach der Schlacht bei Jena und Auerstedt, in der die preußischen Truppen von denen Napoleons vernichtend geschlagen wurden, wurde der dortige Universitätsbetrieb eingestellt, Hegel verließ die Stadt ohne Geld und ohne weitere Aussichten auf eine Fortsetzung seiner Universitätskarriere.

Der alte Freund Niethammer, den Hegel noch aus der gemeinsamen Zeit am Tübinger Stift kannte, hatte im Gegensatz zu seinem Freund mittlerweile Karriere gemacht. Als »Zentralschulrat« betreute er im neu konstituierten Königreich Bayern die Reorganisation des allgemeinen Unterrichtswesens. Als Mann mit Macht und Kontakten avanciert er zu Hegels wichtigstem Ansprechpartner in Karrierefragen, und Niethammer hilft, wo er kann.[27] Nachdem er Hegel zunächst den Posten des Chefredakteurs bei der *Bamberger Zeitung* zugeschanzt hatte, besorgt er ihm schließlich die Stelle in Nürnberg. Hegel liegt dem armen Niethammer nun beständig in den Ohren, ihm doch endlich eine angemessene Stellung als Professor an einer der reformierten bayrischen Universitäten zu verschaffen. Erst 1816 erreicht ihn schließlich ein Ruf, allerdings nicht aus Bayern, sondern aus Heidelberg. In der Folge wird Hegel nicht müde, die Nürnberger Zeit als eine verlorene zu beklagen; er versucht, die Jahre zwischen 1807 und 1816 in seiner Biografie als eine Art Exil oder Verbannung abzuspalten: als Wartezeit und Aufschub, als sein ganz persönliches Interregnum, als *die professurlose, die schreckliche Zeit.*

Die spätere Einschätzung wird der Nürnberger Zeit natürlich in keiner Weise gerecht. Hegel lernt hier seine Frau Marie Tucher kennen – »die erst 19jährige Marie Tucher«, wie es fast gleichlautend in biografischen Darstellungen immer wieder heißt: wenigstens hier wird der 40jährige Hegel also gängigen *midlife-crisis*-Narrativen gerecht – und gründet mit ihr eine Familie. Und auch beruflich ist die Arbeit als Gymnasialrektor keineswegs nur Ablenkung und Fron, vielmehr kann Hegel hier zum ersten Mal geschichtlich gestaltend tätig werden. Denn das Egidien-Gymnasium ist gewissermaßen die Musterschule, an der Niethammer zusammen mit dem Freund in ausführender Funktion zum ersten Mal seine Vorstellungen einer »humanistischen« Reorganisation des Schulwesens verwirklicht. Die Reden, die Hegel als Rektor zum Abschluss jedes Schuljahres gehalten hat, bezeugen, dass er sich des bildungs- und kulturpolitischen Gewichts seiner Arbeit durchaus bewusst war.[28]

In einer ersten biografischen Annäherung können wir die *Logik* also als das seltsame Produkt eines Übergangs ansehen. In gewisser Weise ist sie noch eine Laufbahnschrift, Qualifikations- und Empfehlungsschreiben für den höheren Universitätsdienst, verfasst allerdings in einem Alter, in dem andere Philosophen bereits akademisch etabliert ihre intellektuelle Ernte einfahren. Hegel war ein philosophischer Spätzünder: Sein erstes gedrucktes Werk, die *Differenzschrift*, erscheint 1801, als er schon 31 Jahre alt ist, die *Phänomenologie des Geistes* sechs Jahre später.[29] Zum Vergleich: Der fünf Jahre jüngere Schelling war da schon ein Jahrzehnt lang gefeierter Professor und Leitfigur einer philosophischen Bewegung, sein intellektueller Stern beginnt bereits zu sinken – ohne dass Hegel, wie er es selbst wohl beabsichtigt, dessen Position im Diskurs der Zeit einzunehmen vermag.[30] Das Schreiben der *Logik* ist für Hegel immer auch Selbstbehauptung in einer ihm selbst widrig erscheinenden Lebens- und Karrierephase, und der hypertrophe Anspruch – *Reich der Wahrheit, wie sie ohne Hülle an und für sich selbst ist; Darstellung Gottes vor der Erschaffung der Natur …* – kann auch als Ausdruck des enormen Drucks verstanden werden, dem er standzuhalten sich gezwungen sah.

Nehmen Sie es persönlich! – In der Vorrede zur *Logik* parallelisiert Hegel die »Bildung des Individuums« mit der »Bildung [s]einer Zeit« (I, 5), und schon in der *Phänomenologie* hatte er das »besondre Individuum« als Form angesprochen, in der sich das »allgemeine Individuum, der Weltgeist« in seiner Substanz verwirkliche.[31] Durch diese Abhängigkeit ist es denn auch unmöglich und »allemal vergebens« (I, 4), wenn das Individuum in seiner persönlichen Bildung »Formen früherer Bildung« des Weltgeistes zu »erhalten« versucht. Diese sind nichts als »welke Blätter, welche von den neuen Knospen, die an ihren Wurzeln schon erzeugt sind, abgestoßen werden« (I, 5).

Wie wäre es also, wenn wir dieses starke Bild auf Hegel selbst, auf Hegel 1812 beziehen? Dann können wir die plastische Darstellung der »Bildung der Zeit«, wie wir sie in der Vorrede der *Logik* finden, auch als eine Selbstauskunft Hegels lesen; als eine Selbstauskunft, über die wir dann wiederum den hypertrophen Anspruch neu und anders einordnen können, mit dem Hegel die »welken Blätter« abzustoßen und die Bildung seiner Zeit radikal neu auszurichten beansprucht.

In der Vorrede beschreibt Hegel zunächst die »völlige Umänderung, welche die philosophische Denkweise seit etwa fünfundzwanzig Jahren unter uns erlitten« habe; diese sei für den »höhere[n] Standpunkt« verantwortlich, »den das Selbstbewußtsein des Geistes in dieser Zeitperiode über sich erreicht hat« (I, 3).[32] Die kantische Revolution der Denkungsart – denn um diese geht es, wie im Fortgang schnell klar wird – zeigt sich für Hegel vor allem aber als ein Prozess, der »erlitten« wird, als ein Verlust oder eine Zerstörung:

> »Dasjenige, was vor diesem Zeitraum *Metaphysik* hieß, ist sozusagen mit Stumpf und Stiel ausgerottet worden und aus der Reihe der Wissenschaft verschwunden. Wo lassen oder wo dürfen sich Laute der vormaligen Ontologie, der rationellen Psychologie, der Kosmologie oder selbst gar der vormaligen natürlichen Theologie noch vernehmen lassen?« (I, 3)[33]

Bemerkenswert ist nun, dass Hegel diese Situation allerdings nicht primär als eine inner-philosophische wahrnimmt, sondern als kollektive, als kulturelle Krisensituation:

> »Indem so die Wissenschaft und der gemeine Menschenverstand sich in die Hände arbeiteten, den Untergang der Metaphysik zu bewirken, so scheint das sonderbare Schauspiel herbeigeführt zu werden, ein *gebildetes Volk ohne Metaphysik* zu sehen; – wie einen sonst mannigfaltig ausgeschmückten Tempel ohne Allerheiligstes.« (I, 4)

Umschreibung und Bild bleiben bewusst vieldeutig, wie schon der bei Hegel immer mit Bedeutung (oder besser: dem Entzug von Bedeutung) aufgeladene Gedankenstrich markiert.[34] Wir leben in einer Zeit, so könnte man in erster Annäherung übersetzen, allgemeiner Bildung, in einer Zeit der allgemeinen Viel- und Alleswisserei, die sicherlich zu vielerlei nützlich ist, von der aber niemand mehr sagen kann – und von der niemand mehr überhaupt noch zu fragen wagt –, wozu sie denn eigentlich gut sein soll, geschweige denn, was das denn eigentlich heißt: *etwas* oder gar *alles zu wissen*. Und wenn wir dann den Schritt von der Bildung des Geistes zur Bildung des Individuums, den Schritt von Hegels Zeitdiagnose zu Hegel selbst tun: Wie müssen wir uns jenes sonderbare Schauspiel vorstellen, das er selbst bietet: ein *gebildeter Mann ohne Metaphysik*?

Die Priester der Finsternis und der exoterische Kant. Die philosophisch-existenzielle Krise der nachkantischen Situation fasst Hegel in der Vorrede, direkt im Anschluss an die Rede vom Tempel ohne Allerheiligstes, in ein schwer zu deutendes Bild, das so auch von seinem Freund Hölderlin stammen könnte. Denn durch die Zertrümmerung der Metaphysik, so Hegel, seien auch jene »Einsamen« verschwunden, die jedes Volk einst »aufgeopfert und aus der Welt ausgeschieden [habe] zu dem Zwecke, daß die Kontemplation des Ewigen und ihr allein dienendes Leben vorhanden sei, nicht um eines Nutzen, sondern um eines Segens willen« (I, 4). Mit diesen einsam-verworfenen Priestern des Wahren wahrt Hegel noch im Prozess ihres Verschwindens die Solidarität, so wie Hölderlin sie zu den Dichter-Priestern aufrechterhält, die einst wohl »von Lande zu Land zogen in heiliger Nacht«, derer nun aber, »in dürftiger Zeit«, niemand mehr bedarf.[35] Und man kann weitergehend vermuten, dass Hegel für sich selbst diese Position beanspruchen würde, wenn es sie denn noch gäbe und geben könnte. An die Stelle der »Kontemplation des Ewigen« ist nun, in der Gegenwart, das »Praktisch-Populäre« in seiner fraglosen Selbstgenügsamkeit getreten – und auch hier kann man dieses wieder mit der Tätigkeit in Zusammenhang bringen, zu der Hegel sich tagtäglich genötigt sieht; als Philosoph wie als Lehrer meint er jedenfalls, dauernd mit dem »Geschrei der modernen Pädagogik« konfrontiert zu sein, die nur gelten lassen will, was unmittelbar nützlich ist (I, 3).

Seine Gegenwartsdiagnose fasst Hegel in einem enigmatischen Bild zusammen: »So daß, nach der Vertreibung dieser Finsternisse« – womit hier, schon weniger positiv, das alte Geschäft der Weisen und Einsamen gemeint ist – »der farblosen Beschäftigung des in sich gekehrten Geistes mit sich selbst, das Dasein in die heitere Welt der Blumen verwandelt zu sein schien, unter denen es bekanntlich keine schwarze gibt.« (I, 4) Wir als Leser*innen sind nun also aufgerufen, diese »heitere Welt der Blumen«, unsere moderne Welt, in der alles fraglos schön und bunt ist, hinter uns zu lassen und uns mit Hegel in die Finsternis einer farblosen Selbstbeschäftigung unseres Geistes mit sich selbst zurückzuziehen; später wird Hegel das Gebiet der Logik – der wissenschaftlichen Form jener Selbstbeschäftigung – als ein »Reich der Schatten« bezeichnen, und »die Arbeit in diesem Schattenreich« ist, so warnt er, ein »von sinnlichen Zwecken, von Gefühlen, von der bloß gemeinten Vorstellungswelt fernes Geschäft« (I, 26).

Der hohe Ton, den Hegel hier anstimmt, ist dem Kant'schen Unternehmen selbst erst einmal zutiefst fremd. Denn Kant hatte die Metaphysik gewissermaßen nebenbei und fast aus Versehen »ausgerottet« oder zertrümmert. Zunächst einmal wollte Kant nichts anderes als Ordnung schaffen; in der alten Metaphysik sollte nur ein wenig aufgeräumt werden. Was unklar und verworren erschien, sollte sortiert, was nicht weiter zu verwenden war, sollte ausrangiert werden. Das Licht der Aufklärung sollte alle »Finsternisse« vertreiben (hier stimmt Hegel hintersinnig zu) und für rechte Verhältnisse sorgen. Das, so fasst Hegel zusammen, sei die »exoterische Lehre der Kantischen Philosophie« gewesen, und es ist zunächst immer nur diese »populäre[] Lehre«, die Hegel im Visier hat, wenn er Kant angeht (I, 3).

Der harmlos auftretende Anspruch der Ordnung, den die »exoterische Lehre« Kants erhebt, hat es allerdings in sich, und genauer besehen stellt sich der Prozess ihrer Herstellung für Hegel als große Verlustgeschichte dar. Einen Abriss der Kant'schen Verluste liefert Hegel schon in der »Einleitung« zur *Logik*, die der »Vorrede« folgt; die ganze Kant'sche Philosophie wird hier *par force* auf knapp zwanzig Seiten erledigt. Dass damit kein einziger Kantianer überzeugt werden wird, ist wohl auch Hegel klar. Es geht ihm eher, so vermute ich, um die klare Geste der Konfrontation, die erst das Feld für die feineren begrifflichen Auseinandersetzungen bereitet, die folgen.

Wie dem auch sei: Die berühmte Unterscheidung von »Ding an sich« und »Erscheinung«, die Kant in kritischer Absicht einführt, ist für Hegel keine große Erkenntnis, sondern bloß die philosophisch auftretende Reproduktion genau der Bestimmungen, die schon »die Natur unseres gewöhnlichen [...] Bewußtseins ausmachen« (I, 11). Werden aber »diese Vorurteile in die Vernunft übertragen«, wird also der alltäglich-vorphilosophische Gegensatz von Gegenstand und Denken als ein philosophischer aufgefasst – und genau diese absichtsvolle Verwechslung lastet Hegel Kant an –, dann bedeutet das nichts anderes als ein »Verzichttun der Vernunft auf sich selbst«, dann ist »der Begriff der Wahrheit verloren gegangen«, »das Wissen ist zur Meinung zurückgefallen« (I, 12). Die Gegenüberstellung von »Erscheinung« und »Ding an sich«, von Denken und Gegenstand ist nur ein Vorurteil, das überwunden werden muss, und nicht etwa schon das Ergebnis philosophischer Forschung.

Akzeptieren wir diese Unterscheidung allerdings nicht, dann wird auch Kants Gegenüberstellung von Vernunft und Verstand hinfällig. Wenn der legitime Verstandesgebrauch, wie bei Kant, auf die Anwendung seiner Kategorien auf die »sinnliche[] Realität« beschränkt wird, dann heißt das umgekehrt, »daß die Vernunft, insofern sie an und für sich bleibe, nur Hirngespinste erzeuge«. Die kritische Prüfung der Vernunft ergibt demnach nichts als »Verlust und Rückschritt« (I, 12). Das Kant'sche Ordnungsbemühen läuft für Hegel bloß auf die Produktion künstlicher (»abstrakter«) oder die Reproduktion bloß vorgefundener Dualismen hinaus.

Kant-Krisen. Die kantischen Dualismen werden von der Generation nach Kant als philosophischer Ausdruck einer existenziellen Krise wahrgenommen; Kant hat – so viel hält die nachkantische Generation ihm zugute – die moderne Entfremdung auf den philosophischen Begriff gebracht, er hat aber darin versagt, das Problematische der Situation zu erfassen und das Bewusstsein einer möglichen oder sogar notwendigen Überwindung in seinen Begriffen mit zu artikulieren.

Am prominentesten hat dies vielleicht Heinrich von Kleist zum Ausdruck gebracht, wenn er nach einer – wie oberflächlich auch immer gearteten – Lektüre der *Kritik der reinen Vernunft* seiner Verlobten Wilhelmine von Zenge von Gedanken berichtet, die ihn »schmerzhaft erschütter[t]« hätten:

> »Wenn alle Menschen statt der Augen grüne Gläser hätten, so würden sie urteilen müssen, die Gegenstände, welche sie dadurch erblicken, *sind* grün – und nie würden sie entscheiden können, ob ihr Auge ihnen die Dinge zeigt, wie sie sind, oder ob es nicht etwas zu ihnen hinzutut, was nicht ihnen, sondern dem Auge gehört. So ist es mit dem Verstände. Wir können nicht entscheiden, ob das, was wir Wahrheit nennen, wahrhaft Wahrheit ist, oder ob es uns nur so scheint. Ist das letzte, so *ist* die Wahrheit, die wir hier sammeln, nach dem Tode nicht mehr – und alles Bestreben, ein Eigentum sich zu erwerben, das uns auch in das Grab folgt, ist vergeblich –«[36]

Die Kant'schen Unterscheidungen werden von Kleist als Ausdruck einer fundamentalen Abscheidung, eines Getrenntseins wahrgenommen, das sich nicht nur auf die Philosophie, sondern auf Wahrheit und Sinn des Lebens überhaupt erstreckt: Vor der letzten Prüfung des Todes muss – wenn Kant recht hat – nun alles zergehen, wonach wir bisher zu streben in der Lage waren. Die kritisch erwiesene Endlichkeit des Verstandes bedeutet für Kleist nichts anders als eine Kapitulation des Menschen vor der Endlichkeit überhaupt. Alles ist vergeblich – so hat der höchste Richtstuhl der Philosophie verfügt.

Mit nur wenig Übertreibung wird man eine der Kleist'schen analoge »Kant-Krise« für wesentliche Teile der deutschen Kultur um 1800 überhaupt diagnostizieren können, auch wenn weniger überspannte Geister dieser vielleicht weniger dramatischen Ausdruck verliehen haben. Dass wir keinen verlässlichen Zugang zur Wahrheit haben, ja dass der Begriff der Wahrheit selbst fraglich geworden ist; dass wir uns in einem Spiegelkabinett bewegen, in dem wir allenthalben nur uns selbst in unserer ganzen endlichen Beschränktheit begegnen, nicht aber unserem immer unterstellten unendlichen Wesen; dass unser Handeln kontingent und ohne festen Anhaltspunkt in der Vernunft umhergetrieben wird; dass schließlich auch unser Zusammenleben in der Gemeinschaft mit anderen keine vernünftige Form besitzt und aus der Vernunft selbst keine Anweisung auf vernünftiges politisches Handeln folgt: So versteht die nach-kantische Generation die kantischen Dualismen, und alles, was diese Generation bewegt, ist der Wille, genau diese Dualismen – und, in ihren radikaleren Fraktionen: die Welt, deren Ausdruck die Dualismen sind – zu überwinden. Das betrifft den nach-kantischen Idealismus von Fichte und Schelling ebenso wie Hölderlin und die Romantiker, und das betrifft auch Hegel, der sich wiederum (als »Spätzünder«) mit allen anderen genannten Positionen in seiner *Logik* schon auseinandersetzt. Man wird gut daran tun, Hegel als Teil des Idealismus und diesen als Teil eines übergreifenden Generationenprojekts zu behandeln, als eine »Gesamt-« oder eine »kollektive Bewegung«, so hat Adorno schon festgehalten, in der wenigstens auf der Ebene der Problembestimmung und der grundsätzlichen Lösungsrichtung ein »Klima kollektiven Einverständnisses« herrschte. Erst vor diesem Hintergrund lässt sich die Ausdifferenzierung der einzelnen Positionen nachvollziehen.[37]

Der esoterische Kant. Die kantischen Dualismen von Vernunft und Verstand, von »Ding an sich« und »Erscheinung«, von Spontaneität und Sinnlichkeit, aber auch die von Freiheit und Natur gehen aus der »populären Lehre« des Königsbergers hervor, sie repräsentieren dessen »exoterische Lehre« (I, 11). Daneben oder dahinter aber, so legt die Formulierung Hegels nahe, gibt es eine esoterische Lehre, die womöglich so geheim ist, dass Kant selbst sie nicht zu entziffern vermochte. Es ist deren Ausformulierung, an der sich die nach-kantische

Generation versucht. So hat der »konsequenter durchgeführte transzendentale Idealismus« etwa Fichtes die »Nichtigkeit des von der kritischen Philosophie noch übrig gelassenen Gespenstes des Dings-an-sich« bereits bewiesen (I, 14). Gegen die Kant'schen »Ansichten über das Verhältnis des Subjekts und des Objektes« konstruiert Fichte ein »Subject-Object«, um die »Identität« jener »Idee« zum Ausdruck zu bringen, in der die kantischen Dualismen überwunden werden sollen (III, 176). Hierin folgt Hegel Fichte ausdrücklich. Mit der Vorstellung einer »intellektuellen Anschauung« hingegen, so wie sie sich ebenfalls bei Fichte findet und die Schelling von diesem übernimmt, um die Kant'sche Unterscheidung von Anschauung und Verstand zu überwinden, kann Hegel nichts anfangen (I, 41 ff.). Die Konstruktion einer Einheitsfigur, so wie sie im »Subject-Object« gelungen ist und in der »intellektuellen Anschauung« verfehlt wird, bleibt aber auch für Hegel der zentrale Antrieb seiner *Logik*. Es kommt dann eben darauf an, *wie* und *welche* Einheitsfiguren konstruiert werden; der Streit darüber bleibt einer innerhalb der Gemeinschaft der sich als rechtmäßige Erben verstehenden Nachfolger Kants.

Hegels entscheidender Schritt zur Überwindung der kantischen Dualismen – so soll hier nur angedeutet werden – liegt darin, sie als »Entzweiungen« zu deuten: als Aufspreizungen einer Differenz, die sich im gleichen Zug schon wieder in eine höhere Einheit zurücknimmt. Dem Zauber der Vorsilbe »Ent-« werden wir jedenfalls noch häufiger begegnen: Entgegensetzung, Entäußerung, Entfremdung, Entschluss …

Die höhere Einheit aber ist bei Hegel von Anfang an präsent; schon in der »Vorrede« umschreibt er sie in Begriffen, die an Kant gemahnen, aber er kombiniert sie in einer ganz und gar un-kantischen Weise:

> »Der *Verstand bestimmt* und hält die Bestimmungen fest; die *Vernunft* ist negativ und *dialektisch*, weil sie die Bestimmungen des Verstandes in Nichts auflöst; sie ist *positiv*, weil sie das *Allgemeine* erzeugt und das Besondere darunter subsumiert. Wie der Verstand überhaupt, so pflegt auch die dialektische Vernunft als etwas Getrenntes von der positiven Vernunft genommen zu werden.

Aber in ihrer Wahrheit ist die Vernunft *Geist*, der höher als beides, der verständige Vernunft oder vernünftiger Verstand ist.« (I, 6)

Die Formulierungen legen nahe, dass die gesuchte Einheitsfigur bei Kant selbst schon bereitliegt, gerade indem er seine begrifflichen »Entzweiungen« – zu allererst die von Verstand und Vernunft – entfaltet. Allerdings weiß Kant darum selbst nicht, er muss sozusagen durch den inneren Nachvollzug seiner eigenen Gedanken erst auf etwas gestoßen werden, was jenseits seines Gesichtskreises liegt. Indem Kant Verstand und Vernunft unterscheidet, bleibt er selbst in den Grenzen des Verstandes befangen, der bloß Trennungen feststellen und Getrenntes festzuhalten vermag, ohne einzusehen, dass er im Festhalten des Getrennten auch schon dessen Einheit zugegeben hat. Indem sie diese Einheit aber nicht er- und begreift, bleibt Kants Philosophie im technischen Sinn ein *geistloses* Vorhaben.

Hegel treibt die Kant'sche Unternehmung über sich hinaus, indem er die kritischen Begriffe Kants als philosophische und existenzielle Krisen-Begriffe auffasst. Hegel existentialisiert und emphatisiert die philosophische Sprache, und damit macht er die Sache der Philosophie zu einer, die potenziell alle angeht: Es ist immer auch »das Volk«, das »seine Metaphysik verliert« und das damit nun zurechtkommen muss (I, 3). Diese kollektive – und mutmaßlich auch politische – Dimension der *Logik* müssen wir im Blick behalten, gerade weil Hegel sie selbst im Folgenden kaum noch explizit adressiert.

Zunächst aber existentialisiert Hegel Kant, wenn er bei diesem eine »Angst vor dem Objekte« diagnostiziert, die ihn dazu getrieben habe, alle von ihm getroffenen logischen Bestimmungen wieder bloß dem Subjekt gutzuschreiben (I, 18). Die Angst vor dem Objekt aber erschafft und fixiert dieses als »etwas Getrenntes« überhaupt erst, so wie sie auch das sich ängstigende Subjekt erst hervorbringt, das wiederum – ironisch – in seiner Angst und durch seinen Willen, sich ganz vom Objekt abzutrennen, mit diesem »behaftet« bleibt (I, 18): Die Bestimmungen des Subjekts, wie Kant sie trifft, sind für Hegel einfach nur vorgefundene, so wie man – nach Kant – das »Ding an sich« vorfindet.[38] Was unbedacht bleibt, ist der Zusammenhang, der Konstitutionszusammenhang, der Subjekt und Objekt als getrennte gemeinsam hervortreibt; Kants »Angst vor dem Objekt« ist, wenn man so will, schon der erste, allerdings noch negative, noch unbewusste Vorschein eines Denkens, das diese Angst überwindet.[39]

Hypochondrie der Vernunft. In einem der seltenen Selbstzeugnisse, in denen Hegel offen und ungeschützt von sich selbst spricht, schildert er seinem Briefpartner Windischmann im Mai 1810 den Weg, auf dem er seine ganz persönliche und existenzielle Kant-Krise hinter sich lassen konnte:

> »Ich kenne aus eigener Erfahrung die Stimmung des Gemüts oder vielmehr der Vernunft, wenn sie sich einmal mit Interesse und ihren Ahndungen in ein Chaos der Erscheinungen hineingemacht hat und wenn [sie], des Ziels innerlich gewiß, noch nicht hindurch, noch nicht zur Klarheit und Detaillierung des Ganzen gekommen ist. Ich habe an dieser Hypochondrie ein paar Jahre bis zur Entkräftung gelitten; jeder Mensch hat wohl überhaupt einen solchen Wendungspunkt im Leben, den nächtlichen Punkt der Kontraktion seines Wesens, durch dessen Enge er hindurchgezwängt und zur Sicherheit seiner selbst befestigt und vergewissert wird, zur Sicherheit des gewöhnlichen Alltagslebens, und wenn er sich bereits unfähig gemacht hat, von demselben ausgefüllt zu werden, zur Sicherheit einer innern edlern Existenz.«[40]

Die Krise enthüllt sich rückblickend als »Hypochondrie«, weil die Lösung der Krise schon in dieser begründet liegt. Und wenn der dreimal aufgerufenen, endlich erreichten »Sicherheit« auch ein Aspekt der Selbst-Beschwörung nicht ganz fremd zu sein scheint, so ist sich Hegel doch in einer Sache wirklich sicher: Hilfe kommt nicht und nie von außen, sondern immer nur aus der Eng- und Durchführung dessen, was zugleich das Problem ist. Dem Freund – und sich selbst – empfiehlt er darum: »Fahren Sie getrost fort; die Wissenschaft, die Sie in dieses Labyrinth des Gemüts geführt, ist allein fähig, Sie herauszuleiten und zu heilen.«[41]

Hegel allerdings steckt zu diesem Zeitpunkt selbst noch in jenem

Labyrinth, und er sitzt noch an der Abfassung einer »Wissenschaft«, die ihn dort herausleiten wird: an der *Wissenschaft der Logik*. Mit dieser geht es – nicht zuletzt wegen der »jetzigen Amtsverhältnisse[]« – mehr schlecht als recht vorwärts. Indes, er lässt die Arbeit »nicht ganz liegen«, und das allein scheint ihm schon Sicherheit genug zu geben.[42]

Wenn Hegels Nürnberger Zeit noch als eine schwierige Übergangszeit zu fassen ist, dann wird die Arbeit an der *Logik* kenntlich als Versuch einer Selbst-Befestigung und Selbst-Vergewisserung; und als Versuch einer Selbst-Heilung, die sich allenthalben am Wendepunkt der Krankheit, am Punkt der Krisis, sieht. Die philosophische Arbeit wird wesentlich zu einer *Durcharbeitung*: der Krise, in die Kant die Philosophie geführt hat, und der existenziellen – durchaus auch gesellschaftlich-kulturellen – Krise, von der die kantischen Entzweiungen unbewusst Rechenschaft ablegen.[43] Für Hegel ist eine Lösung der Krise nur von der Wiederaufnahme und Neuverhandlung ihrer Konstituenzien selbst zu erwarten, und nicht von neuen (inneren oder äußeren) Impulsen, wie dies die Romantiker erwartet haben mochten, und auch nicht durch eine vermeintliche Anreicherung der Philosophie durch »psychologisches, pädagogisches und selbst physiologisches Material« (I, 19), wie dies etwa Schelling versucht hat. Die gesuchte Einheitsfigur liegt für Hegel nicht vor, hinter oder über den Unterscheidungen, zu deren Nachfolgzug uns Kants nötigt, sondern *in ihnen selbst*: Bei aller Kritik an der einseitigen Verstandesaufklärung, die Kant praktiziere, kann es doch nur die Negativität des Verstandes selbst sein, von der Hegel sich einen Ausweg erhofft.[44]

Wenn Hegel sich selbst in jener Zeit als einen »gebildeten Mann ohne Metaphysik« wahrgenommen hat, dann liegt der Ausweg für ihn nur in der Durcharbeitung der verlorenen Metaphysik selbst. Dass die Ergebnisse dieses Prozesses dann bisweilen wieder den Lehren der »ältere[n] Metaphysik« ähneln (der vor-kritischen, vor-kantischen) und sich von dieser auch haben inspirieren lassen (I, 11) – von Aristoteles, von Spinoza und Leibniz –, darf nicht als ein Schritt hinter Kant zurück verstanden werden. Es gibt bei Hegel keine solche Bewegung, es gibt überhaupt keine Bewegung »zurück zu«, keine Korrektur eines vermeintlichen Irrwegs, die nicht wenigstens die Wahrheit der Verirrung bergen wollte.

Wir können nicht hinter einen erreichten Stand der Debatte zurückgehen, so falsch dieser gerade für sich genommen auch scheint (»Verzichttun der Vernunft auf sich selbst«; »Begriff der Wahrheit verloren gegangen«); wir müssen stattdessen auf die Probleme zurückkommen, bis diese auch ihre esoterische Seite zeigen und sich damit als Lösung ihrer selbst enthüllen. Die Insistenz der Begriffsarbeit in der *Logik* speist sich aus diesem Pathos der Durcharbeitung; die kleinschrittige, bisweilen zermürbende Arbeit der Zergliederung und Auflösung, der *Wendung* und *Engführung*, lebt von dem Versprechen, durch diese erst Mittel einer Lösung und einer Heilung zu entbinden. Die existenzielle Note, die der Sprache der *Logik* immer wieder eignet – und das oft gerade da, wo die technischsten Probleme verhandelt werden: Formen des Urteils und des Schlusses etwa, oder der Differenzierung von Grund und Ursache – ist dabei nur ein Niederschlag der existenziellen Krise (der individuellen wie der kollektiven), die in der *Logik* bearbeitet wird.

Zuletzt – im Ausgang der Kur – werden wir schließlich lernen müssen, die Charakterisierung »ohne Metaphysik« nicht mehr als Markierung eines Mangels, sondern als historisches und philosophisches Resultat eines langen und schmerzvollen Ablösungsprozesses zu deuten. Wir müssen lernen, »ohne Metaphysik«, aber auch ohne »kritische« Ersatzbildungen für die Metaphysik zu leben. Die *Logik* tritt nicht an die Stelle der alten Metaphysik, sondern muss als fortgesetzte Einübung in *ein Leben-ohne* verstanden werden.

Nehmen auch Sie es persönlich! – Wenn wir versuchen, Hegels Philosophie und auch Hegels philosophische Prosa: seine ganz eigentümliche Sprache und Sprechweise als Ausdruck und als Bewältigungsversuch einer Krise zu entziffern, dann gelingt es uns vielleicht, diese Philosophie »in der Tat« (wie es bei Hegel immer wieder heißt) auch als ein aktuelles Angebot zur Bewältigung *unserer* Krisen, *unserer* Lebensprobleme (wie man früher vielleicht einmal gesagt hätte) ernst zu nehmen. Diese prekäre Ebene, die einerseits ganz in die Objektivität dessen eingesenkt ist, was bei Hegel philosophisch verhandelt wird, die andererseits aber keinesfalls mit dem zusammenfällt, was die offiziell-antiquarische oder aber die monumentalisch-heroische Geschichte der Philosophie als Lehre und Leistung Hegels verbucht, hat Adorno unter dem Stichwort »Erfahrungsgehalt« zu fassen versucht.[45] Dieses Gehalts müssen wir in der Auseinandersetzung mit der Philosophie Hegels habhaft werden, um sie – in all ihrer Andersheit – als unsere annehmen zu können; um in ihr auch *unsere* Erfahrung verhandelt zu sehen.

Das war die Wette, die ich in meinem Lese-Selbstversuch eingegangen bin: dass ich mich an den Erfahrungsgehalt der Hegel'schen Philosophie anschließen kann, auch und gerade da, wo dieser am sichersten versiegelt zu sein scheint: in der *Logik*. – Warum aber überhaupt Hegel? Warum sollte ich mich mit der philosophischen *midlife crisis* eines Mannes beschäftigen, der vor 250 Jahren geboren wurde und der zwischenzeitlich immer wieder – und sicher immer wieder auch zu Recht – als *der* tote Hund der Philosophiegeschichte angesehen wurde? Welches sonderbare Schauspiel biete eigentlich ich, als (halbwegs) gebildeter Mann ohne Metaphysik, dass ich mich ausgerechnet an Hegel wende, um eine Erfahrung zu machen? Was habe ich zu bewältigen, was habe ich in Hegels Bewältigungsversuchen gesucht, was suche ich immer noch?

Als individuelle bleibt die Antwort notwendig unbefriedigend und abstrakt (im Hegel'schen Sinn), so wie jede summarisch vorweggeschickte Antwort auf grundsätzliche Fragen nach einem *Warum?* immer unbefriedigend und abstrakt bleiben muss. Denn zunächst einmal waren es bloße Zufälle, die mich dazu gebracht haben, es mit diesem dicken Buch zu versuchen. Aber einmal auf die Idee gebracht, erhielten diese vermeintlichen Zufälle plötzlich eine ganz eigene Dringlichkeit. Schnell kamen vage Gedanken hinzu, die schon lange unverdaut in meinem Kopf herumspukten; abgerissene und dann aufgeschobene Lektüreversuche, ein unbestimmt schlechtes Gewissen, nie Ernst gemacht zu haben mit Hegel, mit dem ich doch immerhin vor dreißig Jahren mein Studium und mein intellektuelles Leben begonnen habe. Dazu kamen einige versprengte Zitate, die mein Hegel-Bild geprägt, oder besser: die verhindert hatten, dass ich mir bisher ein abschließendes Hegel-Bild gemacht hatte – so etwa die rätselhafte, vor mehr als zwanzig Jahren gelesene Bemerkung Derridas,

Hegel sei der »letzte Philosoph des Buches und der erste Denker der Schrift«.[46]

Ich habe in meinem neuen Leseversuch bei Hegel von Anfang an dieses *andere, exzessive* Moment gesucht, das die systematische Ordnung des Buches überschreitet und in der Zerstreuung der Schrift sich verliert.[47] Und zugleich habe ich dabei dann lernen – *erfahren* – müssen, dass genau diese Zerstreuung letztlich doch an den versammelnden Charakter des Buches (und des Systems) gebunden bleibt. Und ich habe gelernt, die heimliche Notwendigkeit, *meine* bisher unerkannte Notwendigkeit in all den Zufällen zu entdecken, die mich dazu gebracht haben, die *Logik* nun tatsächlich und »in der Tat« zu lesen. Aber genau das ist es natürlich auch, was die *Logik* lehrt: dass es beim Denken immer darum geht, den Zufall in Notwendigkeit zu verwandeln. In der *Logik* erfahren habe ich darüber hinaus dann aber auch, dass diese Konversion nie ganz aufgeht.

Im individuellen Zufall steckt eine Frage der Zeit, und diese erst lässt es – über das persönliche Bekenntnis hinaus – interessant erscheinen, über eine lesende und denkende Erfahrung mit Hegel zu schreiben. Um es etwas plakativ zu formulieren: Ich suchte in meiner Lektüre der *Logik* einen Hegel nach der Postmoderne, der diese zugleich nicht als bloßen Fehler denunziert, sondern ihre Wahrheit, ihre kritische Wahrheit bewahrt auch gegen diejenigen, die dieser nun den Prozess machen und ihr mit ihren diversen *Neuen Gewissheiten* nachzufolgen versuchen. In der Auseinandersetzung mit Hegel versuchte ich für mich zu klären, was von einem Denken bleibt, das (immer ein bisschen unter-informiert) als »postmodern« (oder »poststrukturalistisch« oder »post«-*whatever*) bezeichnet wird und das sich selbst durchaus immer auch als anti-hegelianisch verstanden hat.[48] Von diesem Denken war und bin ich in meiner Lese- und Denkbiografie wie in meinem theoretisch-politischen Selbstverständnis mindestens ebenso geprägt wie von Hegel, Marx und dem Hegel-Marxismus, ohne dass ich mich bisher genötigt gesehen hätte, hier Entscheidungen zu fällen.

Nun, in der Lektüre ging beides gut zusammen, beide Prägungen fügten sich ineinander, so dass ich zwar auch jetzt, nach dem Lesen der *Logik*, über keine Metaphysik im Sinn einer einheitlichen Grundlegung verfüge, auf die alle meine existenziellen, politischen und theoretischen Leidenschaften und Interessen kohärent zurückgeführt werden können. Aber auch das ist ein Ergebnis. Nach dem Lesen der *Logik* maße ich mir an, schon den Anspruch auf eine solche kohärente Grundlegung als Illusion durchschaut zu haben. Der Versuch einer Selbstvergewisserung, den ich mit Hegel unternommen habe, führt mich zu einer Aufgabe, zu einer Selbst-Aufgabe vielleicht, die allerdings erst dann in ihrer ganzen Strenge und Radikalität formuliert werden kann, wenn man mit Hegel durch das »absolute Wissen« und die »absolute Idee« hindurchgestiegen ist. *Diesen* Anspruch allerdings kann und will ich dann doch nicht aufgeben.

III Schöne Stellen. Ästhetik

Bei der *Logik* geht es, so viel war für mich von Anfang an klar, *ums Ganze*, und das hieß auch: dass ich sie ganz lesen musste. »In« der *Logik* lesen, passagenweise darin herumlesen – das ist bei einem solchen Buch keine Option. Gleichzeitig war es aber auch von Anfang an klar, dass eine Hauptschwierigkeit beim Lesen darin bestehen würde, an jeder Stelle des Buches, so schwierig sie auch sein möge, immer das Ganze im Blick zu behalten.

Der Anspruch, Ganzes und Teile gleichberechtigt zu berücksichtigen, gehört zur idealistischen Philosophie, und die Behauptung, in dieser seien Teil und Ganzes immer schon vermittelt, ist Herzstück jeder idealistischen Ideologie. Um mit (legitimem) Anspruch und (berechtigtem) Ideologieverdacht zugleich umgehen zu können, ohne von dieser Ambition von vornherein gelähmt zu werden, bietet sich ein Umweg an.

In einem Vortrag mit dem schönen Titel »Schöne Stellen« resümiert Adorno 1965 Anspruch und Ideologie gelungener Vermittlung noch einmal als Kernproblem »musikalische[r] Bildung«.[49] Wer große Musik adäquat hören (oder, für Adorno: lesen) will, der muss sie »als sinnvolles Ganzes wahrzunehmen« in der Lage sein.[50] Zugleich aber ist bei Musik noch mehr als in der Philosophie klar, dass jedes »Ganze wesentlich ein Ganzes aus mit Grund aufeinanderfolgenden Teilen und nur dadurch ein Ganzes« sei.[51] Um der Ideologie des Ganzes, dem jedes Teil immer schon gefügig und untergeordnet ist, entgegenzuwirken, gönnt es sich Adorno nun, in diesem Vortrag und gegen seine sonstige Gewohnheit und Überzeugung, einmal, sich ganz einzelnen Teilen hinzugeben, oder, wie es in der Alltagssprache des Musikkonsums heißt: den schönen Stellen. Dass damit kein Nachlassen des eigenen Anspruchs verbunden ist, in jeder Musik immer zuerst und vor allem die übergeordnete Struktur nachvollziehen zu können, macht Adorno sogleich klar: »der beharrliche Blick aufs musikalisch Einzelne« – vulgo: auf die schöne Stelle – sei »als Komplement zum strukturellen Hören und als dessen Konkretion« zu verstehen und zudem »dringend an der Zeit«. Denn immerhin sei »das Detail als Repräsentant des Individuellen« in der verwalteten Welt aufzufassen und entsprechend zu retten.[52]

In Adornos Vortrag nehmen Beispiele aus Beethoven die prominenteste Rolle ein, weil bei diesem, wie bei wenig anderer Musik, alle »Teile schon aufs Ganze zugeschnitten« sind, weshalb sie sich bei ihm dann aber auch – bisweilen nur und rar – umso mächtiger in ihrem Anderssein erheben; die schönen Stellen bei Beethoven sind die schönsten, weil das Hören sie hier am wenigsten erwartet.[53] Dass Beethoven hier eine so zentrale Rolle einnimmt, kann aber auch noch anders gedeutet werden. Immer wieder parallelisiert Adorno Beethoven und Hegel, am kraftvollsten schon in jenem Zitat, das auch den Klappentext der Ausgabe von Adornos unvollendetem Beethoven-Buch abgibt: »In einem ähnlichen Sinn wie dem, in welchem es nur die Hegelsche Philosophie gibt, gibt es in der Geschichte der abendländischen Musik nur Beethoven.« Beethoven wie Hegel stehen für den modernen Anspruch von Kunst und Philosophie auf völlige »Integration«, auf totale Vermittlung von Allgemeinem und Besonderem. Beide zeigen unerbittlich, dass es in der Moderne nichts Unmittelbares mehr gibt; der gesellschaftliche Vermittlungszusammenhang ist unhintergehbar geworden. Beide zeigen aber auch, dass die Integration von Allgemeinem und Besonderem auch als »Versöhnung« gedacht und zumindest »ersehnt« werden kann; »solange« allerdings »die außerkünstlerische [und außerphilosophische] Realität unversöhnt verharrt«, solange droht die ersehnte, musikalisch realisierte und begrifflich konstruierte Versöhnung in Ideologie umzukippen.[54]

Beide, Hegel wie Beethoven, hat Adorno im Verdacht, bei aller Wahrhaftigkeit immer wieder auch der Versuchung einer Feier der falschen Versöhnung, der repressiven Integration und Identität zu erliegen. Insgesamt tendiert Adorno dann aber dazu, bei Hegel eher die Ideologieproduktion zu betonen – nicht zuletzt auch, um dagegen das eigene Konzept einer »negativen Dialektik« profilieren zu können (die ich indes schon bei Hegel selbst verwirklicht sehe, jedenfalls in der *Logik*) –, während bei Beethoven eher die Momente des Nichtidentischen gesucht werden. Diese Momente aber sind die »schönen Stellen«. Der gedankliche Versuchsaufbau für meine eigene Hegel-Lektüre lässt sich dadurch einfach ableiten: Ich werde all das, was Adorno mit Beethoven Hegel entgegenhält, schon bei Hegel selbst suchen und so die (angebliche) Identitätsmaschine der Dialektik zum Stocken bringen. Ich werde also die »schönen Stellen« bei Hegel suchen und zu klären versuchen, warum sie so schön sind und was ihre Schönheit uns sagt.

Was aber sind »schöne Stellen«? »Schöne Stellen« sind zunächst originelle, überraschende, damit aber sofort überzeugende und einnehmende »Einfälle«,[55] die als solche in ihrer Einzelheit wirken und die auch leicht zitiert (oder, bei Adorno: als Musikbeispiel ad hoc auf dem Flügel vorgespielt) werden können. Adorno spricht in diesem Fall auch von »hübsche[n] Stellen«.[56] Eine solche »Schönheit des Einfalls«[57] gibt es auch bei Hegel, besonders stark vielleicht in der *Phänomenologie des Geistes*. Ein eher beliebig gewähltes Beispiel:

> »*Das Tiefe*, das der *Geist* von innen heraus, aber nur bis in sein *vorstellendes Bewußtseyn* treibt und es in diesem stehen läßt – und die *Unwissenheit* dieses Bewußtseyns, was das ist, was es sagt, ist dieselbe Verknüpfung des Hohen und Niedrigen, welche an dem Lebendigen die Natur in der Verknüpfung des Organs seiner höchsten Vollendung, des Organs der Zeugung, – und des Organs des Pissens naiv ausdrückt. – Das unendliche Urteil als unendliches wäre die Vollendung des sich selbst erfassenden Lebens, das in der Vorstellung bleibende Bewußtseyn desselben aber verhält sich als Pissen.«[58]

Zu denken wäre auch an eine enigmatische Stelle aus den frühen Jenenser Entwürfen einer »Philosophie des Geistes«:

> »β) Überhaupt daß die eigne Tätigkeit der Natur, Elastizität der Uhrfeder, Wasser, Wind, angewendet wird, um in ihrem sinnlichen Dasein etwas ganz anderes zu tun, als sie tun wollten – ihr blindes Thun zu einem zweckmäßigen gemacht wird; – zum Ge-

genteile ihrer selbst – vernünftiges Verhalten der Natur-*Gesetze* in ihrem äußeren *Dasein. Der Natur selbst* geschieht nichts – *einzelne Zwecke* des *natürlichen Seins* [werden] zu einem Allgemeinen. Vogel fliegt dahin —«[59]

Um solche schönen »Einfälle« ist es mir im Folgenden *nicht* zu tun. Es geht mir eher um Stellen, die ihre Schönheit aus dem Zusammenhang empfangen, wo die »Schönheit von der Relation erst erzeugt wird«.[60] Die *strukturell* schönen Stellen sind solche, wo »über den dicht gewobenen Immanenzzusammenhang der musikalischen Struktur hinaus, die keinen Ausweg zu lassen scheint, dennoch [etwas] aufgeht, was ihr entrückt ist«,[61] wenn Motive und Themen auftauchen, die »auf die Ökonomie der Motiveinheit nicht reduktibel« sind.[62] Die »überflüssigen«, die an-ökonomischen Themen und Motive sind schön, weil sie auf die Struktur bezogen bleiben, in dieser aber nicht aufgehen. In ihrem Überfluss tragen sie zum Reichtum und zur Schönheit des Ganzen bei, das doch auch ohne sie »funktionieren« würde. »Schöne Stellen« in diesem Sinn sind bei Beethoven das Seitensatzthema im zweiten Satz der *Sturmsonate* op. 31.2 d-moll, das so viel mehr gibt, als im Fortgang der Durchführung je wieder eingesammelt werden könnte,[63] oder die Des-Dur-Stelle im Adagio des ersten *Rasumowsky-Quartetts* op. 59.1 F-Dur, die in ihrer Entrücktheit zugleich auf das strukturelle »Reprisen-Problem« hinweist: Alles ist vorbereitet, man erwartet (»endlich!«) die triumphale Wiederkehr des Hauptsatz-Themas, aber Beethoven deckt diese ideologisch-identitäre Erwartung auf, indem er sie (vorerst) ins Leere laufen lässt, die Hörerin dabei aber nicht nur frustriert, sondern zugleich mehr als entschädigt mit einer überirdisch-schönen Stelle, die hier, an dieser Strukturposition, eigentlich nichts verloren hat.[64]

Finden wir solche »schönen Stellen« bei Hegel? Ja – wenn aus der argumentativen Struktur etwas folgt, das diese zugleich überschreitet; wenn ein Beispiel seine Funktion übererfüllt und vielleicht mehr verrät, als wir eigentlich wissen wollten; wenn eine dialektische Folge ein Ergebnis zwingend nahelegt, das dann nicht eintritt – oder aber doch eintritt, von Hegel aber sofort als unzulänglich widerrufen und neu angegangen wird. Wenn Hegel mitten in einer formalen Passage –

sagen wir: über verschiedene Formen des logischen Urteils – plötzlich zu zetern anfängt und, selbst vollkommen unsachlich, seine Gegner der Unsachlichkeit zeiht. Adorno nennt die »schönen Stellen« bei Beethoven zugleich die »tröstlichen Stellen«,[65] und die Wette gilt, dass es solche auch bei Hegel gibt. Stellen, die Trost schon allein dadurch spenden, dass sie überhaupt vorkommen, obwohl der Zusammenhang alles tut, um ihr Erscheinen gänzlich unmöglich oder doch hochgradig unwahrscheinlich zu machen.

Das Schreiben über schöne Stellen hängt immer auch am »Zufällige[n] des biographischen Schicksals«, an Vorlieben und Idiosynkrasien.[66] Die formulierende Auseinandersetzung mit ihnen kann deshalb mit einer gewissen Folgerichtigkeit nur die Un-Form des Essays annehmen, der die Kontingenz seiner Anlässe bejaht und dieser zugleich durch seine Konstruktion und in seinem Verlauf eine gewisse Notwendigkeit zu verleihen versucht. Seltsamerweise, und das wird im Weiteren zu klären sein, fällt diese Bestimmung des Essays mit der des Hegel'schen Systems zusammen: auch dieses muss »einen Anfang machen«, der zunächst gleichsam in der Luft hängt und sich erst am Schluss legitimieren kann. Der dunkle Zusammenhang von Essay und System steht im Hintergrund meines Selbstversuchs mit Hegel: Es ist ein Leseversuch, der sich nur in Form eines Essays be- und erschreiben lässt und der zugleich von der Ahnung lebt, dass auch das gelesene und rekonstruierte System – das *System der reinen Vernunft*, die *Gedanken Gottes vor der Schöpfung*: wir kennen das mittlerweile – als ein Essay, als ein Denk-, ein Schreib- und ein Lebensversuch genommen werden muss. Georg Lukács hat einmal Platon zum »größten Essayisten, der je gelebt und geschrieben hat«, ernannt.[67] Vielleicht werden wir Hegel zu ihm gesellen müssen.

Wenn ich mich Hegel in essayistischer Form nähere, dann werde ich jeweils ganze Passagen der *Logik* in ihrem dialektischen Gang nachvollziehen müssen, um den Punkt sinnfällig werden zu lassen, wo ein Bruch oder ein Exzess sich bemerkt macht – nicht zuletzt in Stockungen, einer Wiederholung vielleicht, oder auch in einer Insistenz der Hegel'schen Prosa, die sich aus dem dialektischen Programm der Argumentation selbst nicht erklären lässt. Mein Leseversuch ist dabei auf eine besondere Aufmerksamkeit für das Zusammenspiel von sprachlicher Gestaltung und Argumentation angewiesen. Unter dem schönen, vielleicht aber auch etwas autoritären Titel »Wie zu lesen sei« hat Adorno die Anforderungen an eine solche Lektürehaltung formuliert: Wir können nicht erst den philosophischen Sachgehalt herausklauben, und uns dann an Hegels blumiger Sprache erfreuen. Ganz im Gegenteil: die *Sache selbst* ist nie außerhalb »Hegels literarischer Form« zu haben.[68] Der »Akt des Lesens«[69] wird sich auf die Arbeit des Begriffs genauso einlassen müssen wie auf die zahlreichen sprachlichen Bilder und Gesten, die es zu enträtseln gilt: »Hegel kann nur assoziativ gelesen werden. Zu versuchen ist, an jeder Stelle so viele Möglichkeiten des Gemeinten, so viele Beziehungen zu anderem einzulassen, wie irgend sich aufdrängen. Die Leistung der produktiven Phantasie besteht nicht zum letzten darin.«[70]

Umgesetzt finde ich diesen Anspruch bei Hegel-Leser*innen wie Catherine Malabou, Jean-Luc Nancy oder Judith Butler. Unter dem Stichwort einer »Plastizität Hegels« arbeitet Malabou die enorme – die im Wortsinn außer-ordentliche – Fasslichkeit der Hegel'schen Sprache heraus, die als Form-Gebung immer auch eine Trans-Formation bedeutet.[71] Nancy orientiert seine Lektüre an Stichworten, die dem Hegel'schen Text selbst entnommen sind und die für ihn zugleich auch Hegels Text- und Denkbewegung beschreiben: »Unruhe«, »Werden«, »Durchdringen«, »Manifestation«, »Zittern«, Begierde« – so lauten einige seiner Überschriften.[72] Nancy stellt uns einen Hegel vor Augen, der nicht *über* die »Unruhe des Negativen« spricht, sondern von dieser selbst heimgesucht wird. Am genauesten lässt Butler sich auf die Bewegung der Hegel'schen Prosa ein, die sie – in einer genuin Hegel'schen Geste – als mimetisch-performative Darstellung der Sache selbst liest, auf die es (ihr und Hegel) ankommt. Butler begibt sich in die Bewegung der Setzungen und Umkehrungen, die den Leser verzweifeln lassen, wenn er darauf aus ist, eine endgültige Aussage zu fixieren, die aber auch ein Glück bedeuten können, wenn wir uns darauf einzulassen bereit sind, dass hier, in dieser Sprache, stets noch »etwas anderes geschieht«. Der »Aussagesatz« wird dann lesbar als ein »Mittel des Vorantreibens und Wegstoßens«; es »wird etwas vorgeführt«, wodurch zugleich »in der Satzstruktur eine Sichtweise aufgeführt wird«. – »Doch dann ereignet sich eine bestimmte Wendung –

manchmal innerhalb eines Nebensatzes oder durch eine Änderung des Tons oder der Modulation der Stimme.« Die gesetzte »Selbstsicherheit« der Aussageform wird »erschüttert«, ein »Keim der Rastlosigkeit« geht auf. Kurz: Wir haben es bei Hegel mit einem »Modus des Schreibens« zu tun, »der die Umkehrbarkeit anerkennt und erläutert«, indem er sie in den eigenen Vollzug, in die Irreversibilität und Rekursivität der eigenen Schreibbewegung, aufnimmt. Was wir vor uns haben, ist »eine Logik« – und eine *Logik* –, »die sich in der Zeit entfaltet oder entwickelt und die, wie wir sehen werden, tatsächlich niemals zu einer endgültigen Form aufblüht, sondern durch eine unbeschränkte Offenheit bestimmt ist«.[73]

Um die Bewegung der Hegel'schen Denk-Prosa nachvollziehen zu können, muss ich sie *nacherzählen*. Die Nacherzählung erhält ihre Spannung und Evidenz immer auch durch zahlreiche und zum Teil längere Zitate – meine »Hörbeispiele« –, die verdeutlichen, dass der tatsächliche Gang der Gedanken sich nicht auf deren propositionalen Gehalt reduzieren lässt. Die Sprache Hegels erhält so ihr Eigengewicht. An den Zitaten auch lässt sich erst jenes »assoziative Lesen« einüben und erproben, das nach Adorno schon fürs basale Verständnis dessen, worum es bei Hegel philosophisch der Sache nach gerade geht, unerlässlich ist. Dass eine solche Lektüre bisweilen umständlich werden wird, ist schon abzusehen. Der Funken der Erkenntnis entfacht sich dagegen nur augenblickshaft – die »schönen Stellen« sind immer allzu schnell wieder vorbei. Ohne die Umstände aber sind sie nicht zu haben.

IV Vier

Beginnen wir unser Nacherzählen mit einem Nachzählen; beginnen wir mit einer sorgfältigen Rekonstruktion der Ordnung und des formalen Kalküls der *Logik* – um dann umso präziser die Brüche, die an-ökonomischen Überschreitungen aufzeichnen zu können. Begeben wir uns, nach der langen Einleitung, nun also ins Innere der *Logik* und konfrontieren uns mit deren unerbittlicher Logik! Gewisse hermeneutische Härten werden sich dabei nicht vermeiden lassen. Als Leser der *Logik* wird man vor allem einen produktiven Umgang mit der eigenen Frustration finden müssen, die sich bei jedem Leseversuch unweigerlich einstellt. Weiterlesen, ohne je alles schon verstanden zu haben: Das ist die Kunst, in die wir uns als Leser*innen Hegels zunächst und immer wieder einüben müssen. Bei diesem Unterfangen allerdings gibt einem Hegel mit seiner fast zwanghaft anmutenden Gliederungswut dann doch auch wieder ein sicheres Geländer an die Hand.

Fangen wir also an! Der Hegel der Ordnung und des Systems, so wird gesagt, ist der Hegel der *Drei*: der Philosoph des dialektischen Dreischritts von These, Antithese und Synthese. Und tatsächlich ist die *Logik* ein Buch – ein Buch aus *drei* Büchern natürlich –, das von einer regelrechten Triadomanie strukturiert wird.[74] Die Drei ist die obsessive Ordnungsmacht, die der Leserin schon bei einer oberflächlichen Betrachtung der Gliederung bis zum Überdruss entgegenkommt. Und in der Tat verrät diese ubiquitäre Dreiteilung viel über Struktur und Funktionsweise dieses Denkens. »Meditieren Sie über das Inhaltsverzeichnis«, so hat Rüdiger Bubner uns in einer Vorlesung über Kant einmal geraten: Das Inhaltsverzeichnis der *Kritik der reinen Vernunft* stelle diese plastischer vor Augen als jede Einführung.

Die Logik der Triaden. Die *Logik* der Triaden setzt sich aus drei Büchern zusammen: die *Lehre vom Sein* (kurz: die *Seinslogik*) ist 1812 erschienen, *Die Lehre vom Wesen* (die *Wesenslogik*) 1813, *Die Lehre vom Begriff* (die *Begriffslogik*) 1816. Alle drei Bücher sind jeweils auf (mindestens) drei Stufen wiederum triadisch gegliedert: Es gibt immer drei »Abschnitte« mit je drei »Kapiteln«, die sich dann wiederum in drei Unterabschnitte gliedern, die mit den Majuskeln A, B und C markiert sind. In vielen, aber nicht allen dieser Unterabschnitte gibt es dann wieder eine Untergliederung, die mit den Minuskeln a, b, c bezeichnet wird.

Vielleicht lohnt es, die Ebenen der Kapitel, Abschnitte und Unterabschnitte hier einmal aufzuschreiben, um die Strukturierung des Ganzen sinnfällig zu machen:

Erstes Buch *Die Lehre vom Sein*

- 1. Abschnitt: Bestimmtheit (Qualität)
  - 1. Kapitel: Sein
  - 2. Kapitel: Das Dasein
  - 3. Kapitel: Das Fürsichsein
- 2. Abschnitt: Größe (Quantität)
  - 1. Kapitel: Die Quantität
  - 2. Kapitel: Quantum
  - 3. Kapitel: Das quantitative Verhältnis
- 3. Abschnitt: Das Maß
  - 1. Kapitel: Die spezifische Quantität
  - 2. Kapitel: Verhältnis selbständiger Maße
  - 3. Kapitel: Das Werden des Wesens

Zweites Buch *Die Lehre vom Wesen*

- 1. Abschnitt: Das Wesen als Reflexion in ihm selbst
  - 1. Kapitel: Der Schein
  - 2. Kapitel: Die Wesenheiten oder die Reflexions-Bestimmungen
  - 3. Kapitel: Der Grund

2. Abschnitt: Die Erscheinung
- 1. Kapitel: Die Existenz
- 2. Kapitel: Die Erscheinung
- 3. Kapitel: Das wesentliche Verhältniß

3. Abschnitt: Die Wirklichkeit
- 1. Kapitel: Das Absolute
- 2. Kapitel: Die Wirklichkeit
- 3. Kapitel: Das absolute Verhältniß

Drittes Buch *Die Lehre vom Begriff*

1. Abschnitt: Die Subjectivität
- 1. Kapitel: Der Begriff
- 2. Kapitel: Das Urtheil
- 3. Kapitel: Der Schluß

2. Abschnitt: Die Objectivität
- 1. Kapitel: Der Mechanismus
- 2. Kapitel: Der Chemismus
- 3. Kapitel: Teleologie

3. Abschnitt: Die Idee
- 1. Kapitel: Das Leben
- 2. Kapitel: Die Idee des Erkennens
- 3. Kapitel: Die absolute Idee

Die triadischen Einteilungen sind nicht als statische Klassifikation zu verstehen, sondern stehen auf allen Ebenen für dialektische Dreischritte, durch die die Konstruktion dynamisch zusammengehalten und fortgeführt wird: Die erste Position wird durch die zweite negiert und in der dritten, der »Negation der Negation«, zusammengeführt und »aufgehoben«.

Das dialektische Schema strukturiert auch die Abfolge der drei Bücher, wobei hier noch mindestens zwei weitere Konstruktionsprinzipien zu beobachten sind. Zunächst macht sich eine Abweichung von der strengen (oder zwanghaften) triadischen Anlage bemerkbar: Denn die Abfolge der drei Bücher ist unregelmäßig akzentuiert durch die übergeordnete Einteilung in zwei Bände. Der erste Band umfasst die ersten beiden Bücher und ist mit dem Titel »Erster Band: Die objektive Logik« überschrieben, dem folgt der »Zweite Band: Die subjektive Logik«, der nur vom dritten Buch, der »Lehre vom Begriff« eingenommen wird. Das Ineinander von Zweier- und Dreiergliederung ist sprechend, denn es geht – ganz im nach-kantischem Geist der Zeit – um die Überwindung einer großen Spaltung, es geht um die Überwindung des Dualismus von Ding und Denken, von Objekt und Subjekt, von Sein und Begriff, und diese Überwindung wiederum lässt sich nur durch die Einschaltung eines dritten Terms bewerkstelligen, der sich dazwischenschiebt und dem in der Architektur des Werks dann eben auch ein ganzes Buch gewidmet wird: das zweite, die »Lehre vom Wesen«. Die Spaltung von Sein und Begriff lässt sich nur überwinden, wenn wir ein Wesen einführen, durch welches das Eine – das Sein – ins Andere – den Begriff – übergeht. Wesen ist demnach, schon durch die Systemarchitektur, bestimmt als Zwischenglied, und das zweite Buch arbeitet sich denn auch daran ab, verschiedene Verständnisweisen des Worts und des Begriffs »Wesen« zu entfalten, über die dann dessen Vermittlungsfunktion erst wirksam werden kann. Damit aber erfüllt die *Logik* auch erst den selbstgesteckten Anspruch, die kantischen Dualismen, zuvörderst den von »Ding an sich« und »Erscheinung«, zu überwinden.

Der Dualismus von Sein und Begriff, von Objekt und Subjekt bildet sich also in der Zweiteilung der Bände ab und wird zugleich überwunden in der Dreiteilung der Bücher. Diese Dreizahl der Bücher gibt ein weiteres Strukturierungsprinzip der *Logik* wieder: im dialektischen Dreischritt vollzieht sich ein Übergang von einer einpoligen Bestimmung über eine zweipolige zu einer dreipoligen. Das »Sein« soll im ersten Buch einpolig nur in und bei sich selbst bestimmt werden; die Unhaltbarkeit (bzw. die Undurchführbarkeit) dieser Bestimmung führt zu einer zweipoligen Bestimmung: das »Sein« soll nun als »Wesen« bestimmt werden, das »Wesen« aber ist immer eine Verhältnisbestimmung. Es bedarf immer zweier Terme, als deren *Verhältnis* das Wesen dann bestimmt werden kann. Damit aber ist auch schon der Übergang zur dreipoligen Bestimmung des Begriffs im dritten Buch vorbereitet: Denn die Einheit der Gegensätze, die im Wesen noch als Verhältnis gedacht werden, *und* Ausdruck dieser Einheit ist eben der (dann dreipolig bestimmte) Begriff.

Die triadische Logik der *Logik* lässt sich in folgenden Formeln darstellen:

1 = 3	Die gesuchte Einheitsfigur ist nur als Dreischritt zu haben.
2 > 3 > 1	Der bestehende Dualismus wird durch die Einschaltung eines Dritten zur Einheit überwunden.
1 > 2 > 3	Die Herstellung der Einheit aus dem Dualismus vollzieht sich als Fortgang von der einpoligen über die zweipolige zur dreipoligen Bestimmung.

Triadische Sphären. Bisher haben wir nur die Zielgerichtetheit, die immanente Teleologie der dialektischen Anlage der *Logik* betrachtet. Diese Struktur wird in der *Logik* aber auch konterkariert (oder wenigstens ausbalanciert) durch zyklische oder rekursive Denkbewegungen.

Schon auf der ersten Seite der »Einleitung« findet sich die *captatio benevolentiae*, dass gerade in der Wissenschaft der Logik die untersuchten »Regeln und Gesetze des Denkens« und besonders auch der »Begriff selbst der Wissenschaft überhaupt« überall im folgenden Werk schon vorausgesetzt und angewendet würden, obwohl diese doch erst »ihr letztes Resultat« ausmachten, und daher nicht »vorauszusagen« seien, »sondern ihre ganze Abhandlung [...] dieses Wissen von ihr selbst erst als ihr Letztes und als ihre Vollendung hervor[bringe]« (I, 9). Die Leserin habe sich also, so wird Hegel im Folgenden immer wieder erinnern, auf den Gang der Erörterung allererst *einzulassen*, bevor der Sinn des Ganzen bewiesen werden könne.

Ganz am Ende des Werks nimmt Hegel die Setzung des Anfangs wieder auf und bringt sie auf ein prägnantes Bild:

> »Vermöge der aufgezeigten Natur der Methode stellt sich die Wissenschaft als einen in sich geschlungenen *Kreis* dar, in dessen Anfang, den einfachen Grund, die Vermittlung das Ende zurückschlingt; dabey ist dieser Kreis ein *Kreis von Kreisen*; denn jedes einzelne Glied, als Beseeltes der Methode, ist die Reflexion in-sich, die, indem sie in den Anfang zurückkehrt, zugleich der Anfang eines neuen Gliedes ist.« (III, 252)

Hier erscheint Vermittlung nicht als Vorwärts-Schreiten, sondern als Zurückschlingen des Endes in den Anfang; Dialektik nicht als Marsch des Weltgeistes, nicht als »Fortschritt im Bewusstsein der Freiheit«, wie es in den Vorlesungen der 1820er-Jahre heißen wird, sondern als ein Weben, als ein Stricken vielleicht sogar an der Textur des Geistes.

Das Bild vom »Kreis von Kreisen«, in dem jedes einzelne Glied als ein solches ebenfalls schon in sich zurückgeschlungen ist, wenn es sich mit anderen verschlingt, lässt sich auch in der formalen »Glied«-erung der Logik wiederfinden. Dabei übersetzt Hegel das Bild vom Kreis in das kosmologische der Sphäre, der Himmelskugel. Die drei Bücher umschreiben dann jeweils eine eigene Sphäre: die »Sphäre des Seins«, die »Sphäre des Wesens« und die »Sphäre des Begriffs«. Demnach ist es immer wieder dieselbe Sache, derselbe Gedanke, dieselbe Bewegung, die sich in den drei Sphären je verschieden und doch immer gleich manifestiert und zu denken gibt. Einige besonders prägnante Formulierungen für diesen Sachverhalt finden sich zu Beginn der *Wesenslogik* – da, wo die Sphäre zum ersten Mal gewechselt wurde. So heißt es, gleichsam die ganze Bewegung des Seins im ersten Buch zusammenfassend und den Übergang zum zweiten Buch resümierend, im Abschnitt über »Das Wesen als Reflexion«:

> »In der Sphäre des Seyns *entsteht* dem Seyn *als unmittelbarem*, das Nichtseyn gleichfalls als *unmittelbares* gegenüber, und ihre Wahrheit ist das Werden. In der Sphäre des Wesens findet sich zuerst das Wesen und das Unwesentliche, dann das Wesen dem Schein gegenüber; das Unwesentliche und der Schein als Reste des Seyns.« (II, #249)

Die Manifestationsformen des Verschieden-Gleichen stehen dabei in einem Verhältnis des »Entsprechens«:

> »In der *Sphäre des Seyns*, war *das Daseyn* das *Seyn*, das die Negation in ihm hatte, und das Seyn der unmittelbare Boden und Element dieser Negation, die daher selbst unmittelbar war. Dem Daseyn entspricht in der *Sphäre des Wesens das Gesetzseyn*. Es ist gleichfalls ein Daseyn, aber sein Boden ist das Seyn, als Wesen

> oder als reine Negativität; es ist eine Bestimmtheit oder Negation nicht als seyend, sondern unmittelbar aufgehoben. *Das Daseyn ist nur Gesetzseyn*; diß ist der Satz des Wesens vom Daseyn.« (II, #255)

Das Eine in der einen Sphäre – das »Dasein« in der Sphäre des Seins – »entspricht« dem Anderen in der anderen Sphäre – dem »Gesetzsein« in der Sphäre des Wesens –, und zwar so, dass das Eine das Andere *ist*, aber auf anderem Boden. Der Boden verändert sich mit dem Wechsel der Sphären, und mit dem Boden verändern sich die Seinsweisen bzw. die Weisen des Seins: »Daseyn« und »Gesetztseyn« geben ihre Identität (»ist nur«) *und* ihre Differenz (»diß ist«) zugleich zu erkennen.

Zu dem Entsprechungsverhältnis kommt ein weiterer Aspekt hinzu, wenn der Kreis der Sphären vervollständigt wird. Dann scheint sich der Kreis auch insofern zu schließen, als wir im Wechsel von einer Sphäre zur anderen eine Steigerungsbewegung, eine fortschreitende Bestimmung feststellen können. Zu Beginn der *Begriffslogik* lesen wir:

> »In der Sphäre des Seyns *verändert* sich das Endliche, es wird zu einem Anderen; in der Sphäre des Wesens ist es *Erscheinung* und gesetzt, daß sein Seyn darin besteht, daß ein anderes an ihm *scheint*, und die *Nothwendigkeit* ist die *innere*, noch nicht als solche gesetzte, Beziehung. Der Begriff aber ist diß, daß diese Identität *gesetzt* ist, und daß das Seyende nicht die abstracte Identität mit sich, sondern die *concrete* ist, und unmittelbar an ihm selbst, das Seyn eines andern.« (III, 79)

Was zuvor »noch nicht« und insofern bloß »abstract« war – das Gesetzsein der Identität – ist nun und hier – »diß« – auf eine neue Stufe gehoben: es ist gesetzt an sich selbst und als unmittelbar seiend. Zugleich aber bleibt »es« – die Bewegung vom Daseins durch die Erscheinung zum Begriff – ein und dasselbe: Identität, Identität allerdings des »Seyns eines andern«.

In Anlage und Gliederung der *Logik* zeigt sich eine Selbstähnlichkeit der drei Bücher, die hermeneutisch genutzt werden kann: Wenn ich nicht verstehe, wie im zweiten Abschnitt der Wesenslogik genau der Fortgang von »Erscheinung« zum »wesentlichen Verhältnis« vonstattengeht, dann kann ich zurückblättern und den sphärenmäßig entsprechenden Fortgang vom »Quantum« zum »quantitativen Verhältnis« als Muster danebenlegen; dann lässt sich jener Fortgang im Abgleich mit diesem leichter nachvollziehen. Und umgekehrt können wir, zum Beispiel, den schwierigen, aber elementaren Fortgang vom »Dasein« zum »Fürsichsein« am Ende des ersten Abschnitts der *Seinslogik* retrospektiv immer genauer verstehen, wenn wir ihn zunächst in der *Wesenslogik* als Fortgang von den »Reflexionsbestimmungen« zum »Grund« und dann in der *Begriffslogik* als der vom »Urteil« zum »Schluß« wiederholen.

Umgekehrt kann die Selbstgleichheit der Anlage, oder, ökologisch gesprochen, das Prinzip der Stellenäquivalenz (das Känguru ist das Reh Australiens) auch irritierende Effekte zeitigen: Wenn etwa sich abzeichnet, dass das »Sein« der *Seinslogik* sich in der *Wesenslogik* schon von seiner Strukturstelle her als »Schein« enthüllt oder das »Absolute« der *Wesenslogik* dem »Leben« der *Begriffslogik* entspricht.

Non-Triplizität. Wenn auch Hegel also der Philosoph der Drei ist (und bleibt), dann sollte doch die Drei als dialektischer Dreischritt, als Fortschritt im Dreischritt, mittlerweile zweifelhaft geworden sein: Schon in der ganz regelmäßigen triadomanischen Gliederung und Anlage zeigt sich eine Tendenz zur Verdopplung, Wiederholung und Zirkularität, die in der Interpretation der *Logik* berücksichtigt sein will. Diese innere Spannung erzeugt in sich schon eine strenge und abstrakte Schönheit: eine rein strukturell erzeugte Schönheit ohne Stelle gewissermaßen. Dazu treten nun noch sprechende Ausnahmen, Ausnahmen an herausgehobener Stelle zumal, durch welche das Bild von der allumfassenden Drei bei Hegel endgültig porös werden sollte – Elemente einer *substantiellen Form*, die sich ebenfalls schon in der Gliederung manifestiert.

Vor dem allein und ohne Untergliederung stehenden letzten Kapitel der *(Begriffs-)Logik*, dem Kapitel zur »absoluten Idee«, steht das lange zweite Kapitel, »Die Idee des Erkennens«,[75] das abweichend von allem, was wir bisher beobachtet haben, nur aus zwei Unterkapiteln besteht: »A. Die Idee des Wahren« und »B. Die Idee des Guten«. Dazu kommt dann die Folge-Irregularität, dass der Abschnitt A nur zwei Unterabschnitte aufweist: »a. Das analytische Erkennen« und »b. Das synthetische Erkennen«.[76]

Das Auslaufen der *Logik* in einer Duplizität kann in seiner Bedeutung für das Ganze nicht hoch genug eingeschätzt werden. Denn wenn die *Logik* schon in ihrer triadischen Anlage die Überwindung der kantischen Entzweiungen anstrebt – die Überwindung der Spaltung von Subjekt und Objekt, von Denken und Sein durch die Einschaltung des Wesens –, dann markiert das vorletzte Kapitel der *Logik* mit seiner ausgestellten und wiederholten Duplizität das Scheitern dieser Ambition. Schon vor jeder genaueren Lektüre gibt sich das vorletzte Kapitel – gewissermaßen formsemantisch – als Wiederkehr der kantischen Dualismen zu erkennen; diese insistieren schon in der Gliederung: Die Unterscheidung von »analytischem« und »synthetischem« Erkennen arbeitet sich explizit an der kantischen Unterscheidung von analytischen und synthetischen Urteilen ab, und in der Gegenüberstellung einer »Idee des Wahren« von einer »Idee des Guten« lässt sich unschwer die kantische Unterscheidung von Sein und Sollen wiedererkennen, deren Überwindung Hegel ebenfalls angestrebt hat. Dass dieser Dualismus nicht in einem dritten Unterabschnitt auf gleicher Ebene überwunden wird, sondern *als Dualismus* ins dritte und letzte Kapitel zur »absoluten Idee« verschoben wird, lässt schon erahnen, dass dieses Kapitel keine Lösung, sondern nur die Reflexion der wesentlichen Unlösbarkeit des Problems bieten wird. Aber das greift hier, an dieser Stelle, vielleicht zu weit voraus. Wir werden nicht umhinkönnen, auf diese Frage zurückzukommen.

Komische Verdopplung. Kurz vor Schluss also lässt Hegel seine Dreier-Maschine in einer Wiederkehr des Dualismus vor die Wand fahren.[77] Und ganz am Ende, im Abschnitt über die »absolute Idee«, stellt er schließlich explizit das Ideal der Drei, und mit ihm das Prinzip des Zählens in der Philosophie überhaupt, infrage. Nachdem Hegel – wir befinden uns nur wenige Seiten vor dem Schluss der ganzen *Logik* – auf die Idee zurückgekommen ist, dass die richtige Methode der Philosophie den »Verlauf des Erkennens« am Ende »zugleich in sich selbst zurück[kehren]« lasse, fährt er fort:

> »Diese Negativität, ist als der sich aufhebende Widerspruch, die *Herstellung* der *ersten Unmittelbarkeit*, der einfachen Allgemeinheit; denn unmittelbar ist das Andre des Andern, das Negative des Negativen, das *Positive, Identische, Allgemeine*. Diß *zweyte* Unmittelbare ist im ganzen Verlauffe, wenn man überhaupt *zählen* will, das *Dritte*, zum ersten Unmittelbaren und zum Vermittelten. Es ist aber auch das Dritte zum ersten oder formellen Negativen, und zur absoluten Negativität oder dem zweyten Negativen; insofern nun jenes erste Negative schon der zweyte Terminus ist, so kann das als *Dritte* gezählte auch als *Viertes* gezählt, und statt der *Triplicität* die abstracte Form als eine *Quadruplicität* genommen werden; das Negative oder der *Unterschied* ist auf diese Weise als eine Zweyheit gezählt. – Das Dritte oder das Vierte ist überhaupt die Einheit des ersten und zweyten Moments, des Unmittelbaren und des Vermittelten. –« (III, 247)

»Wenn man überhaupt zählen will«: – *Soll das ein Witz sein?!* So jedenfalls ist man geneigt zu fragen, nachdem die ganze *Logik*, wie gezeigt, streng durchgezählt ist, und noch die Abweichungen nicht anders denn kalkuliert erscheinen können. Das alles nun verbucht Hegel am Ende als »das leere *Schema*« der Triplicität, derer sich ein »Formalismus« schon »bemächtigt« habe; »der seichte Unfug und das Kahle des modernen philosophischen sogenannten *Construirens*, das in nichts besteht, als jenes formelle Schema, ohne Begriff und immanente Bestimmung überall anzuhängen, und zu einem äusserlichen Ordnen zu gebrauchen, hat jene Form langweilig und übel berüchtigt gemacht.« (III, 247 f.)

Man kann diese Stelle auf mindestens zwei oder drei Arten verstehen. Zunächst einmal können wir hier vielleicht tatsächlich einen Witz im Brecht'schen Sinn entdecken: Überall dort, wo Hegel die strengste Ordnung aufstellt, müssen wir eigentlich der wildesten Unordnung gewahr werden, und in diesem Verständnis ist das System – das »System der reinen Vernunft« immerhin und »die Darstellung

Gottes vor der Erschaffung der Natur«, wie die Vorrede inseriert – zugleich immer auch seine eigene Parodie; die Darstellung des Systems offenbart demnach zugleich immer auch seine eigene Nicht-Systematizität. Das plötzliche Auftauchen der Vier am Ende erscheint also als Ergebnis eines *»comic redoubling«*, das in der Struktur der *Logik* angelegt ist.[78]

In diesem Sinn ermahnt schon die »Einleitung« des ersten Buches, dass wir uns gedanklich nicht allzu sehr an die Ordnung der *Logik* binden sollten: »die Einteilungen und Überschriften der Bücher, Abschnitte und Kapitel, die in der folgenden Abhandlung der Logik vorkommen«, seien bloß »zum Behuf einer vorläufigen Übersicht gemacht und eigentlich nur von historischem Werte [...] Sie gehören nicht zum Inhalt und Körper der Wissenschaft selbst, sondern sind Zusammenstellungen der äußeren Reflexion« (I, 22).

Auch diese Stelle muss wohl im Brecht'schen Geist gelesen werden, als Hinwies auf die tiefe Ironie, die in der ausgestellten Ordnung immer auch deren Rückseite mit-kommuniziert. Ich kann diese Stelle nur ironisch lesen, denn sie wörtlich ernst zu nehmen, scheint unmöglich: Die Gegenüberstellung von innerem »Inhalt und Körper« auf der einen und »äußere[r] Reflexion« auf der anderen Seite (an der zuvor zitierten Stelle: von »Inhalt« und »formale[m] Schema«) ist in dieser Starrheit bestenfalls ideologisch und abgeschmackt. Jede wirklich dialektische Kritik des Formalismus darf, darauf haben Rebecca Comay und Frank Ruda überzeugend insistiert, gegen diesen nicht einen echten Inhalt mobilisieren – das genau wäre die genuin ideologische Geste –, sondern muss dem Formalismus nachweisen, *nicht formalistisch genug* zu operieren.[79]

Wie also wäre eine valide Kritik des Formalismus zu bewerkstelligen? Denn eine solche bleibt ja notwendig; dass Hegels Polemik gegen den »Unfug und das Kahle des philosophischen Construierens« tatsächlich und unverkennbar etwas trifft, wird man nicht zuletzt an den hegelianisierenden Nachfolgern Hegels feststellen müssen.[80] Wenn wir also nicht gegen den »äußerlichen« Formalismus einen »inneren«, »echten« Inhalt aufbieten wollen, dann müssen wir uns einer Bewegung überlassen, die diesen Gegensatz selbst verflüssigt, dann müssen wir insgesamt eine Strategie der Verflüssigung und Auflösung der Begriffsbestimmungen verfolgen, die in diesen selbst schon angelegt ist. Dazu aber lohnt es, sich die These von der Quadruplicität noch einmal vorzunehmen und sie nun wörtlich – und eben nicht ironisch – nachzuvollziehen.[81]

Der entscheidende Dreh besteht dabei darin, dass »das Negative und der Unterschied [...] als eine Zweyheit gezählt« wird; die Differenz, die durch das Negative gesetzt wird, ist eine zweiseitige: Die erste Position – die »erste Unmittelbarkeit«, »das Positivem Identische, Allgemeine« – ist nicht einfach da, sondern *hergestellt*; hergestellt durch die Setzung des Unterschieds, der dem Ersten ein Zweites gegenüberstellt: das Negative, die Negation der Identität, die Vermittlung.[82] Wenn nun schon aber das Erste als ein Hergestelltes ein Zweites ist, dann ist das Zweite das Dritte. Das Dritte aber, das im Schema der Triplicität als Einheit des ersten und zweiten Moments firmiert, muss so wiederum immer auch als ein Viertes gezählt werden.[83]

Die Zweyheit des Negativen – kurz: die Negativität – macht sich demnach auf allen Stufen bemerkbar: Das Erste ist schon ein Zweites, die Unmittelbarkeit ist, wie erwähnt, als hergestellte immer schon vermittelt; das Zweite, die Negation, negiert das Erste und stellt damit heraus, dass dieses schon ein Zweites ist; und das Dritte, »das Negative des Negativen«, stellt eine neue, positive Unmittelbarkeit her, in der zugleich aber immer schon der Stachel steckt, dass sie eine hergestellte, also zweite, ist.

Die Logik der Verdopplung, die in der Negation steckt, löst so schließlich die Zählbarkeit in einem fortschreitenden Zergliederungsprozess auf, den Hegel an dieser Stelle dann auch treffend als den »ganzen Verlauf« bezeichnet: Der Ablauf verläuft sich, der Verlauf aber ist das Ganze, und das Ganze ist – durch die Brille der Zweyheit des Negativen gesehen – nicht anders denn als *im Verlaufen begriffen* zu begreifen.[84]

Die Logik des ausgeschlossenen Vierten. Der Logik des Verlaufs oder der Auflösung, die hier durchaus streng und ironisch zugleich zu lesen ist, wird das nächste Kapitel nachgehen. Bevor wir dazu weitergehen, möchte ich noch eine letzte (dritte? vierte?) Lesart der Quadruplicität anfügen; eine symptomatische Lesart, die nun tatsächlich gegen den Strich des Hegel'schen Textes gebürstet ist.

Demnach legt die späte Stelle zur Quadruplicität Zeugnis von einer Logik ab, die auch ansonsten überall schon in der Triadomanie der *Logik* wirksam ist: der »Logik des ausgeschlossenen Vierten«.[85] Diese Logik diagnostiziert Derrida bei Lacan, in Lacans seinerseits triadomanischer Lektüre von Edgar Allan Poes »Entwendetem Brief«. Die »Ausschließung des Vierten oder des Dritten-plus-oder-minus-Einen« bringe erst Lacans »schlechten Formalismus« zustande, der die »subreptive Abhebung eines semantischen Inhalts« von seiner ihn bedingenden Form »garantier[en]« solle.[86] Die bedingende Form, das ist für Derrida: die Narration. Indem die »vierte Seite« abgeschnitten werde, falle die narrative Rahmung (die qu/cadrage) unter den Tisch, die erst all die Triaden und Dreiecke ermöglicht, auf die Lacan (und Hegel? – das wird zu prüfen sein) sich überall kapriziere. Demnach wäre die »abstracte Form« der Triplicität davon abhängig, dass wir die Quadruplicität der erzählenden Rahmung, dass wir *die Erzählung schlechthin* außer Acht lassen, in der uns erst die Triaden präsentiert werden. – Hegel als Erzähler? Die Frage gilt es von hier aus wiederaufzunehmen; wir werden später darauf zurückkommen – ironischerweise im Zusammenhang mit dem Begriff der Natur, die bei Hegel den eigentlichen Gegenstand und und die letzte Grenze jedes Erzählens bildet.[87] Einstweilen können wir aber schon einmal festhalten, dass Hegel der Logik des ausgeschlossenen Vierten – oder vielleicht besser: der Logik des ausgeschlossenen »Dritten-plus-oder-minus-Einen« – nicht einfach nur passiv unterliegt, sondern an zwei exponierten Stellen, nämlich ganz am Anfang und ganz am Schluss der *Logik*, auch markiert, *dass* er ihr unterliegt – und ihr damit eben schon *nicht mehr ganz* unterliegt. Wenn wir wissen, dass all die »Einteilungen und Überschriften der Bücher, Abschnitte und Kapitel« – bemerkenswert ist hier die Betonung der Elemente, die den textuellen und schriftlichen Charakter der *Logik* hervorheben – »eigentlich nur von historischem Werte« sind, dann werden wir ihre Funktion für die *histoire*, für die Geschichte der Hegel'schen Theorieerzählung, nicht mehr vergessen. Und wenn wir verstehen, dass wir in jedem Dritten immer auch und vor allem nach der inhärierenden Zweyheit und damit nach dem Vierten suchen müssen, dann werden wir nicht mehr der Versuchung erliegen, die Dreiheit selbst schon als eigentlichen Inhalt oder als selbstverständliche Form der Philosophie anzunehmen. Darauf wird nun und im Folgenden die Probe aufs Exempel zu machen sein.

V Von der Bestimmung der Auflösung. Dreischritt-Variationen

Der berühmte dialektische Dreischritt ist ein Gerücht.[88] Dass die ewige Leier von These, Antithese und Synthese nicht wirklich weiterhilft, wird schon dadurch deutlich, dass die drei Begriffe in der *Logik* in der erwarteten Kombination gar nicht vorkommen. Die Begriffe (mit zugehörigen Adjektivbildungen) tauchen zwar vereinzelt auf, aber durchgängig nur im Kontext einer Beschäftigung mit Kant, mit der Frage nach der Möglichkeit von »synthetischen Urteilen apriori« und der kantischen »transzendentalen Dialektik«. Hegel entleiht die Begriffe Kants, macht sie sich aber nie zu eigen.

Katalog der Hegel'schen Invarianten. Vergessen wir also These, Antithese und Synthese. Allerdings bleibt, auch wenn wir die üblichen Gerüchte beiseitegeschoben haben, eine gewisse Ordnung erhalten. An die Stelle des leeren Schematismus, der sich über die dialektische Methode gelegt hat, tritt nicht unversehens ein Chaos oder freies Fluten. »Inmitten des bewegten Begriffs«, so bemerkt Adorno, »behauptet sich viel mehr an Invarianz, als erwartet«. Auch nach einer Öffnung der Perspektive bleibe »die Zahl der Hegelschen Motive endlich«. Zu ihrer Sortierung schlägt Adorno einen »Katalog der Hegelschen Invarianten« vor.[89]

Wir wollen uns also im Folgenden an der Erstellung eines solchen Katalogs versuchen. Dabei wird es bisweilen womöglich etwas hölzern oder banausisch zugehen, das Verfahren hat aber den Vorteil, gut eingeübte Routinen des dialektischen Dreischritts zu irritieren und die spezifisch sprachliche Gestalt der Hegel'schen Begriffsbewegungen – das, was sie zu »Motiven« auch im musikalischen Sinn macht – in den Blick zu rücken.

Zu den Invarianten gehört zweifellos der dialektische Dreischritt als solcher. Allerdings fordert uns Hegel dazu auf, ihn elastisch zu handhaben und ihn nicht zu einem leeren Schema zu verdinglichen. Durch diese Elastizität aber werden wir als Lesende bei der Lektüre umso heftiger hin und her geworfen. Hegel verwendet nie die *setzende* (anti/syn/*thetische*) – und damit den Leser in seinen Voraus-Setzungen bloß bestätigende – Variante, die wir aus den Lehrbüchern der Dialektik kennen, sondern überall die *negierende*: »Negation« und »Negation der Negation« sind in der *Logik* allgegenwärtig, wobei auch hier das erste Moment des Dreischritts nie als »Position« – das klänge zu stabil –, sondern immer als Ergebnis einer vorangegangenen »Negation der Negation« betrachtet und angesprochen wird. Damit aber ist, von Anfang an, mit der »Zweyheit« des Negativen auch die Tendenz zur Vervielfältigung schon angelegt, die Hegel am Ende der *Logik* auf den Begriff der Quadruplicität bringt; diese kann also zugleich als Einsatzpunkt und als Abbreviatur unendlicher Negationsreihen gelesen werden.

Aus der Halbdistanz – und damit notwendig grobkörnig – lassen sich in der *Logik* zwei Funktionen oder Stoßrichtungen des dialektischen Dreierschritts unterscheiden: *Bestimmung* und *Auflösung*. Im ersten Fall gehen wir von einer zunächst noch unbestimmten Sache aus, über die wir qua Unbestimmtheit gar nichts weiter aussagen können; Hegel nennt eine solche Sache »abstrakt allgemein« und »unmittelbar«. Diese Sache wird in einem zweiten Schritt negiert: eingegrenzt, abgesetzt von anderen Sachverhalten. Die Negation des Unbestimmten führt zu immer weiteren Bestimmungen der in Rede stehenden Sache; leitend ist hier ein Satz Spinozas, den Hegel als einen solchen von »durchgängiger Wichtigkeit« kennzeichnet: *Determinatio est negatio* (I, 87). Die Negation selbst bleibt allerdings als Negation einseitig, sie ist negativ auf die Unbestimmtheit bezogen und damit ohne eigenen Bestand. Die Negation muss also selbst bestimmt, und das heißt: negiert werden. Erst durch die Verdopplung der Negation kommen jene Vermittlungen in Gang, die das Allgemeine positiv bestimmen und konkretisieren. Dieses konkretisierte Allgemeine kann dann als neue, als zweite Unmittelbarkeit weiter bestimmt – und das heißt: weiter negiert – werden.

Damit kommen wir zur zweiten Grundfunktion des Dreischritts:

der *Auflösung.* Hier haben wir es auf der ersten Stufe mit einem schon weitgehend bestimmten Sachverhalt zu tun, der dann – auf der zweiten Stufe – negiert wird: Die Bestimmungen werden infrage gestellt, indem den schon gegebenen Definitionen andere mögliche zur Seite gestellt werden, die jene ersten nicht unbedingt ergänzen, die sich vielmehr auch gegenseitig ausschließen können. Die »Negation der Negation« – die dritte Stufe – bedeutet hier keine positive Umwendung der Negation, sondern eher deren Radikalisierung, indem auch die Unhaltbarkeit der alternativen – und das heißt: indem die letztendliche Unhaltbarkeit *aller* – Bestimmungen aufgezeigt wird. Am Ende, auf dieser dritten Stufe, haben wir es dann nicht mit einer angereicherten positiven Bestimmung, sondern mit der »Auflösung« der ursprünglichen, eigentlich schon hinlänglich bestimmten Sache zu tun.[90]

Beide Funktionen, Bestimmung und Auflösung, vollziehen sich durch Negation und deren (umwendende *oder* radikalisierende) Verdopplung, und so gehören beide klarerweise untrennbar zusammen: ohne Bestimmung keine Auflösung, ohne Auflösung alter Bestimmungen keine neue. Gleichwohl ist es aber für das Verständnis der dialektischen Methode sinnvoll, beide Richtungen zunächst einmal auseinanderzuhalten. Denn Hegel setzt in der Darstellung und Umsetzung beider Funktionen jeweils sehr unterschiedliche Akzente, und das nicht zuletzt durch die Sprache, die er zur Darstellung der Prozesse verwendet: Obwohl es um formale, gleichsam technische Abläufe geht, wird Hegels Sprache an vielen Stellen emphatisch, als handele es sich um existenzielle Vorgänge. An diesen Stellen tut sich der Erfahrungsgehalt kund, der bei Hegel noch in der Darstellung der formalsten Abläufe immer auch kommuniziert wird.

Der folgende Katalog verfolgt zwei Sequenzen von Bestimmung und Auflösung und beleuchtet deren innige Ergänzung. Beide Sequenzen stehen wiederum in einem Verhältnis der Verdopplung, wobei die Komik dieses Mal darin liegt, dass die erste Sequenz nicht überzeugend zu Ende gebracht werden kann, weshalb dann die zweite den ganzen Durchgang noch einmal, aber leicht verschoben wiederholen muss. In unserer seltsamen Algebra heißt das: $2 \times 3 = 4$. Das, wofür im letzten Kapitel die Abbreviatur »Vier« und der technische Term »Quadruplicität« stand: die Aussetzung bestimmter und endlicher Abzählbarkeit überhaupt, wird hier durch die Verdopplung des Dreischritts erreicht.

Bestimmung I: Wie denke ich Etwas? Die Funktion der Bestimmung wird am deutlichsten im 1. Abschnitt des ersten Buches, dem Abschnitt »Bestimmtheit (Qualität)«, exponiert. Im Zentrum dieses Abschnitts steht, als zweiter Unterabschnitt des 2. Kapitels, »B. Bestimmtheit«, und hier ist es wieder der zweite Unterabschnitt, der mit »2. Bestimmtheit« überschrieben ist. Schon an dieser Struktur, wo der Begriff der »Bestimmtheit« auf allen wesentlichen Gliederungsebenen wiederkehrt, sehen wir die Zentralität des Begriffs; Zentralität heißt aber auch: als Mittelpunkt markiert der Begriff auf allen Ebenen jenen »Wendepunkt der Methode«, an dem sich die Ambivalenz des Vorgangs der Bestimmung am deutlichsten zeigen wird. In der späten Überarbeitung des ersten Buches der *Logik*, die Hegel noch kurz vor seinem Tod fertigstellen konnte, hat er sich übrigens genau an dieser (vorgeblichen) Irregularität abgearbeitet: der Unterabschnitt B. ist nun mit »Endlichkeit« überschrieben, und nur in dessen zweitem Abschnitt taucht dann, auf der untersten Ebene, die »Bestimmtheit« wieder auf. Es ist allerdings gerade die rohere Verfasstheit der ersten Auflage, die inhaltlich bedingte Härten der Gliederung einfach stehenlässt, die ich theoretisch sprechender – und, nebenbei, auch ästhetisch attraktiver – finde.

Von der Sache her fragt das ganze erste Buch, wie wir Sein überhaupt denken können, und die Antwort lautet, dass wir es als »Etwas« denken müssen. Am Anfang der *Logik* stehen wir also vor der einfachen und fast ridikül wirkenden Frage: Was heißt es, wenn wir »etwas« denken? Was meinen wir, wenn wir sagen oder behaupten, dass wir »etwas« denken?

Beginnen wir also mit der Bestimmung des Seins, wie es gedacht werden kann und gedacht werden muss. Die erste Form der Bestimmung des Seins ist das *Dasein*. Im Dasein steckt etymologisch das »Da«, das »Sein an einen gewissen Ort« (I, 66). Sein an einem bestimmten Ort heißt: nicht an einem anderen. Dasein ist bestimmtes

Sein im Sinne von begrenztem Sein, von einem »Sein, das der Bestimmtheit fernerhin« – und auch dieses Wort sollten wir räumlich verstehen – »entgegentritt« (I, 67). Dasein ist Sein, das durch das Nichtsein des Seins an einem anderen »Da«, an einem anderen Ort, begrenzt wird. Hegel findet dafür die schöne Formel: »Dasein ist Sein mit einem Nichtsein.« (I, 67)

Die Bestimmungsketten, die nun folgen, kann ich hier nur abkürzen, wobei natürlich die eigentliche Pointe verloren geht, die Wendigkeit der Wendungen und Gegenwendungen des Begriffs: Als »Sein mit einem Nichtsein« ist das Dasein immer auch »Nichtdasein« – »Dasein als Nichtdasein« –, allerdings nicht als Negation von Dasein überhaupt, sondern als »seiendes Nichtdasein«. Das seiende Nichtdasein ist »zweites Dasein« gegenüber dem ersten: »– Oder das Dasein ist wesentlich *Anderssein.*« (I, 68) An dieser Formulierung wird schon deutlich, dass das Dasein in der Sphäre des Seins gar nicht endgültig bestimmt werden kann, ohne bereits auf die Sphäre des Wesens auszugreifen: Dasein ist eben immer schon Anderssein und damit »wesentlich« Beziehung, Verhältnis, eben: Wesen. Und so fährt Hegel denn auch fort: »Anderssein ist das Nichts, aber als *Beziehung. Anderes* ist *Nichtdies*; aber *dies* ist gleichfalls ein *Anderes*, also auch Nichtdies. Es ist kein Dasein, das nicht zugleich als Anderes bestimmt wäre oder eine negative Beziehung hätte« (I, 68).

Es gibt kein Dasein, das nicht zugleich als Anderes bestimmt wäre oder eine negative Beziehung hätte. – Ein Satz, der einen angehen kann, nicht zuletzt wegen seiner logischen Schönheit. Hegel besteht auf einer letztlichen Identität des Daseins mit sich selbst – ein paar Zeilen weiter folgt die klassische Formulierung vom Dasein als dem *»Andere[n] seiner selbst«* (I, 69) –, aber diese Identität kann schon sprachlich nur (doppelt) negativ ausgedrückt werden kann: *Nichts, das nicht zugleich …*

Die Schlange windet sich weiter: Dasein als Nichtdasein als Anderssein spreizt sich auf zur Polarität von »Ansich-Sein« und »Sein-für-Anderes«, beide Pole markieren den »inneren Unterschiede des Daseins« (I, 70). Die Einheit dieses Unterschieds aber, reflektiert als Unterschied in Einheit oder Einheit im Unterschied, ist – die »Realität«.

Um die Realität des Daseins nun schärfer zu bestimmen, geht Hegel auf den »Unterschied im Dasein« zurück und fragt, wie dieser Unterschied *positiv* bestimmt werden kann. Er geht damit vom Dasein *überhaupt* zum unterschiedenen »Daseienden« über, und damit zu »Etwas« (I, 75).

Das »Etwas« als Endpunkt der Bestimmung des Daseins suggeriert zunächst Solidität: Hegel spricht hier auch vom »Insichsein« des Daseins, in das der Unterschied von Ansichsein und Sein-für-Anderes zurückgenommen wird (I, 74). Uns wird hier schon eine Ahnung davon vermittelt, wie ein stabiles, in sich ruhendes Dasein aussehen könnte, aber dieses ruhende Dasein ist im Etwas noch nicht erreicht. Das Etwas weist hier noch keinerlei Beständigkeit auf, denn »Etwas«, das sagt immer auch: nicht »Etwas anderes«. Das Etwas erkauft sich gleichsam seine Bestimmung durch eine Begrenzung, und diese spricht sich schon aus, bevor der bestimmte positive Gehalt des Etwas überhaupt in den Blick kommt: »Das Sein des Etwas besteht also nicht in seiner Unmittelbarkeit« – so wollte es das Alltagsbewusstsein: etwas ist immer einfach so da –, »sondern im Nichtsein des Anderseins; das Dasein also ist im Etwas insofern ins Negative übergegangen, daß dieses nunmehr zugrunde liegt. Das Etwas ist Dasein allein, insofern es Bestimmtheit hat« (I, 75).

Das Etwas ist auf nichts gebaut, ihm liegt das Negative zugrunde, in ihm ist gar das Dasein selbst schon ins Negative übergegangen: Diesen Zusammenhang zu entfalten ist Funktion des Abschnitts über die »Bestimmtheit«, und die beiden zentralen Begriffe in diesem Abschnitt sind »Grenze« und »Schranke«. Als »umschlossenes Dasein« (I, 76) ist Etwas begrenztes Dasein; die Grenze gehört zum Etwas selbst dazu, und dieses ist ohne Grenze nicht denkbar. Hegel schreibt: *»Etwas ist, was es ist, nur in seiner Grenze«*; die Grenze ist *arché* des Etwas – sein »Anfang« und sein »Prinzip« (I, 78). »Die Grenze ist also von dem Etwas nicht unterschieden; dieses Nichtsein« – die Grenze als Abgrenzung vom Nichtsein des Etwas ist von diesem Nichtsein ebenso wenig unterschieden wie vom Etwas selbst; es ist beides – »ist vielmehr sein Grund und macht es zu dem, was es ist« (I, 78).[91]

Etwas ist, *was* es ist und *wie* es ist, durch »seine« Grenze: Damit ist in der »Beschaffenheit« (I, 80) des Etwas zugleich impliziert, dass es in seinem »Was« und seinem »Wie« auch anders beschaffen sein könnte. Mit der »Beschaffenheit« des Etwas ist zugleich auch schon seine »Veränderung« (I, 82) gesetzt. Veränderung tritt demnach nicht sekundär zur Beschaffenheit eines Etwas hinzu, sondern muss in den Begriff des Etwas selbst aufgenommen werden. Wer meint, Etwas zuerst als es selbst denken zu können, um dann erst die Veränderlichkeit dieses Etwas zu berücksichtigen, verfehlt nicht nur den Begriff der Veränderung, sondern schon den des Etwas selbst: Es ist »die Beschaffenheit als solche, die sich verändert; nicht *eine* Beschaffenheit, so daß die Beschaffenheit als solche bliebe; daher muß nicht sowohl gesagt werden, daß sie sich verändert, sondern ist selbst die Veränderung« (I, 83 f.).[92]

Wird die Veränderung (bzw. die Veränderlichkeit) aber im skizzierten Sinn wesentlich gefasst, dann wird ein Umbau des Begriffs der Grenze erforderlich. Diese kann nun nicht mehr als Linie zwischen zwei Etwas oder zwischen zwei Zuständen oder Beschaffenheiten desselben Etwas gedacht werden.

Der neue, veränderte Begriff dessen, was zuvor als Grenze begriffen worden ist, ist der der Schranke bzw. genauer: der Doppelbegriff von »Sollen und Schranke« (I, 84). Die Schranke ist nicht etwas anderes als die Grenze, sondern ein und dasselbe, aber in anderer Hinsicht oder mit anderer Akzentsetzung. Wenn die Grenze das »Insichsein des Etwas« umreißt, dann kann das auch so beschrieben werden, dass »die Äußerlichkeit des Andersseins« – das, wovon die Grenze das Etwas abgrenzt – zugleich »die eigene Innerlichkeit des Etwas« ist (I, 84).

Wenn aber der Fokus von der äußerlich bestimmten Innerlichkeit auf *die Äußerlichkeit selbst* wandert, dann verschiebt sich auch der Blick auf die Grenze. Wir betrachten die Grenze nun gleichsam von außen und haben dann vor allem das im Blick, was das Etwas *nicht* ist: »Die Grenze, die so die Bestimmung des Etwas ausmacht, aber so, daß sie zugleich als sein Nichtsein bestimmt ist, ist die *Schranke*.« (I, 84)

Die Grenze wird nur dann zur Schranke, wenn das Etwas aus seinem Insichsein über die Grenze hinausdrängt. Wenn das Etwas »nur ruhig gleichsam neben seiner Grenze« läge, würde diese nicht zur Schranke (I, 84). Da aber das Etwas schon durch eine Negation überhaupt bestimmt wurde, ist es ein immanentes Moment des Etwas selbst, seine Grenze zu überschreiten, und damit gehört auch das, was jenseits der Grenze liegt, zum Begriff des Etwas: Es ist das »Sollen« des Etwas; das, was das Etwas »sein soll«. – Etwas, das ist nach dieser Bestimmung das, was es innerhalb seiner gegebenen Beschränkung ist, und zugleich das, was es *nicht* ist, aber sein *soll*: »Das Sollen ist also die Beziehung der Bestimmung auf sich als auf ihr Nichtsein oder auf das Nichtsein, das sie selbst ist.« (I, 85)

Das Etwas hat somit jedes »In-sich-Beruhen« verloren; es ist wesentlich zu einem Sollen und damit zu einem Nichtseienden geworden, das erst ins Sein *kommen soll.* Das Sein des Etwas ist zum Sollen »herab[ge]setzt« und zugleich ist das Etwas als Sollen über seine Schranke und Beschränktheit »erhaben« (I, 85). – Der diskrete Charme des kurzen Absatzes über »Sollen und Schranke« liegt darin, dass Hegel hier im Gewand eher technischer Erörterungen über die Bestimmung des Etwas ein zentrales Problem moderner Moralphilosophie anspielt, um es dann sogleich lässig liegen zu lassen, bis es ganz am Ende der *Logik* im Abschnitt über die »Die Idee des Guten« mit Macht wiederkehrt. Nonchalant bemerkt Hegel schon hier, dass das »Sollen [...] neuerdings eine große Rolle in der Philosophie, vornehmlich in Beziehung auf Moralität und überhaupt auch als der letzte und absolute Begriff von der Identität der *Gleichheit mit sich selbst* und der *Bestimmtheit* gespielt« habe (I, 86). Dann zitiert er, ohne Nennung des Namens, Schiller: »*Du kannst, weil du sollst,* – dieser Ausdruck, der viel sagen sollte, liegt im Begriff des Sollens« selbst. Wenn Hegel hier dem moralischen Pathos Schillers durch den Verweis auf die bloße Logik des Begriffs die Luft ablässt, dann folgt die endgültige Abfuhr zwei Zeilen später. Denn aus dem Begriff des Sollens folge genauso auch der umgekehrte Satz: »*Du kannst nicht, eben weil du sollst.*« (I, 86) Ohne diese Umkehrung verlöre der Begriff des Sollens jeden Gegenhalt, er würde einfach mit dem des Seins selbst zusammenfallen. *Nur was nicht ist, kann gesollt werden*: damit ist aber auch der »letzte und absolute Begriff von der Identität der Gleichheit mit sich selbst«, den Schiller im Sollen absichern wollte, bis auf Weiteres aufgeschoben (I, 86). Und es erhebt sich – von Neuem – das Problem, wie das Dasein als Etwas bestimmt gedacht werden kann, wenn es als Sollen immer schon über sich hinaus ist. »Im Sollen beginnt überhaupt der Begriff der Endlichkeit«, heißt es in der ersten Auflage etwas unvermittelt am Ende des Absatzes über »Sollen und Schranke«; in der zweiten, überarbeiteten Fassung wird der ganze zweite Abschnitt des Kapitels über das Dasein nicht mehr »Bestimmtheit« (wie in der ersten Auflage), sondern »Die Endlichkeit« heißen – im Sollen also »beginnt der Begriff der Endlichkeit, und damit zugleich das Hinausgehen über sie«. Die einfache Frage danach, was es heißt, *Etwas zu denken*, führt uns geradewegs – in »die Unendlichkeit« (I, 86).

Auflösung I: Unendlich werden. Den Weg in die Unendlichkeit bahnt wiederum die Negation. Ein wenig aus der Ordnung gefallen – in der zweiten Fassung fehlt dieser Absatz denn auch – findet sich in der ersten Auflage am Ende des Abschnitts zur »Bestimmtheit« eine Passage, in der noch einmal die Negation als Denkform herausgearbeitet und auf den Begriff gebracht wird, nachdem sie die ganze Zeit zuvor schon eingesetzt wurde. Hier wird nun der »bestimmende Satz« von Spinoza noch einmal herausgestellt: »*Die Bestimmtheit überhaupt ist Negation*, (Determinatio est negatio)« (I, 87). Plötzlich aber wird nun die destruktive, oder neutraler: die auflösende Kraft dieses Satzes deutlich. Nicht nur kann jede Negation immer auch »affirmativ« (wie es in der zweiten Auflage heißt) als Bestimmung verstanden werden, sondern umgekehrt gilt auch, dass jede Bestimmung, ob sie will oder nicht, immer auch negierend verfährt: Jede Bestimmung ist immer auch Negation von Bestimmung. Im Herzen jeder Bestimmung liegt ihre eigene Auflösung.

Diese Umkehrung von Spinozas »bestimmendem Satz« wird dann im Absatz »Qualitative Unendlichkeit« durchexerziert: Bestimmtes Dasein ist beschränktes Dasein; das aber ist gleichbedeutend mit: Bestimmtes Dasein ist endliches Dasein. Dasein ist, so Hegel in typischer Emphase, nicht nur endlich, »sondern *es ist die Endlichkeit*« (I, 89). »Typische Emphase« heißt hier: Ein vermeintliches Attribut unter anderen wird von Hegel zur ontologischen Bestimmung erklärt; die Emphase liegt in der Kursivierung der Kopula. Nicht: die Beschaffenheit ändert sich, sondern: Beschaffenheit *ist* Veränderung; nicht:

Dasein ist, unter anderem, auch endlich, sondern: Dasein *ist* die Endlichkeit, genauso wie umgekehrt: Endlichkeit ist nicht nur etwas, das das Dasein betrifft, sondern: Die Endlichkeit *ist* das Dasein.

Wir können uns also überhaupt keinen Begriff von Endlichkeit bilden, wenn wir nicht vom Begriff des Daseins ausgehen. Wenn die Endlichkeit schon in der Beschränkung des Daseins liegt, dann weist das Sollen des Daseins bereits über die Endlichkeit hinaus: Dasein *soll* unendlich sein, und nur dadurch *ist* es endlich, und nur dadurch ist überhaupt Endlichkeit: »Das Endliche also ist dieses Aufheben seiner, es ist selbst dies, *unendlich* zu sein.« (I, 90)

Mit dieser – seiner eigenen – Formulierung aber muss Hegel ein Problem haben, und er hat es auch: Denn »unendlich sein« setzt das Unendliche als seiend einem Endlichen gegenüber, das ebenso seiend gedacht wird. In diesem Verständnis müssen wir eine Grenze zwischen Endlichem und Unendlichem denken, aber wir hätten – in Anknüpfung an das zuvor Ausgeführte – diese Grenze noch nicht als Schranke gedacht. Mit dem Sein des Unendlichen, das bloß »neben« oder »über« dem Endlichen läge, ohne dass das eine sein Sollen, sein Sein-Sollen im anderen fände, stößt Hegel zum ersten Mal auf ein Problem, das ihn die ganze *Logik* über immer wieder beschäftigen wird: das Problem der »schlechten Unendlichkeit« (I, 90) und des »Fortgangs ins Unendliche«, des *progressus ad infinitum* (I, 93). Beides ergibt sich notwendig, wenn wir zwar verstehen, dass Endliches und Unendliches sich gegenseitig bestimmen, wir aber am *Sein* des Endlichen und des Unendlichen festhalten und beides daher in eine »äußerliche« oder eine bloße »Wechselbestimmung« treten lassen. In diesem Verständnis steht das Unendliche »als ein für sich Fertiges *über* dem Endlichen, so daß das Endliche außer oder unter jenem sein Bleiben hätte und behielte«, oder das Unendliche »erhebt« sich über das Endliche, dies aber »ganz unbeschadet der Endlichkeit welche jene ihm äußerlich bleibende Erhebung nichts angeht« (I, 90). In dieser »schlechten« Version der Unendlichkeit bleibt diese, so Hegel, selbst endlich, da sie zwar unabsehbar geworden ist, aber nur in einer Aneinanderreihung von Endlichem besteht.[93]

Eine Lösung dieses Problems – wie das Unendliche denken, ohne in eine schlechte Unendlichkeit zu verfallen – deutet Hegel en passant an, wenn er schreibt, es sei »überhaupt die Natur des Endlichen selbst, über sich hinauszugehen, die Negation zu negieren [die Schranke zu überschreiten] und unendlich zu werden« (I, 90). Unendlich *werden*, statt unendlich *sein*: Der erst beiläufig angespielte Gedanke wird am Ende des Absatzes über die Unendlichkeit expliziert, wenn Hegel schreibt, dass der an sich wahre Satz »Endliches und Unendliches sind dasselbe« die »schiefe Seite« hätte, dass er »das, was ein Werden ist, als ruhendes Sein ausdrückt. So ist auch das Unendliche das Werden zum Endlichen und umgekehrt das Endliche das Werden zum Unendlichen« (I, 97).

Es kommt also darauf an, das Endliche *aus sich selbst heraus* zu verunendlichen, statt ihm einfach ein Unendliches überzustülpen oder gegenüberzustellen. Für dieses Postulat, für dieses Sollen, das aus der Beschränkung des Endlichen selbst erwächst, findet Hegel radikale Formulierungen, die in der zweiten Auflage sogar noch verschärft werden:

> »Es ist also überhaupt die Natur des Endlichen selbst, über sich hinauszugehen, seine Negation zu negieren und unendlich zu werden. [...] Insofern aber das Endliche selbst in die Unendlichkeit erhoben wird, so ist es ebensowenig eine fremde Gewalt, welche ihm das antut, sondern es ist dies seine Natur, sich auf sich als Schranke zu beziehen und somit über dieselbe hinauszugehen. Denn wie sich gezeigt hat, ist die Schranke nur, insofern über sie hinausgegangen wird. Also nicht im Aufheben der Endlichkeit überhaupt besteht die Unendlichkeit überhaupt, sondern das Endliche ist nur dies, selbst durch seine Natur dazu zu werden. Die Unendlichkeit ist seine *Bestimmung* oder das, was *es an sich* ist.« (I, 90)

Und nach einem Absatz fügt die zweite Auflage den alleinstehenden Satz hinzu:

> »So ist das Endliche im Unendlichen verschwunden, und was *ist*, ist nur das *Unendliche*.« (I, 125*)

Die Unendlichkeit ist die Bestimmung des Endlichen, das ist mindestens zwiefach zu verstehen: Wir können uns letztlich keinen bestimmten Begriff des Endlichen, von Endlichem überhaupt bilden, ohne dieses auf die Unendlichkeit zu beziehen – keinen Begriff von Dasein, keinen Begriff von Etwas. Wer überhaupt Etwas denken will, der muss die Unendlichkeit denken. Und das – zweite Bedeutung – ist auch die Bestimmung des Endlichen im Sinne von Schickung oder Schicksal: Es ist das Schicksal auch des endlichen Seins, das wir Menschen sind, uns ins Unendliche zu schicken, und das zeigt sich schon daran, dass wir unweigerlich an die Unendlichkeit verwiesen sind, wenn wir überhaupt irgendetwas bestimmt denken wollen. Beides aber heißt: *We are lost*, denn das Endliche (das wir sind und das wir denken müssen) verschwindet sofort und unweigerlich ins Unendliche, sobald wir (es) zu denken versuchen, und es und wir sind nichts anderes als dieses Verschwinden-Müssen im Unendlichen.

Viel näher wird Hegel der Romantik nicht mehr kommen. Und es ist vielleicht auch diese Nähe zur Romantik – seine eigene innere Romantik, Regungen seines romantischen Herzens –, die Hegel dann in einer heftigen Polemik abwehren muss; einer Polemik gegen die Denkfigur des *Progressus ad infinitum*, die er den Romantikern als deren privilegierte Denkform zuschreibt, ohne diese doch explizit zu benennen.[94]

Die Berufung auf den *Progressus* markiert für Hegel zunächst eine Denkfaulheit: »[B]ei jenem: *Und so fort* ins Unendliche, pflegt der Gedanke sein Ende erreicht zu haben« (I, 93), bevor er überhaupt begonnen hat. »Der Progreß ins Unendliche ist daher nur die sich wiederholende Einerleiheit, eine und dieselbe langweilige Abwechslung dieses Endlichen und Unendlichen«, die zwar in »Wechselbestimmung« zueinander stehen, darum aber doch selbst getrennt »und bis ins Unendliche« unverändert stehen bleiben (I, 93).

Zuletzt schließlich verdächtigt Hegel diejenigen, die in diesem Wiederholungszwang des Denkens gefangen sind, sich in dieser Lage eben doch auch zu gefallen oder doch wenigstens ihr Auskommen darin gefunden zu haben und eben darum den Zwang des *Progressus* auch gar nicht mehr auflösen zu *wollen*: »Dieses Unendliche hat einmal die feste Determination eines Jenseits, das also nicht erreicht werden kann, weil es nicht erreicht werden soll, weil es die Bestimmung eines Jenseits hat.« (I, 93 f.) Wir haben es hier mit einem gleichsam pervertierten, einem in sich verdrehten Sollen zu tun, das die Überschreitung als Habitus zwar pflegt, gleichzeitig aber nichts so sehr fürchtet, wie das zu erreichen, was Ziel der Überschreitung war. Es geht also gegen diejenigen, die zwar die Revolution lieben, aber nicht deren Inhalt.

Wenn Hegel im Abschnitt vom Unendlichen gegen die schlechte Unendlichkeit und gegen den *Progressus ad infinitum* polemisiert, dann wendet er sich erkennbar nicht gegen ein falsches Denken, das dem richtigen von außen mit »fremder Gewalt« droht, sondern gegen eine Gefahr, die das richtige – und bis hierher folgerichtig durchgeführte – Denken von innen bedroht und über sich hinausführt. Nachdem wir endlich – und folgerichtig – das Sein als Dasein, als Etwas und schließlich als Endliches bestimmt haben, droht doch noch alles in falsches Fahrwasser zu geraten, wenn das Endliche in die Wiederholungsschlaufe des abgeschmackten Progresses gerät, anstatt sich wirklich und wahrhaftig zu verunendlichen.

Bestimmung der Auflösung I: Rückruf aus der Flucht. Das, was Hegel schließlich zur Bestimmung der »wahren Unendlichkeit« auffährt, bleibt seltsam dürr und leer: Wir müssten nur die Momente, die in der »schlechten Unendlichkeit« einer »Wechselbestimmung des Endlichen und Unendlichen« schon da sind, nicht abstrakt trennen und gegeneinanderstellen, sondern »reflektieren« und als »entgegengesetzte[] Momente in ihrer Einheit« auffassen (I, 96). Wir müssten die Endlichkeit selbst schon als »Hinausgehen über sich« verstehen, ebenso wie die Unendlichkeit als »Hinausgehen über das Endliche«. Beide Begriffe enthielten »also wesentlich ihr Anderes und [seien] somit an [sich selbst schon] das Andere ihrer selbst« (I, 94). Damit aber hätte sich »wahre Unendlichkeit« gezeigt als »Hinausgehen über das Anderssein als *der Rückkehr zu sich selbst*« und als *»wiederhergestellte Gleichheit mit sich«* selbst (I, 95). Adorno postuliert einmal, dass eine wahre Kritik Hegels diesem die Stellen nachweisen müsste, wo dialektische Vermittlung zwar behauptet, aber nicht durchgeführt wird; ich würde behaupten, dass wir hier eine solche vor uns haben. Das Ergebnis, das hier zustande gebracht werden soll, ist eine bloße Verbal-Synthese, ein Glasperlenspiel ohne weitere Substanz in der Sache.[95]

Der entscheidende Punkt in diesem Absatz scheint mir nun aber gerade nicht in dem zu liegen, was Hegel in seinen etwas pompösen und zugleich kargen Bestimmungen hier positiv setzt, sondern wiederum umgekehrt in dem, was er mit diesen abwehren möchte. Denn Hegel führt hier einen ethischen Überschuss ins Feld, der deutlich macht, dass es an dieser Stelle eher um eingekapselte Erfahrung, um Haltungen zum Leben geht denn um exakte begriffliche Bestimmungen.

Der ethisch-existenzielle Gehalt lässt sich von der seltsamen Formulierung aus angehen, dass »das Endliche im Unendlichen verschwunden« sei. Dieses Verschwinden fasst Hegel nun allerdings nicht so sehr als Verlust, sondern als »Flucht«. Denn die »wahre Unendlichkeit«, wir haben es schon gehört, »besteht [...] nicht in dem leeren Jenseits, das nur äußerlich begrenzt wird [...], sondern sie ist gleichfalls an ihr das Andere ihrer, das sich aus seiner Flucht zurückruft und somit als Anderes des leeren Andersseins, als Negation der Negation, Rückkehr zu sich und Beziehung auf sich selbst ist« (I, 94 f). – Wo kommt hier der emphatische Begriff der Flucht her, und von woher ergeht der Rückruf?

Flucht, das ist hier die (Nicht-)Bestimmung der Unendlichkeit als »leeres Nichts«; Flucht ist die Weigerung, die Unendlichkeit über die Leerheit des Nichts hinaus zu bestimmen und damit das Jenseits selbst durch Bestimmung *eben doch* zu erreichen – wir erinnern uns: jenes Jenseits, das vom schwachen Denken des infiniten *Progressus* nicht erreicht werden kann, weil es nicht erreicht werden soll.

Der Rückruf aus der Flucht, der zu einer »Rückkehr zu sich und zu einer Beziehung auf sich selbst« führt, kann aber noch weitergehend ausgelegt werden: Eine Flucht ohne Rückruf und ohne Rückkehr wäre demnach ein Selbstverlust, der Rückruf ein Ruf zu sich selbst, der folglich auch nur vom Selbst selbst ergehen kann. Man wird nicht zu weit gehen, hier den Ruf des Gewissens mitzuhören. Es ist demnach gewissenlos, das Endliche einfach überschreiten zu wollen in ein Jenseits, von dem man selbst doch nur allzu gut weiß oder wissen könnte, dass es als »leeres Jenseits« nur das notwendige Gegenstück zum eigenen leeren Sollen oder Wollen ist; einem Sollen, dem es letztlich nur darum zu tun ist, sich *nicht* weiter zu bestimmen – sich nicht auf Konsequenzen seines Wollens einzulassen –, und das dazu auch sein Gegenstück, das »leere Jenseits«, leer und unbestimmt halten muss. Ein solches leeres Sollen geht seiner selbst dadurch verlustig, dass es nicht nur nicht mit sich selbst gleich wird – das wäre vielleicht schon zu viel gefordert –, sondern dass es nicht einmal in der Lage ist, überhaupt eine »Beziehung auf sich selbst« herzustellen; eine Beziehung, die sich nicht zuletzt dadurch manifestiert, dass das Selbst für den gleichermaßen aus dem Selbst ergehenden Ruf, für den Rückruf aus der Flucht, erreichbar wird.

Später, in der *Begriffslogik*, wird von einer »unendliche[n] Rückkehr der Einzelnheit in sich selbst« die Rede sein, die wiederum zur »*Herstellung* der concreten Totalität des Subjects« führen soll (III, 68 f.). Aber was soll das sein, eine »unendliche Rückkehr«? Sie ist zugleich und muss zugleich ein unendliches Hinausgehen sein, ein Hinausgehen in die Unendlichkeit und eine Rückkehr aus der Unendlichkeit; die »konkrete Totalität des Subjekts« bestünde dann vielleicht in der immer auch moralischen Aufgabe, sich selbst aus der (denkfaulen und bequemen) Flucht in die Unendlichkeit zurückzurufen und sich zu einer Rückkehr zu sich selbst zu zwingen.

Den Ruf, den Hegel hier ergehen lässt, wird man, wie schon angedeutet, wiederum als eine Anklage gegen die Romantiker verstehen dürfen, die sich mit der »perennierenden« Konstruktion eines »leeren Jenseits« durch eine gleichermaßen leere Sehnsucht und mit der ebenso leeren Geste einer Überschreitung begnügen, aus der sie ihr ureigenes Geschäftsmodell machen. – Vielleicht ist dieser Vorwurf aber auch eine Projektion, die aus meiner Identifikation mit einem Mann herrührt, der für sich – Nürnberg, 1812 – den Ruf gehört hat, der von ihm selbst an ihn selbst ergangen ist, und der sich darauf eingelassen hat, das leere Jenseits seiner Sehnsucht inhaltlich zu bestimmen – und es damit als Jenseits aufzulösen.[96]

Zu Hegels Aufgaben am Nürnberger Egidien-Gymnasium gehörte auch der Unterricht in höherer Mathematik. In der *Logik* finden sich nun fast identische Formulierungen über das »Zurückrufen aus der Flucht« in den Absätzen zur Mathematik, die den zweiten Abschnitt der *Seinslogik*, »Größe (Quantität)«, ausmachen. Im Abschnitt über die »Quantitative Unendlichkeit«, und genauer im Unterabschnitt »Der unendliche Progreß«, steht zu lesen: »Das Jenseits oder das Unendliche ist also selbst *ein Quantum*. Das Jenseits ist auf diese Weise aus seiner Flucht zurückgerufen, und das Unendliche erreicht« (I, 165 f.), und in einer langen Anmerkung zur »unendlichen Reihe«, die dem Abschnitt über die »Unendlichkeit des Quantums« folgt, schließlich heißt es:

> »Dagegen ist das, was der *endliche Ausdruck* oder die *Summe* einer solchen Reihe genannt wird, ohne Mangel; er enthält vielmehr das, was die Reihe nur sucht, vollständig; das Jenseits ist aus seiner Flucht zurückgerufen; was er ist und was er sein soll, ist nicht getrennt, sondern ist dasselbe. Er enthält also keine Endlichkeit, nicht ein solches, über das hinausgesehen werden muß.« (I, 190)

Die existenzielle Emphase von Flucht und Ruf hat sich in die Berechenbarkeit zurückgezogen. Das Unendliche und das Jenseits treten hier nicht mehr leer und abstrakt, sondern inhaltlich gefüllt auf – als mathematisches Problem. Und auch der ethisch-existenzielle Ruf wird in die Sprache der Mathematik transponiert. In gewisser Weise werden hier Alain Badiou und Quentin Meillassoux anknüpfen, die die Pointe bei Hegel aber leider verpassen.[97] In jedem Fall kommt Hegel im Kapitel über die Mathematik zu einer vorderhand gänzlich unromantischen Lösung des Unendlichkeitsproblems, deren Genese uns nun beschäftigen soll.

Bestimmung II: Vom Werden des Eins. Bevor wir in die Wiederholung der Sequenz von Bestimmung, Auflösung und Bestimmung der Auflösung einsteigen – nun auf Basis der mathematischen Quantifizierung –, ist es vielleicht an der Zeit, den bisherigen Weg noch einmal zu resümieren: Wir sind ausgegangen von der Annahme, dass Hegel in der *Logik* statt des »abgeschmackten« Dreischritts von These, Antithese und Synthese mit flexibleren Verfahren operiert, die sich grob nach *Bestimmung* und *Auflösung* sortieren lassen, wobei dann jeweils im nächsten Schritt gezeigt werden muss, dass und wie beides zusammengehört und ineinandergreift. Wir haben mit einer Untersuchung der Bestimmungsvorgänge begonnen, die sich im 2. Kapitel des 1. Abschnitts der *Seinslogik*, dem Kapitel über das »Dasein«, vollziehen. Denn Dasein ist *bestimmtes Sein überhaupt*, und die erste, relativ stabile Form des Daseins ist das *Etwas. Wie können wir Etwas denken?*, so lautete unsere Frage, oder: *Wie können wir etwas Bestimmtes denken?* Dieser Bestimmungsversuch endete allerdings in seinem Gegenteil, einer Auflösung von Bestimmung. Wenn Etwas Inbegriff von Endlichkeit ist, dann lässt sich dieses Etwas nur denken, wenn wir es umgekehrt gerade als Unendlichkeit denken oder wenn wir es in Unendlichkeit auflösen. Diese Auflösung aber, die als immanente Wahrheit der Bestimmung selbst sich enthüllt hat und die darum für die gesuchte Bestimmung wesentlich ist, hat sich ihrerseits als unbefriedigend erwiesen. Denn wir verfallen fast unweigerlich darauf, die Unendlichkeit als *schlechte Unendlichkeit* zu fassen. Aus der *Flucht* in die schlechte Unendlichkeit, aus dem Sichverlieren an ein »leeres Jenseits« muss das Dasein *zurückgerufen* werden. Erst in der *wahren Unendlichkeit* kann das Dasein – und damit immer auch: das endliche Sein, das wir sind – jenes Andere seiner selbst finden, aus dem sich erst für das Dasein eine *Rückkehr* und ein *Verhältnis zu sich* selbst ergeben kann.

Wie also finden wir zu einer *wahren Auflösung* der Endlichkeit, die als *wahre Unendlichkeit* die *Bestimmung* des Daseins vollenden könnte? Wie können wir das Etwas so verunendlichen, dass es sich schließlich wahrhaft selbst bestimmen kann?[98]

Der erste Anlauf, das Dasein als Etwas zur Unendlichkeit zu führen, muss also als gescheitert betrachtet werden – mit Brecht: Das Paar von Endlichkeit und Unendlichkeit hat sich bis auf die Knochen blamiert. Hegel erkennt dieses Scheitern an, und er verleugnet es zugleich. Er verleugnet es in der Behauptung einer »wiederhergestellten Gleichheit mit sich«, und er erkennt es an in der Tatsache, dass er diesen ersten Versuch, die Unendlichkeit zu erreichen, nicht auf sich beruhen lässt. Die Tatsache, dass er gleich im nächsten, dem letzten Kapitel des ersten Abschnitts der *Seinslogik*, einen neuen Anlauf zur wahren Verunendlichung des Seins unternimmt, muss als praktisches Eingeständnis jenes Scheiterns verstanden werden, das er auf der Ebene der Aussagen und Behauptungen doch verneint. In diesem zweiten Versuch ist es nun statt des »Daseins« das »Fürsichsein«, das den Anfang macht. Aus dem Fürsichsein, als dessen letzter Form, wird sich schließlich etwas ergeben, das noch radikaler als »das Etwas« durch seine eigene reine Negativität geprägt ist; diesem *anderen* Etwas gibt Hegel den seltsamen Namen »Eins«: »Das Eins« und »Ein Eins«. Von besonderem Interesse in dieser Entwicklung ist ein kurzer Abschnitt, der dem »Werden des Eins« gewidmet ist. Das Eins *wird*, indem alle bisherigen Bestimmungen zusammenbrechen. Diesen Zusammenbruch gibt Hegel summarisch als Reihung von Momenten in Semikolonkette wieder:

> »Es [das Fürsichsein] enthält ein Anderssein als Aufgehobenes; das Aufheben des Andersseins und die Beziehung auf sich selbst sind dasselbe; es ist nur Eine Bestimmung vorhanden, die Beziehung-auf-sich-selbst des Aufhebens. Die inneren *Momente* des Fürsichseins sind daher in der Tat in *Unterschiedslosigkeit* zusammengesunken.« (I, 103)

Das Zusammensinken in der Indifferenz – Moment der Erschöpfung, der Ausschöpfung all dessen, was bisher versucht wurde – sollten wir auskosten. Zugleich aber markiert die Majuskel bei »Eine Bestimmung« im vorletzten Satz schon einen ersten Hinweis auf den Ausweg.[99] Die Negativität des Verlusts an Differenzierung muss als Beziehung auf sich selbst positiviert werden, dann wird zwar nicht wieder »Etwas« daraus, aber doch »Eins«. Das »Eins« findet seinen Bestand allein aus einer inneren Negativität heraus, wie am Ende des Abschnitts vom »Werden des Eins« noch einmal statuiert wird: »Was also gesetzt ist« – was sich nun also erwiesen und herausgestellt hat –, »ist die Rückkehr [des Fürsichseins] in das einfache Insichsein, in eine Sichselbstgleichheit, welche die Form von Unmittelbarkeit hat und die ein bloß negatives Beziehen, ein Beziehen auf Nichts überhaupt ist. Das Fürsichsein ist als dieses Unmittelbare, das reines Negieren ist, das *Fürsichseiende, das Eins.*« (I, 105)

Vom (für sich) *Sein zum* (für sich) *Seienden*, das Seiende aber ist »das Eins«. Worin aber dessen essenzielle Negativität besteht, wird zu klären sein. Philosophiegeschichtlich – in der *Logik* wird in den »Anmerkungen« immer beiläufig auch Philosophiegeschichte gelehrt – ist das Eins eine Art, das Sein zu denken, die der »der Alten« entspricht, die das »atomistische Prinzip« vertreten haben (I, 106). Damit vervielfältigt sich »Das Eins« aber auch schon wieder, wir haben »Viele Eins« zu denken, die sich gegenseitig abstoßen (»Repulsion«). Die »Vielheit« des »Viele Eins« ist aber nicht als Heterogenität, nicht als wesentliche Andersheit, zu denken, sondern vielmehr als das »Eine Eins« *immer wieder*: »Die Repulsion ist also wohl Werden der vielen Eins, aber durch das Eins selbst.« (I, 109) Die folgende »Anmerkung« wiederum macht klar, dass diese Form des »Viele Eins« als logische Rekonstruktion der Leibniz'schen Monaden zu verstehen ist (I, 109 f.).[100]

Schwierig ist der folgende Übergang, der durch gegenseitige Repulsion und durch »Attraktion und Repulsion« aus der Vielheit der Eins (aus dem »Das Eins« in Vielheit) »Ein Eins« werden lässt. »Ein Eins«, das ist »Das Eins«, das aus der Vielheit zurückgekehrt ist: »[E]s ist Eins, als nichtseiend Vieles, *Ein Eins*« (I, 115). Schon die Vielheit der »vielen Eins« war keine echte Heterogenität; als »nichtseiend« gesetzt aber wird aus der Vielheit der vielen Eins die »Kontinuität« des »Ein Eins« (I, 115). Wenn in der Form der »vielen Eins« schon »alle gleich« sind (I, 116) – ein Satz, den wir vielleicht auch als logische Verklausulierung einer politischen Setzung verstehen können –, dann lassen sich die »vielen Eins« auch auf »Ein Eins« kürzen.[101]

Auflösung II: Gleichgültigkeit. Auf was es hier letztlich ankommt, wird erst am Ende des Abschnitts wirklich deutlich: im »Übergang zur Quantität«. Denn was der Fortgang von »Das Eins« zu »Ein Eins« wirklich bringt, ist ein anspruchsvoller Begriff von »Einheit«: »Das Eins ist somit zur Einheit erweitert.« (I, 126) Erst jetzt, nach dem »Werden des Eins«, können wir den Begriff der Einheit so verstehen, dass er in all seinen Facetten wirksam wird. Zuvor kannten wir »Einheit« als »Identität von Gegensätzen« und als emphatische Identität des Seins mit sich selbst: als jene »unmittelbare Einheit des Qualitativen mit sich«, die wir im ganzen ersten Abschnitt der *Seinslogik* (»Bestimmtheit [Qualität]«) gesucht und auf Begriffe wie Dasein, Etwas oder Fürsichsein zu bringen versucht haben. Nun aber, am Ende dieses langen Bestimmungsversuchs, wird zusätzlich noch die Bedeutungsfacette von »Maßeinheit« wirksam, in der sich die qualitative Einheit wirklich auflösen wird: »Die *unmittelbare* Einheit des Qualitativen mit sich ist also übergegangen in die Einheit mit sich durch sein Anderssein. Diese Einheit, in der das Anderssein in sich zurückgenommen und die Bestimmtheit dadurch gleichgültig ist, die aufgehobene Qualität ist die *Quantität*.« (I, 126) Die Bestimmtheit des Seins wird also nicht mehr als qualitative gefasst, sondern ist als Einheit, als Maßeinheit, »gleichgültig« geworden (I, 126). Wenn Hegel hier mit der Äquivokation von »Einheit« spielt, so tut er dies in durchaus systematischer Absicht: Die emphatische Einheit als Identität – von der es immer nur eine geben kann – ist zugleich die Voraussetzung der gleichgültigen, äußerlichen Vervielfachung. Im Wort »Einheit« liegt zugleich das empathische Bekenntnis zur Singularität *wie* zur Serialisierung; es ist beides in einem, es ist alles Eins.[102]

Die gesuchte *wahrhafte* Auflösung jeder möglichen Bestimmung des qualitativen Seins ist die »Gleichgültigkeit« (I, 127). Dieser Ausdruck muss wiederum gedoppelt verstanden werden. »Gleichgültig«, das heißt zugleich: von gleicher Gültigkeit, von gleichem Wert und – egal, indifferent. Oder genauer: Genau das, was indifferent erscheint – verschiedene Quantitäten etwa –, muss positiv als gleich-gültig aufgefasst werden. Die Negation der Qualität in der Quantität, in Zahl und Berechenbarkeit, ist kein Verlust, keine De-Qualifizierung, wie es eine vulgär-romantische Doxa vielleicht sieht (und eine vulgär-marxistische sicher auch), sondern ein Zugewinn, ein Zugewinn an »Gleichheit mit sich selbst« in seinem Anderssein (I, 109), die anders nicht zuwege gebracht werden kann als durch Quantifizierung.

Mit diesem Gedanken navigiert Hegel im gesamten zweiten Abschnitt der *Seinslogik* durch die Grundsatzdebatten der modernen

Mathematik, wie sie um 1800 geführt wurden und bei denen Hegel – als Lehrer auch der höheren Mathematik – auf Stand der Diskussion gewesen zu sein scheint.[103] Wir müssen dies hier abkürzen, indem wir die Strukturanalogie – die Sphärenharmonie – zwischen dem ersten und dem zweiten Abschnitt nutzen: Dort, wo im ersten Abschnitt, bei der Bestimmung der Qualität, »Sein« und »Nichts« sich gegenüberstehen und im »Werden« sich vermitteln, begegnen sich bei der Quantität »diskrete« und »kontinuierliche Größen«; wo Dasein und Anderssein sich *gegenüber*stehen, stehen nun Quanta im Verhältnis der Kontinuität *nebeneinander*; die bestimmten Größen, markiert in der Zahl (»numerisches Eins«; I, 148), überwinden die Gegenüberstellung von »diskret« und »kontinuierlich«, indem sie sich ineinander »kontinuieren« (I, 147 f.).

Die Übersetzung in die Mathematik löst also jene Probleme, die sich auf der Ebene des qualitativen Daseins gestellt und dort als unauflösbar erwiesen haben. Deutlich wird das in den jeweiligen dritten Abschnitten der beiden Kapitel zum Dasein und zum Quantum, den Abschnitten zur »(Qualitativen) Unendlichkeit« und zur »Quantitativen Unendlichkeit«. Hegel gleicht beide Unendlichkeiten direkt miteinander ab: »Das qualitative Endliche und Unendliche stehen sich daher absolut gegeneinander über; [...] das Endliche kontinuiert sich daher nicht unmittelbar in sein Anderes. Hingegen das quantitative Endliche bezieht sich an ihm selbst in sein Unendliches.« (I, 164) Im Quantitativen kontinuiert sich das Endliche ins Unendliche; das »Quantum [kontinuiert] sich in sein Aufgehobensein« (I, 165). Darum steht dann aber auch »das Quantum in Kontinuität mit diesem seinem Jenseits«. Die Folgen sind weitreichend: »Das *Jenseits* oder das Unendliche ist also selbst *ein Quantum*. Das Jenseits ist auf diese Weise aus seiner Flucht zurückgerufen, und das Unendliche erreicht.« (I, 165 f.)[104]

Trost und Tirade. Jenseits der mathematischen und logischen Triftigkeit dieser Rekonstruktion wird deutlich, dass es für Hegel hier wiederum auch und vielleicht sogar vor allem um etwas anderes als eben mathematisch-logische Plausibilität geht. Auf dreieinhalb Seiten begrifflicher Bestimmung des quantitativ-unendlichen Progresses (I, 165–167) folgen hier sechs Seiten einer Anmerkung, in der Hegel noch vehementer als je zuvor gegen die Faulheit und den Eskapismus der »schlechten Unendlichkeit« wütet. Diese und der »perennierende Rückfall in dieselbe« – der *Progressus ad infinitum* – würden in der neueren Philosophie »für etwas Erhabenes und für eine Art Gottesdienst gehalten«, und im Fortgang nennt Hegel dann auch Namen: Kants Bestimmung des Erhabenen (I, 167) fällt ebenso unter das Verdikt wie Fichtes Moralphilosophie, für die ein qualitativer Gegensatz von endlicher Welt und unendlicher Freiheit des Subjekts konstitutiv ist. Da dieser Gegensatz nicht vermittelbar sei, werde er von Kant und Fichte »in den ins Unendliche gehenden Progreß verlegt, das heißt ein *absolut unerreichbares* Jenseits vorgestellt und eben dies solle der wahre Anker und der rechte Trost sein, daß es ein Unerreichbares ist« (I, 170).

Dies also – die absolute Unerreichbarkeit – soll der Trost *nicht* sein, den die *Logik* spendet. Statt sich ein unerreichbares Jenseits zu konstruieren, zieht Hegel seinen Trost hier, an dieser Stelle, umgekehrt daraus, dass wir mit unserem Wissen und unseren Rechenkünsten doch allemal viel erreichen können. Pointiert stellt Hegel das am Weltall dar: Nicht nur Kant erfüllt die Unendlichkeit des »bestirnte[n] Himmels« »mit immer neuer und zunehmender Bewunderung und Ehrfurcht«, sondern auch die Astronomen halten sich »auf das Erhabene ihrer Wissenschaft gern […] viel zugute«, indem sie auf die Unermesslichkeit des Alls und der Himmelskörper verweisen. Das »schale Erstaunen« und die »abgeschmackten Hoffnungen«, denen sie sich bei diesen Erwägungen überlassen, ekeln Hegel nur an, liegt doch umgekehrt die »Vortrefflichkeit« der Astronomie gerade darin, »Maßverhältnisse und […] Gesetze« auch in ihren zunächst unermesslich erscheinenden Gegenständen erkannt zu haben (I, 169).

Hegels Polemik gegen die »Tiraden« (I, 167) der neueren Philosophie gibt negativ wenigstens zu, dass wir Modernen womöglich zu Recht Trost suchen und nötig haben: Trost für das Auseinanderklaffen unserer Welterfahrung; Trost für das Gefühl, in einer Endlichkeit verkerkert zu sein, deren Anderes wir uns nur als leeres oder aber als allzu volles Jenseits vorstellen können; Trost schließlich für die Unzulänglichkeit unseres Handelns und die Unmöglichkeit, verlässliche Anweisungen zum richtigem Handeln zu finden. Hegel spendet diesen Trost nicht, aber er weist uns unter der Hand an, ihn nicht in dem zu suchen, was wir *nicht* können, sondern in dem, was wir können. Statt ewig auf der prinzipiellen Unzulänglichkeit der Wissenschaften herumzureiten, hält er uns an, deren Leistungen zu würdigen. Und gleichzeitig – und diese Wende ist vielleicht noch weitreichender – weist Hegel das moderne Subjekt zur Bescheidenheit an. Denn die »Tiraden« über die »moderne Erhabenheit« machten »in der Tat [...] nicht den Gegenstand groß, welcher vielmehr entflieht, sondern nur das Subjekt, das so große Quantitäten in sich verschlingt« (I, 167).

Gegen die Konversion des Erhabenen, die angesichts einer unermesslichen Größe oder Gefahr dann letztlich doch die Kraft des Subjekts hervorkehrt, die dieser standzuhalten in der Lage ist, empfiehlt Hegel hier beiläufig, vielleicht doch lieber den Gegenstand (die Objektivität) groß zu machen oder in seiner Größe anzuerkennen. Nur so, so ließe sich Hegels knappe Sottise weiter ausdeuten, können wir verhindern, dass der Gegenstand uns »entflieht«; die Flucht des Gegenstands vor der Hybris des Subjekts wäre dann nur die andere Seite der Flucht des Subjekts, das sich in Vorstellungen eines leeren und unerreichbaren Jenseits verliert, statt dieses tatsächlich und »in der Tat« erreichen zu wollen.

Bestimmung der Auflösung II: Ausdruck und Explikation. Was nun noch aussteht, ist die Verdopplung des dritten Schritts. In der Sphäre des Daseins wurde dieses zunächst als »Etwas« bestimmt und dann in die Unendlichkeit aufgelöst. Um aber die dann fast unausweichlich sich aufdrängende Variante der »schlechten Unendlichkeit« abzuwehren, musste die Unendlichkeit aus der »Flucht« zurückgerufen und als »wahre Unendlichkeit« zu Stande gebracht werden. Dieser dritte Schritt allerdings, der dem Ruf folgen soll, blieb in der Sphäre des Daseins unbefriedigend. Die in Aussicht gestellte »Rückkehr der Unendlichkeit in sich« blieb eine bloß behauptete, der Dreischritt somit unvollendet.

Im zweiten Anlauf – der Wiederholung des Dreischritts auf neuer

Stufe – bestimmte sich das Sein zunächst zum Eins, das dann wiederum in die unendliche Gleichgültigkeit der Einheit und des Quantums aufgelöst wurde. Die Quantifizierung erwies sich schließlich als die nachhaltigere Form der Verunendlichung, weil hier die Unendlichkeit selbst als *Kontinuierung* und nicht als das Andere des endlichen Seins (des Quantums) verstanden werden kann. Der »Rückruf aus der Flucht« des Unendlichen, der auch hier unweigerlich ergehen muss, ist erfolgreich; das »Jenseits«, das als notwendiges Komplement der Verunendlichung angesehen wurde – und das in der Sphäre des Daseins sogar wesentliches Objekt der Sehnsucht war –, ist hier gewissermaßen selbst widerrufen: Es ist erreicht und damit aufgelöst.

Nun liegt allerdings in der Symmetrie dieser Wiederholung noch ein Bruch, der erläuterungsbedürftig bleibt. Denn während der Rückruf aus der Flucht in der Sphäre des Daseins an der dritten Position ertönt und damit die Dreiersequenz – wenn auch unbefriedigend – zum Abschluss bringt, findet er sich in der zweiten Sequenz schon an der zweiten Position, im Abschnitt über den (nun quantitativen) »unendlichen Progreß«. Im dritten Abschnitt – dort, wo man den Ruf erwarten würde – ist er schon wieder verklungen, die »Unendlichkeit des Quantums« ist hier längst vollendet.

Die Lösung dieses Problems, das sich in der Irregularität der Architektur zeigt, leitet Hegel durch eine kleine terminologische Verschiebung bzw. durch die vorübergehende Einführung einer neuen terminologischen Differenz ein: der von *Ausdruck* und *Auflösung*. Dadurch erhält der Begriff der Auflösung eine neue Bedeutungsfacette bzw. erst durch die Differenzierung wird der ganze semantische Gehalt des Wortes »Auflösung« auch für dessen begriffliche Bestimmung nutzbar gemacht. Und nur dadurch vollzieht sich schließlich die Auflösung in der zweiten Sequenz befriedigender als in der ersten; die Unendlichkeit des Quantums wird also – im Gegensatz zu der des Daseins – hier überzeugend bewerkstelligt, obwohl die rein begrifflichen Operationen sehr ähnlich ablaufen.

Aber der Reihe nach: In der Anmerkung zum Abschnitt über die »Rückkehr der Unendlichkeit in sich« im Kapitel über das Dasein schreibt Hegel, dass »[d]as Unendliche – nach dem gewöhnlichen Sinne der schlechten Unendlichkeit – und der Progreß ins Unendliche, wie das Sollen, […] der Ausdruck eines *Widerspruchs* [sind], der sich selbst für die *Auflösung* oder das Letzte hält« (I, 95). Fast identische Formulierungen finden sich im Abschnitt über den »unendliche[n] Progreß« im Kapitel über das Quantum: der »Progreß ins Unendliche« sei »Ausdruck des Widerspruchs, den das Quantitativ-Endliche oder das Quantum überhaupt enthält«; er sei der »*Ausdruck* dieses Widerspruchs, *nicht* die *Auflösung*« (I, 165).[105]

In beiden Zitaten wird ein Gegensatz zwischen Ausdruck und Auflösung und dabei ein Misstrauen gegen den Ausdruck artikuliert, so als ob schon der Ausdruck eines Widerspruchs dessen (angestrebte und rechtmäßige) Auflösung verhindern würde.[106] Gleichzeitig wird aber in diesen Formulierungen, und gewissermaßen noch unter der Hand, eine Umwertung des Begriffs der Auflösung eingeleitet, die dann zur Lösung des Problems der Unendlichkeit selbst führen wird.

Denn bisher wurde »Auflösung« überwiegend negativ verwendet, im Sinne von Zersetzung oder, weniger pejorativ, von Analyse. In dieser Verwendung ist Auflösung der negative, vielleicht sogar destruktive Gegenbegriff zur positiv-konstruktiven Bestimmung. So heißt es etwa schon in der »Vorrede«, dass die Vernunft »die Bestimmungen des Verstandes in Nichts auflöst«, um erst dann »positiv« das Allgemeine zu erzeugen (I, 6). Jetzt aber – als Gegenbegriff zum »Ausdruck« – tritt »Auflösung« als produktive, und vielleicht sogar als einzig produktive Umgangsweise mit Widersprüchen auf. Es scheint *immer* darum zu gehen, auf der letzten Stufe eines dialektischen Dreischritts den bewegenden Widerspruch aufzulösen; Auflösung ist nun das Ziel, nicht bloßer Durchgang zu neuer Bestimmung. Der Schlüssel zu dieser Verschiebung liegt wiederum in einem mathematischen Verständnis von Auflösung, die nun als »mathematische[] Auflösung« (I, 276*) verstanden wird, als Ergebnis und Lösung einer (Rechen-) Aufgabe; als letzter Schritt einer aufgehenden mathematischen Gleichung: Die Auflösung wird kalkulierbar.[107]

Dieses neue, anders akzentuierte Verständnis von Auflösung wird wirksam im Abschnitt über die »Unendlichkeit des Quantums«, in dem die Gefahr einer schlechten quantitativen Unendlichkeit endgültig abgewehrt wird. Denn hier wird plötzlich deutlich, dass der unendliche Progress kein *falscher* Ausdruck ist, sondern dass dieser Ausdruck umgekehrt den »Begriff des Quantums [zeigt], wie er an sich ist«; denn »es ist in dem Progreß *vorhanden*, das *Aufheben des Quantums aber ebensosehr seines Jenseits* oder *die Negation des Quantums sowohl als die Negation dieser Negation*« (I, 178).

Der »unendliche Progreß« als Ausdruck schlechter Unendlichkeit lenkt nun nicht mehr ab von der wahren Auflösung des Widerspruchs von Endlichem und Unendlichem, er ist vielmehr »die wahre Auflösung des Widerspruchs« und sein (allenfalls leicht verschobener) Ausdruck (I, 178). In der zweiten Auflage heißt es an dieser Stelle über das Verhältnis von »wahrer Unendlichkeit« und »unendlichem Progreß« in kaum überbietbarer Kürze und Schönheit: »Sie ist die Auflösung des Widerspruches, dessen Ausdruck er ist« (I, 234*). Der unendliche Progress ist selbst noch nicht der wahre Ausdruck der Auflösung, aber er ist schon ein Ausdruck, der uns hilft, die Unendlichkeit des Quantums auf ihren adäquaten, wahren Begriff zu bringen. Der unendliche Progress muss als Hinweis auf jenen methodischen »Kreis« verstanden werden (I, 178), der sich schließlich am Ende der *Logik* im »Kreis von Kreisen« (III, 252) vollenden wird.[108]

Der »Kreis ist das Wahrhafte, was im unendlichem Progreß gesetzt ist« (I, 178), weil wir mit dem neuen Verständnis von Auflösung (und mit dem neuen Verständnis des Verhältnisses von Auflösung und Ausdruck) neuen Aufschluss über das dialektische Verfahren als solches gewinnen können. Der Widerspruch ist das Lebenselixier der Dialektik: Das wissen wir, und das bleibt auch wahr. Aber wie umgehen mit dem Widerspruch? Die Doxa vom Dreischritt, der immer in einer Synthese »aufgehoben« werden soll, geht davon aus, dass am Ende ein Drittes produziert wird, etwas Neues, was über die beiden Pole des Widerspruchs hinausgeht.[109] Wird die dritte Position aber als *Auflösung* verstanden, dann ist dieses Dritte nur die Enthüllung von etwas, das zuvor schon im falschen Ausdruck »vorhanden« war: Es muss nur noch auf den richtigen Ausdruck gebracht werden, der dann zugleich sein Begriff ist; als Begriff reflektiert das wahre Unendliche in sich, was zuvor im Progress nur »gesetzt« war.

»Auflösung« ist somit *Analyse* – »Was steckt an Wahrem schon im falschen Ausdruck?« – und *Explikation*. Als Explikation aber ist die

Auflösung zugleich auch ein »Uebersetzen« (II, #280): »Wie kann ich es anders ausdrücken? Was wäre der Ausdruck, der die im Widerspruch stehenden Elemente so zusammenbringt, dass sie ihre Prätention auf Selbständigkeit aufgeben müssen und ihr gemeinsames Wesen enthüllen?« – so lauten hier die entscheidenden Fragen.[110]

Auflösung der Auflösung: Das Unendliche begehren. Das letzte Wort der *Phänomenologie des Geistes* ist »Unendlichkeit« – darauf hat Judith Butler in ihrer Untersuchung des Hegel'schen Begehrens aufmerksam gemacht.[111] In der *Logik*, so würde ich Butlers Gedanken fortspinnen, kann der Begriff der Unendlichkeit als ontologische Umschrift und als logische Bestimmung des Begehrens gedeutet werden (das wiederum in der *Logik* explizit keine Rolle spielt).[112] Begehren kann ohne das Unendliche nicht verstanden werden, und umgekehrt lässt sich das Unendliche nicht ohne Bezug auf ein implizites Begehren verstehen.

Die »Auflösung« des (Problems des) Unendlichen im Medium der Quantität kann in dieser Lesart als »Reinigung« des Begehrens gedeutet werden: als Herstellung eines Selbstbezugs des Begehrens nur noch auf sich selbst. Die unendliche »Kontinuierung« des Begehrens könnte demnach zunächst als »schlechte Unendlichkeit« aufgefasst werden, die sich in einem unendlichen Regress (und einer unendlichen Regression) Ausdruck verschafft. Die – wie wir mittlerweile wissen: zu einfache – Kritik würde hier lauten: *Dir geht es doch gar nicht wirklich um das Objekt (die Frau, das Auto, den Job), das du begehrst; du willst doch einfach bloß immer nur mehr, mehr, mehr.*

Dass das Bloß-immer-mehr-haben-Wollen nicht der letzte Schluss bleiben kann, ist klar. Der Rückruf aus dieser Flucht zu immer neuen (immer anderen, immer gleichen) Objekten bliebe aber im Bereich des bloß Moralischen, des bloßen Aufrufs stecken – und damit vorhersehbar folgenlos. Die wahre Verunendlichung des Begehrens, seine »Reinigung« im Säurebad der Mathematik, besteht vielmehr darin, tatsächlich alle Objekte des Begehrens als bloß vorübergehende (im Vorübergehen aber unendlich wichtige) zu verstehen. Es kommt nicht darauf an, *endlich* (sic!) das wahre Objekt unseres Begehrens zu finden, sondern zu verstehen, dass unsere Wahrheit, unsere Wahrheit und Bestimmung als endliche Wesen, darin besteht, *immer weiter* zu begehren. Die »wahre Unendlichkeit«, so wie sie uns die *Logik* zu denken gibt, besteht in der Einsicht, dass unser Begehren nicht wirklich in einem Begehren nach Macht, Geld oder Sex besteht, sondern im Begehren nach Begehren, im Wunsch, mit dem Wünschen nicht aufzuhören: *Du sollst in deinem Begehren nicht nachlassen – Keep on keeping on* (»Everybody gather round and listen to my song – I've only got one«) – oder, wie es auf dem Grabstein des großen Hegelianers Herbert Marcuse auf dem Dorotheenstädtischen Friedhof zu Berlin heißt: *Weitermachen!*

VI Leer-Werden. Bericht vom Anfang

Bevor wir nun aber weitermachen, müssen wir erst einmal richtig anfangen. Gehen wir also zurück zum Anfang. Diese einfache Geste enthüllt sich sofort als kompliziert. Denn wo liegt der Anfang der *Logik*? So wie durch die Verdopplung der Negation die berühmte Hegel'sche Triadomanie zum Geviert erweitert und durch die Verdopplung des Dreischritts die dialektische Bestimmung zur Auflösung gebracht wurde, so können wir nun auch hier wieder eine – komische? – Verdopplung des Anfangs beobachten. Eine Verdopplung, die den Anfang als Akt einer Fundierung – den Anfang als *arché* – sofort problematisch macht.

Wo also liegt der Anfang? In der *Logik* gibt es zwei Anfänge: einen reflektierten und einen vollzogenen; es gibt einen Essay über den Anfang, bevor dieser tatsächlich gemacht wird, und es gibt einen gemachten Anfang, der die Züge eines bemerkenswerten (Schreib-)Versuchs und eines (Gedanken-)Experiments trägt.

Nach der »Vorrede«, in der Hegel die geistesgeschichtliche Situation reflektiert, in der er die *Logik* schreibt (»seltsames Schauspiel eines gebildeten Volkes ohne Metaphysik«), und der »Einleitung«, in der er seinen Leser*innen problemgeschichtlich die philosophische Situation vor Augen stellt, auf die er mit seiner *Logik* reagiert (nachkantische Situation der »Entzweiung«), könnte man meinen, dass der Grund gelegt sein müsste, mit der *Logik* nun endlich anzufangen. Immerhin haben die Paratexte, nimmt man noch eine kurze »Einteilung« hinzu, schon gut dreißig Seiten gefüllt. Stattdessen aber folgt auf die Ankündigung, dass nun das »Erste[] Buch: Das Sein« beginnt, ein seltsam abgesetzter und eigenständig wirkender Essay von wiederum gut zehn Seiten, der mit »Womit muss der Anfang der Wissenschaft gemacht werden?« überschrieben ist. Danach erst geht es mit der »Lehre von Sein« und der *Logik* selbst dann richtig los. Warum diese Vorsicht? Warum erst sagen, was und warum man etwas tut, bevor es dann tatsächlich »gemacht« wird? – Die Frage des Anfangs jedenfalls, so wird schon durch die Struktur deutlich, ist keine zufällige oder beiläufige, sondern gehört ins Zentrum der philosophischen Reflexion und Tätigkeit selbst hinein.

Wir irren des Nachts im Kreis. Dass der Anfang gerade in der Disziplin der Logik ein großes Problem darstellt, ist von Anfang an klar: Schon im ersten Satz der »Einleitung« macht Hegel deutlich, dass gerade in der »logischen Wissenschaft« das »Bedürfnis« besonders stark sei, »ohne vorangehende Reflexionen von der Sache selbst anzufangen«. Denn in der Logik sei – anders als in den anderen Wissenschaften – »Gegenstand« und »Methode« identisch, und deshalb könne es hier weder methodische Vorklärungen noch inhaltliche Abgrenzungen geben. Gleichzeitig sei es genau wegen dieser Unmöglichkeit der Vorklärung aber auch unmöglich, einfach so anzufangen. Wenn wir uns wissenschaftlich über »Formen der Reflexion oder Regeln und Gesetze des Denkens« Gedanken machen wollen, dann müssen diese Formen und Gesetze schon wirksam sein, ohne dass wir sie kennen und begreifen. Selbst vom Begriff haben wir noch keinen Begriff (I, 9).

An die Stelle der Lösung dieses Problems tritt bei Hegel ein Versprechen, und man kann weitergehend sagen: Das Versprechen selbst wird schon die Lösung gewesen sein. Erst am Ende, wenn wir die ganze Wissenschaft der Logik (und die ganze *Wissenschaft der Logik*) durchlaufen haben werden – so heißt es –, können wir wissen, was wir getan haben; »ihre ganze Abhandlung bringt dieses Wissen von ihr selbst erst als ihr Letztes und als ihre Vollendung hervor« (I, 9). In der *Logik* heißt das konkret, dass erst der dialektisch hergeleitete Begriff des Begriffs – also erst der absolvierte Parcours des dritten Buches, der *Begriffslogik* – es ermöglichen wird, die Begriffe, mit denen man von Anfang an hantiert und hantieren muss, *als Begriffe* – in ihrer Reichweite und Funktionalität – ganz zu verstehen.

Die Einsicht in die notwendige Zirkularität jedes philosophischen Systems ist ein, wenn nicht *das* Signum der Epoche: Das hat zuletzt Albrecht Koschorke in seinem Hegel-Buch noch einmal deutlich gemacht. Zirkularität ist für die Idealisten kein Manko, das irgendwie bloß hingenommen werden muss, weil es anders eben nicht geht, sondern, umgekehrt, erst die Reflexion der Zirkularität führt zu einer der wesentlichen Erfindungen des Idealismus, nämlich der der Rekursivität oder der »Selbstbegründung«.[113] Damit ist die idealistische Einsicht angesprochen, dass alles, was man philosophisch *setzt*, auf einer *Voraus*setzung beruht, die – selbst wenn man sie reflexiv einholt – ihrerseits wieder Voraussetzungen besitzt. Das Wissen um die Unmöglichkeit, einen letzten Grund für Wissen und System zu finden, führt bei den Idealisten zu der Einsicht, dass der Grund selbst *gelegt*, dass er gewissermaßen erfunden werden muss. Ein so statuierter Grund darf nun nicht (oder nicht nur) als ein Erstes auftreten, sondern muss selbst als Folge und Resultat dargestellt werden können. Ein Anfang ist nur dann akzeptabel, wenn er nicht äußerlich und zufällig daherkommt, sondern aus dem Gang der Argumentation, die aus dem Anfang folgt, sich selbst wieder ergibt.

Diesen Gedanken der Selbstbegründung durch eine bewusst affirmierte Zirkularität stellt Hegel zu Beginn seines Essays über den Anfang als eine der wesentlichen Erkenntnisse der »neueren Zeiten« heraus, als »Einsicht, daß das Absolut-Wahre ein Resultat sein müsse« (I, 36). Und weiter heißt es dazu:

> »Man muß zugeben, daß es eine wesentliche Betrachtung ist, – die sich innerhalb der Logik selbst näher ergeben wird –, daß das Vorwärtsgehen ein *Rückgang* in den *Grund* und zu dem *Ursprünglichen* ist, von dem das, womit der Anfang gemacht wurde, abhängt. – [...] Dieses Letzte, der Grund, ist denn auch dasjenige, aus welchem das Erste hervorgeht, das zuerst als Unmittelbares auftrat. [...] Das Wesentliche ist eigentlich, nicht daß ein rein Unmittelbares der Anfang sei, sondern daß das Ganze ein Kreislauf in sich selbst ist, worin das Erste auch das Letzte und das Letzte auch das Erste wird.« (I, 37)

In seinem Essay »Womit muss der Anfang der Wissenschaft gemacht werden?« macht Hegel aber nun um diese Zirkularität im Weiteren kein großes Aufheben mehr. Der Gedanke der Rekursivität wird genauso vorausgesetzt wie die (anderen) kantischen und postkantischen Revolutionen der Denkungsart; allerdings ist das, was zuvor noch als Lösung aufgetreten ist, nun seinerseits Teil des Problems geworden: Nicht *dass* wir zirkulär oder rekursiv argumentieren müssen, beschäftigt Hegel, sondern *wie* wir das tun – und genauer: wie wir damit wiederum anfangen sollen.

Der Essay vermittelt beim Lesen einen seltsam unentschiedenen, oder besser: einen geheim entschiedenen Eindruck, der nicht offen ausgesprochen wird. Man hat den Eindruck, dass Hegel von Anfang an sehr genau weiß, womit er den Anfang machen will, und der Essay dient nun – an dieser seltsamen Stelle – nur dazu, alle möglichen Einwände gegen diesen gewählten Anfang schon abzuwenden, bevor sie überhaupt erhoben werden können. Diese Absicht wird im letzten Satz des Essays deutlich, wo es heißt, dass »[d]iese Einsicht [...] selbst so einfach [sei], daß dieser Anfang [...] keiner Vorbereitung noch weiteren Einleitung bedarf; und diese Vorläufigkeit von Räsonnement über ihn konnte nicht die Absicht haben, ihn herbeizuführen, als vielmehr alle Vorläufigkeit zu entfernen« (I, 44).

Die »Vorläufigkeit von Räsonnement«, die beseitigt werden soll, ist die Vorstellung, dass die Zirkularität des Anfangs diesen irgendwie als etwas »Provisorisches«, »Problematisches und Hypothetisches« auszeichne (I, 38). Und ebenso verwahrt Hegel sich dagegen, der gewählte Anfang sei »willkürlich« (I, 38), nur weil er eben erst im Nachhinein begründet werden könne. Der einzige Anfang aber, den Hegel sich denken kann, weil er zugleich zirkulär begründungsbedürftig *und* nicht-willkürlich sei, ist das »reine Sein«. Schon auf der ersten Seite des Essays postuliert er, das »reine Sein« habe sich schon durch den systematischen Vorlauf zur *Logik*, nämlich in der *Phänomenologie des Geistes*, als einzig möglicher Anfang empfohlen, weil nur das »reine Sein« Gegenstand des »absoluten Wissens« sein könne, dessen Möglichkeit wiederum in der *Logik* entwickelt werden solle (I, 35). Dass diese Begründung *schlecht* zirkulär sein könnte, dämmert Hegel selbst allerdings sehr schnell, und so muss er das »reine Sein« als Anfang noch anders ausweisen. Hegel setzt nun erst einmal auf die Kraft der Behauptung, dass das »reine Sein« sich allein dadurch als guter Anfang erweisen wird, dass alle anderen Alternativen noch schlechter sind: »Es liegt also in der *Natur des Anfangs selbst*, daß er das Sein sei und sonst nichts. Es bedarf daher keiner sonstigen Vorbereitungen, um in die Philosophie hineinzukommen, noch anderweitiger Reflexionen und Anknüpfungspunkte.« (I, 38)

Es gibt: das Nichtanalysierbare. Der Ausdruck »reines Sein« gibt dem Anfang eine Substanzialität, oder besser vielleicht: ein *Gewicht*, ohne das er nicht auskommen kann, und zugleich kann (und soll!) dieses Gewicht, diese Schwere nicht weiter spezifiziert werden.[114] Mit dem »reinen Sein« spielt Hegel die ontologische Karte; deren Wert allerdings kann mittels der traditionellen Ontologie (die Kant »mit Stumpf und Stiel ausgerottet« hat und die auch durch die *Logik* nicht restauriert werden soll) nicht mehr abgegolten werden. Es soll das »reine Sein« sein, mit dem wir anfangen, damit der Anfang ein ontologisches Gewicht besitzt; damit deutlich wird, dass der Anfang (der Anfang von allem Sein) tatsächlich *ist*. Und zugleich muss das »reine Sein« *rein* sein in dem Sinn, dass es keinerlei weitere Zuschreibungen und Attribute (»nicht Etwas oder irgendein Inhalt«; I, 39) beinhaltet oder trägt.

In einer Art logisch-semantischer Fingerübung führt Hegel dann eine Analyse des Begriffs »reines Sein« vor, deren Ziel erst viel später deutlich wird, nämlich dann, wenn er die logisch-semantische Analyse als Werkzeug philosophischer Forschung überhaupt verwirft. Es lohnt, sich die Passage im Wortlaut vor Augen zu führen, denn kurz darauf – beim tatsächlich vollzogenen Anfang der *Logik* – wird sie uns fast wortgleich wieder begegnen, dann allerdings mit ganz anderer Stoßrichtung. Hier also Hegels *Analyse* des »reinen Seins«:

> »Es ist noch Nichts, und es soll Etwas werden. Der Anfang ist nicht das reine Nichts, sondern ein Nichts, von dem Etwas ausgehen soll; es ist zugleich das Sein schon in ihm enthalten. Der Anfang enthält also beides, Sein und Nichts; ist die Einheit von Sein und Nichts; – oder ist Nichtsein, das zugleich Sein, und Sein, das zugleich Nichtsein ist.

Sein und Nichts sind im Anfang als *unterschieden* vorhanden; denn er weist auf etwas anderes hin; – er ist ein Nichtsein, das auf das Sein als auf ein Anderes bezogen ist; das Anfangende ist noch nicht; es geht erst dem Sein zu. Zugleich enthält der Anfang das Sein, aber als ein solches, das sich von dem Nichtsein entfernt oder es aufhebt als ein ihm Entgegengesetztes.

Ferner aber *ist* das, was anfängt, schon; ebensosehr aber ist es auch noch *nicht*. Sein und Nichtsein sind also in ihm in unmittelbarer Vereinigung; oder er ist ihre *ununterschiedene Einheit*.« (I, 39)

All das kann man aus dem »reinen Sein« folgern, wenn man dieses »als Anfang« nimmt. All das ist aber auch nichtig, es bleibt eitles logisches Spiel, wie Hegel im folgenden Absatz durch eine minimale grammatische Manipulation deutlich macht. Denn hier formuliert er in theoretisch höchst anspruchsvoller Form das Ergebnis der zitierten Analyse – aber er tut dies im Konjunktiv: »Die Analyse des Anfangs gäbe somit den Begriff der Einheit des Seins und des Nichtseins, – oder in reflektierterer Form, der Einheit des Unterschieden- und des Nichtunterschiedenseins, – oder der Identität der Identität und Nichtidentität.« (I, 40) Die Begründung für den seltsam anmutenden Konjunktiv – denn wir haben die Analyse ja gerade durchgeführt und könnten also ihr Ergebnis auch indikativisch festhalten – folgt auf dem Fuß: »Dieser Begriff [die Identität der Identität und Nichtidentität] könnte als die erste, reinste Definition des Absoluten angesehen werden, – wie er dies in der Tat sein würde, wenn es überhaupt um die Form von Definitionen und um den Namen des Absoluten zu tun wäre. In diesem Sinne würden, wie jener abstrakte Begriff die erste, so alle weiteren Bestimmungen und Entwicklungen nur bestimmtere und reichere Definitionen dieses Absoluten sein.« So *könnte* und *würde* man sagen: »Allein diese Analyse des Anfangs setzt denselben als *bekannt* voraus; sie hat unsere Vorstellung desselben zur Grundlage.« (I, 40)

So *könnte* und *würde* man also definieren, wenn man denn überhaupt definieren wollte. Das Definieren – und mit ihm das Analysieren – weist Hegel allerdings als probates Verfahren zurück, denn wenn man analysiert, dann kommen nur Definitionen heraus, und diese Definitionen haben wir zuvor allererst in das hineingelegt, aus dem wir es dann wieder herausanalysieren.

Durch Analyse und Definition bleiben wir in der *schlechten* Zirkularität unserer Vorstellungen gefangen; wir bleiben befangen in dem, was wir in unseren philosophischen Allerwelts- und Alltagsvorstellungen davon, was das denn sein soll: ein Anfang, das Sein, das Nichts … immer schon voraussetzen. »Zufälligkeit und Willkür der Analyse« entspricht so den »unmittelbaren zufälligen Vorstellungen«, die wir genauso in uns finden. Kurz: Die Analyse als Verfahren bleibt »ein der Sache selbst äußerliches, in das Subjekt fallendes Tun« (I, 40). Der subjektive Kreis der Vorstellungen aber, in dem eine Vorstellung immer nur die andere bestätigt, muss durchbrochen werden, um dann erst zu jenem wahren Kreis der Gedanken gelangen zu können, die sich zirkulär selbst begründen.

Den Kreis der Vorstellungen können wir erst dann verlassen, wenn wir auch den Kreis von Analyse und Definitionen hinter uns lassen. Und darin besteht dann auch die wirklich initiale Geste in Hegels *Logik*, mit der der Anfang *in der Tat* »gemacht« wird: »Was den Anfang macht, der Anfang selbst, ist daher als ein Nichtanalysierbares in seiner einfachen unerfüllten Unmittelbarkeit, also als Sein, als das ganz Leere zu nehmen.« (I, 41) Es gibt einen Anfang, der als »ein Nichtanalysierbares« einfach »zu nehmen« ist. Der Anfang *vollzieht* sich, und das ist es, was wir, ohne weiteres Zutun unsererseits, denken müssen: Er vollzieht sich als etwas ganz Unerfülltes, das damit einerseits einer Erfüllung harrt – was aber vielleicht schon wieder zu analytisch gedacht ist … – und das eben deshalb andererseits als »das ganz Leere« genommen werden soll: ohne Bestimmung, ohne Qualifikation, ohne Form.[115]

Wir können vielleicht von einer *Gabe des Anfangs* sprechen, die in ihrer Annahme als Anfang diesen immer schon verfehlt und die deshalb immer wieder auf diesen Nullpunkt zurückgeführt werden muss. Wir bewegen uns hier gewissermaßen noch *vor* dem Denken, denn Denken heißt immer Etwas denken; »das ganz Leere« aber kann in der Tat nur *hin*genommen werden, ohne als Etwas *an*genommen zu werden. Das Nichtanalysierbare als Gabe ist ein Grenzbegriff, der dann überhaupt erst das ganze begriffliche Geschehen in Gang setzt.[116] Das Sein aber, mit dem alles anhebt, das »ganz Leere«, soll nichts als ein »leeres Wort« sein, ein Wort ohne jede »weitere Bedeutung« (I, 44).

Die drei Sprünge des He-leh. Was nicht als Etwas gedacht, was aber dennoch im Denken genommen werden soll, das muss auf andere Weise kommuniziert werden denn in Form analysierbarer Sätze und Setzungen. Und an einer solchen *anderen* Kommunikation lässt Hegel uns teilhaben in jenem Anfang, der sich dann – hier und jetzt –, nach den ganzen Präliminarien und Paratexten, nach »Vorrede«, »Einleitung«, »Einteilung« und dem Essay über den Anfang, *tatsächlich vollzieht*.

Dieser »echte« Anfang der *Logik* ist in der Tat fulminant – und zu Recht berühmt. Die drei Absätze zu Sein, Nichts und Werden, mit denen wir uns gleich beschäftigen wollen, sind präzise formuliert und gemäß den Anforderungen, die Hegel zuvor reflektiert hat, überaus sorgfältig inszeniert. Zugleich aber ist dieser in jeder Hinsicht bemerkenswerte Anfang auch schon fast wieder unsichtbar gemacht, indem er schier endlos – über vierzig Seiten hinweg – aufgeschoben wird. Beides zusammen, die Kraft und der Aufschub, gehören zum Anfang der *Logik* dazu und machen seine Wirkung aus.

Hier nun also der Anfang der Hegel'schen *Logik*:

> »*Sein, reines Sein,* – ohne alle weitere Bestimmung. In seiner unbestimmten Unmittelbarkeit ist es nur sich selbst gleich und auch nicht ungleich gegen Anderes, hat keine Verschiedenheit innerhalb seiner noch nach außen. Durch irgendeine Bestimmung oder Inhalt, der in ihm unterschieden oder wodurch es als unterschieden von einem Anderen gesetzt würde, würde es nicht in seiner Reinheit festgehalten. Es ist die reine Unbestimmtheit und Leere. – Es ist *nichts* in ihm anzuschauen, wenn von Anschauen hier gesprochen werden kann; oder es ist nur dies reine, leere Anschauen selbst. Es ist ebensowenig etwas in ihm zu denken, oder es ist ebenso nur dies leere Denken. Das Sein, das unbestimmte Un-

> mittelbare ist in der Tat *Nichts* und nicht mehr noch weniger als Nichts.« (I, 47)

Der Clou der Passage ist gleich ihr Anfang: der Gedankenstrich nach der eröffnenden, reihenden Setzung »Sein, reines Sein« – Rebecca Comay und Frank Ruda haben ihm ein ganzes Buch gewidmet.[117] Der Gedankenstrich ist eine Markierung für etwas, das *nicht* stattfindet; er markiert, dass hier *keine* Prädikation vollzogen wird, keine Aussage oder kein Urteil, das dem Subjekt »Sein« ein Prädikat zuspräche.[118] Sogar ein Satz, der etwa die Reihung in das Urteil »Sein ist rein« überführte, würde die »Unbestimmtheit und Leere« auflösen, die hier ausgedrückt werden soll; selbst durch die Prädikation der Reinheit könnte das Sein »nicht in seiner Reinheit festgehalten« werden.

Bemerkenswert ist ferner die durchgehaltene gegenstrebige Negativität aller Ausdrücke: vielfach die Vorsilbe »Un-«, verdoppelte Negationen, Weder-noch-Konstruktionen, Unbestimmtheitspronomen.

Dann: der zweite Gedankenstrich, der nun tatsächlich in eine Prädikation überführt wird, allerdings in die »ist nichts«. »Es ist nichts« im reinen Sein »anzuschauen«, und es ist »ebensowenig [...] in ihm zu denken«. Die Leere wird dreimal angesprochen, als Leere überhaupt, als Leere der Anschauung und als Leere des Denkens. Während Schelling mit der Fülle einer »intellektuellen Anschauung« den Anfang der Philosophie meint machen zu müssen, wird diese schon der Form nach bei Hegel ganz ausgeleert. Das »reine Sein« ist *nichts*: weder Anschauung noch Denken, es ist weder sinnlich noch intelligibel, es ist einfach *Nichts*. Der entscheidende Dreh erfolgt hier am Schluss des Absatzes: Das Indefinitpronomen »nichts« wird nominalisiert, wobei der *Akt* der Nominalisierung noch durch die Formulierung »in der Tat« markiert wird: Die Übersetzung eines »unbestimmten Unmittelbaren« in das substantivierte »Nichts« ist nicht einfach eine Gegebenheit, es bedarf einer Tat, die getan werden muss und die getan wird. Obwohl Hegel diese Tat dann nicht weiter begründet, müssen wir hier doch eine Art grammatischer Transparenz anerkennen, die sich bei Hegel immer wieder finden lässt: Die einzelnen Schritte im Gang des Geistes werden markiert, die Leserin aber bleibt genötigt, sich selbst einen Reim darauf zu machen.

Nach dem negativistischen Paroxysmus »nicht mehr noch weniger als Nichts« schreitet der Text schließlich weiter zum zweiten Absatz, der nun mit »B. Nichts« überschrieben ist. (Dem ersten Absatz ist nur ein »A.« vorgesetzt, das aber alle verfügbaren Ausgaben mit einem »[Sein]« ergänzen – zu viel der Leere soll es dann offenbar doch nicht sein.) Ich zitiere ohne Schnitt:

> »*Nichts, das reine Nichts*; es ist einfache Gleichheit mit sich selbst, vollkommene Leerheit, Bestimmungs- und Inhaltslosigkeit; Ununterschiedenheit in ihm selbst. – Insofern Anschauen oder Denken hier erwähnt werden kann, so gilt es als ein Unterschied, ob etwas oder *nichts* angeschaut oder gedacht wird. Nichts Anschauen oder Denken hat also eine Bedeutung; Nichts ist in unserem Anschauen oder Denken; oder vielmehr [ist] es das leere Anschauen und Denken selbst; und dasselbe leere Anschauen oder Denken als das reine Sein. – Nichts ist somit dieselbe Bestimmung oder vielmehr Bestimmungslosigkeit und damit überhaupt dasselbe, was das reine *Sein* ist.« (I, 48)

»Nichts, das reine Nichts«: Darauf folgt hier kein Gedankenstrich, sondern eine bestimmte Prädikation genau der Art, wie sie beim »reinen Sein« noch ausgelassen (und als Ausgelassene markiert) wurde. Schon zuvor ist in die Reihung ein bestimmter Artikel eingefügt: »das reine Nichts«. Ist dieses also bestimmter als »reines Sein«? Die leicht abweichende Fügung der Wörter und Zeichen legt dies zumindest nahe. Auf die anfängliche Prädikation folgt im Absatz vom Nichts dann eine einfache Reihung oder ein Agglomerat: »vollkommene Leerheit, Bestimmungs- und Inhaltslosigkeit; Ununterschiedenheit in ihm selbst«. Damit scheint auch formal die höhere Bestimmung des Nichts wieder zurückgesunken. Auch beim Nichts folgten dann ein Gedankenstrich und die Erörterung von Anschauung und Denken. Als »leere[s] Anschauen und Denken« ist es dasselbe, das uns schon beim »reinen Sein« begegnete. Die minimale Differenz, die beim Nichts zunächst ein Mehr an Bestimmtheit suggerierte, um dieses dann sofort zurückzunehmen, bleibt also selbst ganz unbestimmt. Ein zweiter Gedankenstrich führt schließlich zu einem Resümee des zuvor eröffneten Spiels von Identität und Differenz in den nicht nur für das »gewöhnliche Bewußtsein« gewöhnungsbedürftigen Satz, dass »Nichts [...] überhaupt dasselbe [sei], was das reine Sein ist«.

Das führt dann weiter in den dritten Absatz, der mit »C. Werden« und der folgenden Unterüberschrift »Einheit des Seins und Nichts« überschrieben ist:

> »*Das reine Sein und das reine Nichts ist dasselbe.* Was die Wahrheit ist, ist weder das Sein noch das Nichts, sondern daß das Sein in Nichts und das Nichts in Sein – nicht übergeht –, sondern übergegangen ist. Aber ebensosehr ist die Wahrheit nicht ihre Ununterschiedenheit, sondern daß sie absolut unterschieden sind, aber ebenso unmittelbar jedes in seinem Gegenteil verschwindet. Ihre Wahrheit ist also diese Bewegung des unmittelbaren Verschwindens des einen in dem anderen: das Werden, eine Bewegung, worin beide unterschieden sind, aber durch einen Unterschied, der sich ebenso unmittelbar aufgelöst hat.« (I, 48)

Hier steht die Prädikation gleich am Anfang, der Absatz beginnt mit einem Satz der Form *a ist gleich b*. Die Identität von a und b wird über die Reinheit statuiert, das »reine« des Seins und des Nichts bildet das Dritte, über das die Selbigkeit der beiden Terme konstruiert wird. Der entscheidende Punkt wird auch hier wieder über Gedankenstriche markiert: Der lange Satz, der mit »Was die Wahrheit ist« beginnt, unterbricht sich selbst mit dem ersten Gedankenstrich, um einen noch gar nicht geäußerten Gedanken zu widerrufen und richtigzustellen. Und es ist nur die Zeitlichkeit, in der beide Gedanken sich unterscheiden: »– nicht übergeht –, sondern übergegangen ist«. Die Zeitlichkeit (und grammatisch: das Tempus) wird hier überhaupt erst als Dimension der begrifflichen Bestimmung eingeführt, die Bestimmungen werden zum ersten Mal »in der Zeit auseinandergehalten« (I, 49). Vorher stehen alle Bestimmungen im Präsens, sie sind zeitlich und temporal also nullmarkiert. Mit den Gedankenstrichen wird eine zeitliche Differenz eingefügt, ein Intervall, das den ablaufenden Vorgang im Präsens widerruft durch einen schon abgeschlossenen, der darum im Perfekt steht: »– nicht übergeht –, sondern übergegangen ist«.

Gerade weil sich alle Bestimmungen bisher im Modus der Zeitlosigkeit vollzogen haben, stellt sich hier natürlich die Frage, wann dieser Übergang im Perfekt (»sondern übergegangen ist«) denn geschehen sein soll, und die richtige Antwort lautet wohl: *immer schon.* Wenn wir Sein und Nichts auseinanderhalten, werden beide immer schon ineinander übergegangen sein. Die Unterscheidung beruht auf einer gleitenden Ununterscheidbarkeit, die jedem Akt der Unterscheidung vorausliegt und in die dieser übergehen wird.[119]

Die Fügung von Identität und Differenz wird noch weiter verkompliziert im nächsten Satz, der wieder im Modus der Wahrheitsbehauptung beginnt: »Aber ebenso ist die Wahrheit«. Dass der Unterschied von Sein und Nichts auf einem Übergang beruht, der beide zugleich auflöst (und immer schon aufgelöst hat), heißt nicht, dass wir eine »Ununterschiedenheit« zwischen ihnen ansetzen dürfen. Die Prädikation des ersten Satzes »ist dasselbe« bezeichnet keine Indifferenz, sondern ein »absolut unterschieden«-Sein, das dann »verschwindet«.

Der entscheidende Punkt ist hier, so viel wird klar, die »Bewegung«, die mit der Zeitlichkeit erst denkbar wird und die damit den Übergang, das Übergehen und das Übergegangen-Sein auf den Plan ruft. Sein und Nichts können nur im Modus der Zeitlosigkeit auseinandergehalten werden, sobald wir aber Bewegung denken, lösen sie sich ineinander auf, sie verschwinden in ihr Gegenteil.

Die Furie des Verschwindens. Bei diesem Wort – dem Verschwinden – musste ich an eine berühmte Stelle aus der *Phänomenologie des Geistes* denken, an der Hegel über die Französische Revolution und über den Großen Terror schreibt, der die Freiheit erzwingen wollte: »Kein positives Werk noch That kann also die allgemeine Freyheit hervorbringen; es bleibt ihr nur das *negative Thun*; sie ist nur die *Furie* des Verschwindens.«[120] Auch das Verschwinden im Absatz über das Werden sollte man also vielleicht nicht zu leicht nehmen. Auch im Werden, im einfachen Werden muss das Verschwinden vielleicht schon als eine Furie angesehen werden. Hans Magnus Enzensberger hat 1980 ein Gedichtbändchen veröffentlicht, das *Die Furie des Verschwindens* heißt und dessen letztes Gedicht, »Die Furie«, so schließt:

»[...] sie erscheint nicht;
ausdruckslos; sie ist gekommen;
ist immer schon da; vor uns
denkt sie; bleibt;
ohne die Hand auszustrecken
nach dem oder jenem,
fällt ihr, was zunächst unmerklich,
dann schnell, rasend schnell fällt, zu;
sie allein bleibt, ruhig,
die Furie des Verschwindens.«[121]

Auch Enzensberger hebt jenen Modus von Zeitlichkeit hervor, der bei Hegel zentral ist: »ist immer schon da«. Die Ruhe, die in den Bestimmungen von Sein, Nichts und Werden zu liegen scheint, ruht selbst auf einer furienhaften (oder furiosen) Unruhe auf, die sich im Modus des »immer schon« vergessen macht. Wenn wir sie zu denken versuchen, dann sind wir immer schon von ihr gedacht, wir sind im Nachvollzug immer schon im Nachtreffen; alle Worte werden längst schon gefallen sein. Was immer wir zu bestimmen versuchen, hat sich schon »ebenso unmittelbar aufgelöst«. Das Werden ist eine Bewegung, die jene Unterschiede, die sie selbst markiert, immer auch unterläuft. Das absolut Unterschiedene bleibt als Unterschiedenes »eben so ungetrennt und untrennbar« verbunden, wie es in der überarbeiteten zweiten Fassung heißt (I, 69*). Die Differenzen bleiben gewahrt, aber als durchkreuzte.

Wenn wir uns an die Choreografie der Dreischritte erinnern, die die Bewegungen der Bestimmung mit solchen der Auflösung verbindet, dann sehen wir hier, dass schon der erste (und berühmteste) aller Hegel'schen Dreischritte: der, der die *Lehre vom Sein* einleitet und die schiere Möglichkeit vorbereiten soll, irgendwann überhaupt einmal etwas Bestimmtes denken zu können, in einen Schritt der Auflösung und des Verschwindens führt. Das Werden besitzt gar keine andere

Positivität als eben jene prekäre des Verschwindens. Alle weiteren Dreischritte, die jetzt noch kommen (und wir befinden uns ja noch ganz am Anfang der *Logik* …), stellen fortschreitende Differenzierungen dieses Werdens dar, und sie werden gleichzeitig als Versuche gelesen werden müssen, die Momente der Auflösung und des Verschwindens in den Griff zu bekommen, die in der Bestimmung des Begriffs selber schon liegen.

Prosa des Leerens. An den drei Absätzen, die den wirklichen Anfang der *Logik* bilden, ist vieles bemerkenswert – unter anderem sicher auch die Tatsache, dass hier, in diesen sorgfältig und durchaus ungewöhnlich formulierten Absätzen, von der Sache her eigentlich nichts gesagt wird, was Hegel nicht – zum Teil wortwörtlich identisch – zuvor schon im Essay über den Anfang gesagt und zurückgewiesen hatte. Im Essay über den Anfang standen folgende Sätze, die oben schon zitiert wurden:

> »Es ist noch Nichts, und es soll Etwas werden. Der Anfang ist nicht das reine Nichts, sondern ein Nichts, von dem Etwas ausgehen soll; es ist zugleich das Sein schon in ihm enthalten. Der Anfang enthält also beides, Sein und Nichts; ist die Einheit von Sein und Nichts; – oder ist Nichtsein, das zugleich Sein, und Sein, das zugleich Nichtsein ist.
>
> Sein und Nichts sind im Anfang als *unterschieden* vorhanden; denn er weist auf etwas anderes hin; – er ist ein Nichtsein, das auf das Sein als auf ein Anderes bezogen ist; das Anfangende *ist* noch nicht; es geht erst dem Sein zu. Zugleich enthält der Anfang das Sein, aber als ein solches, das sich von dem Nichtsein entfernt oder es aufhebt als ein ihm Entgegengesetztes.« (I, 39)

Worin also liegt der Zugewinn, wenn all das in den drei ersten Absätzen der *Logik* – die dem Essay ja erst folgen – *noch einmal* gesagt wird, und warum werden die eben zitierten Sätze im Essay noch als eine Analyse zurückgewiesen, die nur Definitionen zustande bringt, mit denen wir uns wiederum bloß im Kreis unserer Vorstellung (im Kreis des »Man meint«; I, 54) halten, anstatt uns ins Denken des Anfangs zu erheben? Wo liegt die Differenz?[122]

Zum einen in der Zeitlichkeit (und der temporalen Struktur der Prosa): In der eben zitierten Passage wird das Präsens der Bestimmung nur durch ein Zukünftiges unterbrochen, das aber im Modus des Sollens und des »noch nicht« doch schon anwesend ist: »Es ist noch Nichts, und es soll Etwas werden«; »das Anfangende *ist* noch nicht; es geht erst dem Sein zu« (im Übrigen eine sehr schöne Formulierung!). Diese Denkform aber passt nur zu gut zu den gängigen Vorstellungen und zu den Vorurteilen und Selbsttäuschungen des Alltagsbewusstseins, für das der Anfang etwas Erstes ist, auf das dann – auch zeitlich – erst das folgt, wovon der Anfang Anfang gewesen ist. Eine schöne, aber auch etwas betuliche Vorstellung, die uns dabei hilft, »immer wieder neu anzufangen«. Der vollzogene, wirkliche Anfang der *Logik* bricht mit dieser Vorstellung, indem er zeigt (und zu denken gibt), dass im Anfang alles immer schon geschehen ist und dem Denken damit auch entzogen bleibt.

Zum anderen aber liegt die Differenz zwischen dem reflektierten und dem vollzogenen Anfang in der sprachlichen, ich bin geneigt zu sagen: in der literarischen Performanz. Das Wissen um das Sichentziehen des Anfangs in der Vorzeitigkeit (der Vorzeitigkeit des »immer schon«); das Wissen darum, dass die Furie des Verschwindens immer schon gewütet hat und nur noch die oberflächliche Ruhe der logischen Bestimmungsversuche davon kündet: Dieses Wissen *ist* eigentlich keines, es ist jedenfalls kein Wissen, das in Lehrsätzen und Definitionen eingefasst und vermittelt werden kann. Dieses Wissen (das keines ist) kann nicht gelehrt, es muss *erfahren* werden.

Das »ganz Leere«, mit dem der Anfang gemacht werden muss, können wir uns nicht vorstellen, weil es weder anschaulich noch intelligibel ist. Das »leere Anschauen und Denken selbst«, das Werden als Leer-Werden, kann nicht konstatiert, es muss »in der Tat« »gemacht« und vollzogen werden, und weil wir bei diesem Machen über keine Alltagsroutinen verfügen, müssen wir uns darin einüben. Hegels Prosa des vollzogenen Anfangs, mit all ihren seltsamen Zeichen und Formulierungen, desorientiert den Normalvollzug unseres Denkens und Sprechens und übt uns in dieses Leer-Werden ein, ohne das wir, wie Hegel schreibt, gar nicht erst »in die Philosophie hinein[]-kommen« (I, 38).

Aller Anfang ist namenlos. Die textuelle Einübung in das »leere Anschauen und Denken«, die Einübung darin, dass wir »das Leere anschauen und denken« lernen, kann vielleicht mit bestimmten Praktiken der Meditation in Verbindung gebracht werden und mit der Tradition eines Denkens jenseits des Denkens, für das der Name »Mystik« steht. Meditation und Mystik, das müssen wir nicht sofort, das können wir aber mit den »populären, besonders orientalischen Sprüche[n]« assoziieren, denen Hegel in der *Logik* zuerkennt, »im Grunde« dasselbe auszudrücken, was der »tiefsinnige Heraklit« mit seinem »alles fließt« auf den Punkt gebracht habe (I, 49). Meditation und Mystik, das sind auch integrale Bestandteile der westlichen Philosophiegeschichte – man denke an die *Meditationen* des Descartes oder an dessen etwas älteren Zeitgenossen, den Theosophen und Naturphilosophen Jacob Böhme, dessen gesammelte Werke Hegel 1810 in »Prachtausgabe« von seinem alten Jenaer Studenten Peter Gabriel van Ghert geschenkt bekommen hat.[123]

Descartes selbst hat seinen skeptischen Rückgang auf das Nichts, von dem erst alles bestimmte Denken sich rekonstruieren kann, mit dem Traum und der Vision in Verbindung gebracht. In diesem Rückgang – so bringt es Durs Grünbein in seinem Gedicht über Descartes auf die treffende Metapher – zeichnet der Philosoph vom menschlichen Geist ein »Selbstporträt als leerer Teller«, als *tabula rasa*. Der tiefe Schnee, in dem das winterliche Ulm versunken liegt, wo Descartes seine Vision als Soldat im Dreißigjährigen Krieg zuteilwird, gibt für Grünbein das Bild ab für jenes Leer-Werden, von dem erst alles weitere Denken seinen Ausgang nehmen kann:

»Schnee abstrahiert. Nehmt an, er hat das Bett gemacht
Für die Vernunft. Er hat die Wege eingeschläfert,
Auf denen der Gedankengang sich sonst verirrte.«[124]

Wir können Hegels Rückgang ins »reine Sein«, das zugleich das »ganz Leere« und das »Nichtanalysierbare« sein soll, aber auch mit dem *Taoteking* in Verbindung bringen. Es geht mir hier nicht um direkte, nachweisbare Einflüsse – Hegel hat das Werk Laotses nachweislich spätestens zu Beginn der 1820er-Jahre kennengelernt, als er darüber in seinen »Vorlesungen zur Philosophie der Religion« vorgetragen hat; sein Freund und Briefpartner Windischmann hat 1827 ein ganzes Buch über chinesische Philosophie veröffentlicht, das zu großen Teilen Laotse gewidmet ist.[125] Es geht aber – wie gesagt – nicht um Einflüsse und Übernahmen, sondern um die Konstruktion »mystischer« Korrespondenzen.[126] Mystische Motive – »daß das Große und das Kleine sich vielleicht nicht so arg unterscheiden, daß das Ein und das Alles eins sind«, die Idee, »daß an entscheidender Stelle nicht etwas (oder: Etwas), sondern vielmehr nichts (oder: Nichts) ist« – finden sich nicht nur im Taoteking, sondern auch bei Meister Eckart, bei Nikolaus von Kues, bei Goethe,[127] oder eben: in Hegels *Logik*.

Mystik in diesem Sinn läge dann vor, wenn ein avanciertes, in sich reich differenziertes Denken in sich selbst eine Außenseite produziert, auf der alle Differenzen gelöscht werden, um aus der Indifferenz von Differenz und Indifferenz neue Differenzen hervorgehen zu lassen. Mystik drückt sich im Weiteren auch in einem »Mißtrauen gegen offizielles Denken« aus – und einer, wie Jan Philipp Reemtsma schön schreibt, »Tendenz zur Pflege skurrilen Außenseitertums«.[128] Die Differenzierungen des offiziellen Denkens blockieren sich bisweilen – bei Hegel: der nachkantische transzendentale Idealismus ist in eine neue dogmatische Sackgasse geraten –, sie verunmöglichen ein neues Denken, das umgekehrt wiederum nur möglich wird, wenn es von einer Löschung von Differenz überhaupt ausgeht. Diese Löschung muss in einem Bruch mit dem offiziellen Denken hergestellt werden – etwa in der Behauptung eines »Nichtanalysierbaren« –, es kann nicht aus diesem offiziellen Denken selbst abgeleitet werden. Und schließlich muss dieser Bruch eingeübt, er muss durch ein dem Denken eigentlich äußerliches Tun getragen und befördert werden: von Ritualen, Meditationsübungen, durchaus auch körperlichen Praktiken. Dieses Äußerliche, das dem Denken zustößt, um es zu verändern, ist bei Hegel in seiner handgreiflichen Körperlichkeit äußerst reduziert;

es ist vielleicht nur noch die Sprache, und vielleicht genauer noch: das Schreiben, die gesetzte, geschriebene, die schriftlich gebundene Sprache. Wir werden im nächsten Kapitel darauf zurückkommen.

Übrigens hat auch Brecht Laotse und das »chinesische Denken« sehr geschätzt; bekannt ist sein Gedicht »Legende von der Entstehung des Buches Taoteking auf dem Weg des Laotse in die Emigration«, auch dies in gewisser Weise ein »Flüchtlingsgespräch« also. In Brechts *Buch der Wendungen* (einer Adaption »östlicher« Motive und Schreibweisen) hat auch Hegel seinen Auftritt – als Hi-jeh, als Hü-jeh oder als He-leh – und mit ihm die »Große Methode« (die dann später von Ka-meh und Eh-fu vollendet werden wird). In dieser gibt es einen »Ungleichsatz«, mit dem wir mittlerweile vertrauten (aber hoffentlich nicht zu vertrauten) Umgang pflegen:

> »Der Satz ›Eins ist nicht gleich eins‹ weist auf gewisse Tücken hin, enthält aber selber Tücken. Er müsste eigentlich heißen: ›Eins ist nicht nur gleich eins, sondern auch nicht gleich eins‹. Er drückt aus, man kann nicht ein Ding finden, das man veranlassen kann, längere Zeit sich treu zu bleiben; noch kann man einen Begriff finden, der sich bereit zeigt, wenigstens solang, als man spricht, wenn man mehr als einen Satz spricht, beir [sic!] Sache zu bleiben.«[129]

Die Mystik, die wir im Anfang der *Logik* finden, zeigt sich nicht nur in der sprachlichen Gestaltung der drei Anfangsabsätze, sondern auch in den Reflexionen über die Sprache, wie wir sie im Essay über den Anfang finden. Das »reine Sein« ist nur ein »leeres Wort«, und gerade in seiner Leere wird es von Hegel auch als Anfang affirmiert und kritisch gegen andere Konzeptionen des Anfangs gewendet. Gemeint sind etwa Fichte und Schelling, die als Idealisten natürlich über die notwendige Zirkularität, Rekursivität etc. aller Anfänge längst unterrichtet sind. Auch Fichtes »Ich« oder Schellings »intellektuelle Anschauung« sind Anfangsfiguren, die sich erst am Ende selbst begründen; gleichwohl aber taugen sie für Hegel nicht als Anfänge: »Ich« und »intellektuelle Anschauung« treten als »reicherer Name« des Anfangs auf (I, 43), der vorgebliche Reichtum aber führt nur zu Verwirrung und Abirrung. Denn diese Namen transportieren als Wörter schon oder noch zu viele Vorstellungen, zu viele Implikationen und Differenzen, um als Anfang genommen werden zu können: Das Ich, so wie es bei Fichte als Anfang firmiert, soll als »absolutes Ich« ganz »gereinigt« – *rein* – gedacht werden; gleichwohl aber verwirrt sich dieses sofort mit dem »gewöhnliche[n] Ich unseres Bewußtseins« (I, 41); und die »intellektuelle Anschauung«, die reine erste Bestimmung des Bewusstseins sein soll, gibt sich schnell als eine gewaltsam reflexions- und vermittlungsfeindliche Figur zu erkennen (I, 43). Das Anfangen unter »reicherem Namen« – Ich, intellektuelle Anschauung, Gott: »es sei so reich als es wolle« (I, 43) – muss hinter das »reine Sein« als »leeres Wort« zurückfallen. Oder, mit dem Taoteking: »Aller Anfang ist namenlos.«

Kenosis. Wem die konstruierte Korrespondenz zwischen der *Logik* und dem *Taoteking* zu weit hergeholt erscheint, wird im Anfang auch Spuren einer anderen mystischen Tradition ausmachen können, dieses Mal einer christlichen. Das Leer-Werden des Seins, das Verschwinden von Sein und Nichts können auch als Variante auf die christliche Gedankenfigur der *kenosis* gelesen werden. Im Brief an die Philipper fügt der heilige Apostel Paulus im zweiten Absatz ein »Loblied auf Christus« ein, in dem davon die Rede ist, dass Christus bei seiner Menschwerdung alle Eigenschaften und Attribute Gottes abgelegt habe und ganz Mensch geworden sei; der griechische Ausdruck für diesen Vorgang ist *»heauton ekenosen«* – Christus hat sich selbst entleert, leer-gemacht. Luther übersetzt »ekenosen« dann mit »entäußert«, und damit sind wir schon in Hegel'schen Gefilden bzw. umgekehrt natürlich: Hegel bewegt sich mit seinem Denken fest auf lutherisch-christologischem Grund.

Kenosis, als Leer-Werden und Entäußerung des Gottessohnes in die Menschengestalt, wird dann aber auch zu einer mystischen Denkfigur, wenn der Mensch in der *imitatio christi*, die ihm aufgetragen ist, sich gleichfalls aller seiner wesentlichen Eigenschaften entäußert, um ganz (leer) wie Christus zu werden. Der Gedanke der *imitatio* ist schon bei Paulus angelegt und in der sozialen Dimension der christlichen Gemeinschaft ausgeführt: »Seid untereinander so gesinnt, wie es dem Leben in Christus Jesus entspricht. Er war Gott gleich, hielt aber nicht daran fest, wie Gott zu sein, sondern er entäußerte sich und wurde wie ein Sklave und den Menschen gleich. Sein Leben war das eines Menschen; er erniedrigte sich und war gehorsam bis zum Tod, bis zum Tode am Kreuz.«

Der Mensch soll sich entäußern und sich selbst erniedrigen, den Stand der Niedrigsten annehmen und alles aufgeben, worauf der Stolz des Menschen beruht. Das Leer-Werden ist mit einer Aufgabe jeder Macht, auch jeder Selbstbeherrschung verbunden. Die paradoxe Würde des Menschen liegt darin, zu werden wie ein Gott, der selbst wiederum alles Göttliche aufgegeben hat, um wie der niedrigste Mensch zu werden.[130] Oder mit Bataille, der neben Simone Weil als später Verfechter einer Philosophie der *kenosis* gelten kann: Die Souveränität des Menschen liegt in einer Insubordination, die auf jede weitere Subordination verzichtet.[131]

Nun ist diese These Batailles explizit gegen Hegels Herr-Knecht-Dialektik gewendet, in der Befreiung immer nur als Unterwerfung anderer gedacht werden kann, und in der Tat werden wir in Hegels Philosophie des Sozialen vergeblich nach Momenten der *kenosis* suchen. Der Anfang der *Logik* aber: der Grund und Abgrund aller folgenden Philosophie Hegels, vollzieht nichts anderes als eine solche radikale Geste: eine Selbstaufgabe des Denkens, eine Abgabe seiner selbstbewussten Souveränität, eine Hinnahme des Werdens als eines Prozesses, der dem Denken immer schon entzogen ist und entzogen bleibt. Die Entäußerung des Denkens, sein Leer-Werden, seine Entleerung von aller Anschauung und allen Begriffen, das Zurückgeworfen-Werden auf das »leere Wort«: Das sind die Grundlagen, auf denen sich Hegels grandioses System des Weltwissens erheben wird.

VII Verschwiegene Freunde: Hegel und Hölderlin, *Urtheil und Seyn*

Sprache ist bei Hegel nicht nur und nicht einmal vor allem Medium oder Transportmittel des Denkens; sie ist auch dessen Außen, von dem her das Denken seine wesentlichen Impulse erfährt; Sprache – und die Schrift: wir erinnern uns an den Gedankenstrich – ist eine äußerliche Übung, die das Denken stützt, anleitet und trägt, ohne selbst ganz mit ihm in eins zu fallen. Wenn es im Hegel'schen Idealismus um die Konstruktion von Einheitsfiguren geht, die die Entzweiung von Denken und Sein aufheben, dann geschieht das – so können wir hier vielleicht als These schon einmal statuieren – durch die Einfügung einer dritten Größe, die die Einheit herbeiführt, weil sie mit Denken und Sein radikal nichtidentisch ist: der Sprache.

Es ist verführerisch, sich das schwierige Verhältnis von Denken und Sprache personifiziert in der Gestalt der beiden gegensätzlichen Freunde Hegel und Hölderlin vorzustellen. Aber diese Personifikation ist, wie jede Vorstellung, zu einfach, zu verdinglicht. Es ist sicher adäquater, sich die Freundschaft der beiden als ein Milieu zu denken, in dem die Gegenüberstellung von Dichtung und Philosophie, von dichtendem Denken und denkenden Dichten erst einmal suspendiert ist und erst aus der Suspendierung der überkommenen Vorstellungen von Denken und Sprache, von Dichtung und Philosophie beide Seiten neu hervorgebracht werden. Es ist seit Langem, wenigstens seit Dieter Henrichs Interventionen, selbstverständlich geworden, zumal den frühen Hölderlin immer auch als Philosophen zu betrachten, als einen der nachweislich wichtigsten Impulsgeber des philosophischen Idealismus.[132] Vielleicht ist es nun an der Zeit, umgekehrt Hegel auch als Dichter, als virtuosen Sprachjongleur und -verdichter zu würdigen.

Hölderlins ursprüngliche Einsicht. Einen Ansatzpunkt zur Interpretation bietet das kurze Notat »Urtheil und Seyn« aus dem Frühjahr 1795, einer der sicher meistbearbeiteten philosophischen Texte Hölderlins, auf den – freilich ohne jede Nennung des Namens oder sonst irgendeinen expliziten Verweis – auch Hegel noch in seiner *Begriffslogik* zurückgeht. Die Art, in der Hegel den Gedankengang des kurzen, fragmentarischen Textes aufnimmt und fortführt – 15 Jahre nach dem letzten persönlichen Zusammentreffen der Freunde und ein Jahrzehnt nach Hölderlins Internierung in Tübingen –, kann auch als Fortführung jener »Symphilosophie« gelesen werden, die Hegel und Hölderlin in den Jahren ihres Zusammenseins praktiziert haben.[133] Hegel jedenfalls hat Hölderlin offenbar nicht vergessen, und es besitzt ein durchaus auch philosophisches *fundamentum in re*, wenn wir mit Adorno festhalten wollen, dass Hegels philosophische Prosa der *Logik* es »mit der exponiertesten Prosa Hölderlins« durchaus aufnehmen kann.[134]

Das Notat »Urtheil und Seyn« stammt aus der Zeit, als Hölderlin in Jena an Fichtes legendären Seminaren und Vorlesungen teilgenommen hat, die als Ursprungsherd des deutschen Idealismus gelten können. Seinen Tübinger Studienfreund Hegel, der sich zu dieser Zeit als Hauslehrer bei der Familie von Steiger in Bern verdingt, hält Hölderlin per Post auf dem Laufenden; im April 1795 rapportiert Hegel an Schelling, den Dritten im Bund der Tübinger Stiftsgenossen: »Hölderlin schreibt mir oft von Jena; er ist ganz begeistert von Fichte, dem er große Absichten zutraut. Wie wohl muß es Kant tun, die Früchte seiner Arbeit schon in so würdigen Nachfolgern zu erblicken. Die Ernte wird einst herrlich sein!«[135]

Und so wie Hölderlin Hegel viel von seinen Erfahrungen mit Fichtes Lehre berichtet, so trägt auch »Urtheil und Seyn« kommunikative Züge; es wird wohl als »Memorandum« für künftige Debatten mit den Freunden angefertigt worden sein, und vielleicht resümiert es auch Gespräche im Kreis der Jenaer Kommilitonen.[136] Bemerkenswert – auch im Abgleich mit Hegels Bericht an Schelling – ist die Tatsache, dass das Notat zugleich das Zeugnis einer begeisterten Aufnahme *und* einer ersten Abwendung von Fichte darstellt.

Beide Aspekte kommen im ersten Absatz zum Tragen:

> »*Urtheil* ist im höchsten und strengsten Sinn die ursprüngliche Trennung des in der intellectualen Anschauung innigst vereinigten Objects und Subjects, diejenige Trennung, wodurch erst Object und Subject möglich wird, die Ur=Theilung. Im Begriffe der Theilung liegt schon der Begriff der gegenseitigen Beziehung des Objects und Subjects aufeinander, und die nothwendige Voraussetzung eines Ganzen wovon Object und Subject die Theile sind. ›Ich bin Ich‹ ist das passendste Beispiel zu diesem Begriffe der Urtheilung, als *theoretischer* Urtheilung, denn in der praktischen Urtheilung sezt es sich dem *Nichtich* – nicht *sich selbst* entgegen.«[137]

Mit Fichte konstatiert Hölderlin – und das ist das einigende Credo der nachkantischen Generation –, dass wir eine Philosophie benötigen, die von einem »innigst vereinigten Object[] und Subject[]« ausgeht, und dass dieses »Subject-Object« uns nicht nur mit dem Verstande zugänglich sein kann, sondern in einer »intellectualen Anschauung«, in der die Sinnlichkeit mit der Spontaneität des Begriffs zusammengeht.

Dann aber wendet sich Hölderlin schon von Fichte ab, wenn er festhält, dass der Satz, der bei Fichte die Identität des Subject-Objects als »erster und schlechthin unbedingter Grundsatz« statuieren soll: der Satz »Ich bin Ich« – dass dieser Satz gerade umgekehrt eine »ursprüngliche Trennung« durchsetzt. Der Satz »Ich bin Ich« ist für Hölderlin ein »Urtheil«, und als solches drückt er eine »Ur=Theilung« aus, eine »Trennung, wodurch erst Object und Subject möglich wird«. – Ob Hölderlins Etymologie »falsch« oder »richtig« ist, vermag ich nicht zu entscheiden.[138] Einen gewissen Witz wird man ihr jedenfalls nicht absprechen können. Denn zugleich führt das Urteil für Hölderlin ja auch eine »gegenseitige[] Beziehung des Objects und Subjects aufeinander« herbei. Das Urteil als »Ur=Theilung« trennt zunächst, was es dann zusammenführt. »Ich bin Ich« ist ein Urteil in diesem Doppelsinn, weil hier schon grammatisch ein Subjekt und ein Objekt getrennt *und* verknüpft werden, auch wenn beide auf den gleichen Namen hören: Ich.

Die Subjekt-Objekt-Spaltung, die bei Fichte in der »Thathandlung« der »intellectualen Anschauung« und im Satz »Ich bin Ich«

überwunden werden soll, wird für Hölderlin durch den Satz allererst hergestellt. Die ursprüngliche »Tathandlung« ist für Hölderlin also die Teilung, nicht deren Überwindung – eine Teilung allerdings, die auf der »nothwendige[n] Voraussetzung eines Ganzen« beruht. Dieses Ganze aber kann – da schon das Urteil »Ich bin Ich« Ausdruck des »absoluten Ich« ist – nicht mehr Ich sein. Der Name dieses Ganzen ist für Hölderlin »Seyn«, und von diesem handelt der zweite Teil des kurzen Textes:

> »*Seyn* –, drükt die Verbindung des Subjects und Objects aus.
>
> Wo Subject und Object schlechthin, nicht nur zum Theil vereiniget ist, mithin so vereiniget, daß gar keine Theilung vorgenommen werden kan, ohne das Wesen desjenigen, was getrennt werden soll zu verlezen, da und sonst nirgends kann von einem *Seyn schlechthin* die Rede seyn, wie es bei der intellectualen Anschauung der Fall ist.«

Nur das »Seyn schlechthin« vermag Gegenstand einer »intellectualen Anschauung« zu sein; als schlechthinnige »Verbindung des Subjects und Objects« aber kann das »Seyn« nicht mehr in Form eines Urteils ausgesagt werden. Darum folgt auf das gesetzte Seyn denn auch bei Hölderlin zunächst nur: » – «, ein Gedankenstrich.

Bemerkenswert ist nun, dass Hölderlin dem Urteil durchaus eine Funktion zuspricht – es geht also nicht darum, das Ich und den ersten Grundsatz als bloße Täuschung anzuklagen. Denn das Seyn ist zwar schlechthin ein Ganzes, aus dem aber gerade deshalb kein Selbstbewusstsein folgen kann – und um dessen Genese und Legitimierung ist es Fichte ja eigentlich zu tun. Darum fährt Hölderlin fort:

> »Aber dieses Seyn muß nicht mit der Identität verwechselt werden. Wenn ich sage: Ich bin Ich, so ist das Subject (Ich) und das Object (Ich) nicht so vereiniget, daß gar keine Trennung vorgenommen werden kann, ohne das Wesen desjenigen, was getrennt werden soll, zu verlezen; im Gegenteil das Ich ist nur durch diese Trennung des Ichs vom Ich möglich. Wie kann ich sagen: Ich! ohne Selbstbewußtseyn? Wie ist aber Selbstbewußtseyn möglich?

> Dadurch daß ich mich mir selbst entgegenseze, mich von mir selbst trenne, aber ungeachtet dieser Trennung mich im entgegengesezten als dasselbe erkenne. Aber inwieferne als dasselbe? Ich kann ich muß so fragen; denn in einer andern Rüksicht ist es sich entgegengesezt. Also ist die Identität keine Vereinigung des Objects und Subjects, die schlechthin stattfände, also ist die Identität nicht = dem absoluten Seyn.«

Identität – als logisches, semiotisches und psychologisches Verhältnis – kann nur ausgesagt werden, indem das Ganze des Seyns geteilt wird durch eine Urteilung. Und »Selbstbewußtseyn«, Identitätsbewusstsein, setzt »Trennung«, setzt Differenz voraus – das statuiert zu haben, ist für Hölderlin die entscheidende Leistung des ersten Grundsatzes bei Fichte. Dieser ist tatsächlich der erste Grundsatz jeder möglichen Selbstbewusstseinstheorie, aber Fichte verhebt sich und sitzt einer Verwechslung auf (»muss nicht verwechselt werden«), wenn er meint, damit auch eine Ontologie, eine Theorie des »Seyns schlechthin« aufgestellt zu haben.

Anders sprechen lernen. Hölderlins Fragment enthält noch eine sprachkritische Pointe: Wenn selbst der Satz »Ich bin Ich« nicht mehr als erster, schlechthin unbestreitbarer Grundsatz angesehen werden kann, sondern vielmehr als Urteil eine Ur-Theilung beinhaltet und ausführt, dann stellt sich die Frage, wie dann von jenem »Seyn« vor oder hinter der Ur-theilung überhaupt die Rede sein kann – jedenfalls wohl nicht in Form eines Urteils. Der entscheidende Hinweis findet sich ebenfalls schon in Hölderlins kurzem Text. Im ersten Satz des abschießenden Teiles heißt es: »*Seyn* –, drükt die Verbindung des Subjects und Objects aus.« »Seyn« (selbstredend mit » – «) bringt eine Verbindung von Subjekt und Objekt zum Ausdruck, ohne sie in Form eines Urteils zu verbinden; »drükt […] aus«: Diese Formulierung steht, in all seiner Kürze, für eine nicht-urteilende, eine nicht-prädikative Sprache; eine Sprache, die Verbindungen herstellen und vermitteln kann, ohne sie durch die spezifische, von Hölderlin umrissene Funktionsweise des Urteils vorzuprägen.

Die Suche nach einer solchen Sprache des Ausdrucks hat Hegel und Hölderlin bewegt, und gemeinsam haben sie diese Suche gewissermaßen systematisch-experimentell betrieben. Bei Terry Pinkard findet sich ein anrührender Bericht von der intimen Zusammenarbeit zwischen Hölderlin und Hegel in der gemeinsamen Frankfurter Zeit, als beide ihr Brot als Hauslehrer verdienen mussten. Hier, in Frankfurt, übernimmt Hegel die erratische Schreibweise seines Freundes, weil nur diese es erlaubt – und erzwingt –, die Lesenden zum philosophierenden Mit-Vollzug der Gedanken zu bewegen. Die »neue Sensibilität«, die Hölderlin in seiner Dichtung vorbereitet, entspricht dem »neuen Denken«, zu dem Hegel unterwegs ist; dies aber erfordert einen radikalen Bruch mit jenem »more easygoing prose style«, den Hegel zuvor gepflegt hat. In Frankfurt entwickelt Hegel seinen unverwechselbaren Stil, sein Hegel-Deutsch, das in seiner Unverwechselbarkeit allenfalls eben noch mit dem Hölderlin-Deutsch seines Freundes verglichen werden kann.[139]

Hegel schrieb also nicht immer so, wie er später schreibt; er schreibt nicht einfach »schlecht«, wie übellaunige und banausige Schulmeister bisweilen behaupten, er schreibt *bewusst avantgardistisch*. Nicht zu Unrecht führt Pinkard als Vergleichsgrößen T. S. Eliot, Ezra Pound und James Joyce auf; wie Pinkard allerdings dazu kommt, den Hegel'schen Sprachexperimenten alles Spielerische abzusprechen (»Hegel certainly never intended his difficult categories to be playful, even in the slightest«), bleibt mir (und sicher auch Brecht, einem avantgardistischen Zeitgenossen der genannten Avantgardisten) schleierhaft.[140]

Hegel und Hölderlin laborieren an einer philosophisch-poetischen Sprache, die von der Alltagssprache abweicht, ohne sich in eine Fachsprache zurückzuziehen. Die Hinwendung der Philosophie zur Volkssprache, die mit der Aufklärung irreversibel begonnen hat, vollendet sich erst hier, wo das philosophische Idiom sich gewissermaßen *neben* die Alltagssprache setzt; die Wendung vollendet sich in einer philosophischen Sprache, die nahe an der Alltagssprache bleibt und gerade dadurch ihre Irritationseffekte erzeugen kann. – Ich kann mir die Sprachexperimente Hegels und Hölderlins dabei nie anders denn als jugendliche und gewissermaßen pop-kulturelle vorstellen. Ihre

Sprache ist eine, die den Alten irgendwie bekannt vorkommt, die diese aber doch nie verstehen werden. Es ist eine Sprache, die dunkel und zugleich witzig, gewichtig und zugleich kalauerhaft daherkommt; kurz, eine Sprache, in die man eingeweiht werden muss, und nur die Jungen haben Zutritt: *Sprich fremde Sprachen im eigenen Land.*[141]

Der Witz an der Logik. Die größte Irritationskraft der Hegel'schen Sprache liegt vielleicht darin, dass der sprachliche Humor, die Sprachspiele und Kalauer hier durchweg logisch-wissenschaftlichen Anspruch erheben; der Witz wird systemrelevant. Und so ist es sicher kein Zufall, dass Hegel Hölderlins »falsche« Etymologie des Urteils ausgerechnet in der »subjektiven Logik« wieder aufnimmt und weiterspinnt, einem der strengsten Teile seiner *Wissenschaft der Logik*.

Hier, und nur hier, handelt Hegel das ab, was wir heute noch unter Logik verstehen: formale Logik, die Lehre vom logischen Schließen, Syllogistik. Hegel unterteilt diesen Abschnitt in drei Kapitel: »Der Begriff«, »Das Urteil«, »Der Schluß«. Schon aus der Gliederung ersehen wir die zentrale Rolle des Urteils: Es besetzt den Umschlagpunkt der Negation, den Punkt, wo der Begriff zum Schluss sich wendet.

Der Begriff ist einpolig: Er beruht auf der Einheit von Sache und Begriff. Der dreipolige Schluss führt vor, wie aus zwei Prämissen eine Konklusion gezogen wird, in der einfachsten Form: *Wenn a und wenn b, dann c.* Der Schluss ist dabei die eigentliche Erkenntnisform der Vernunft, weil nur hier aus Sätzen Erkenntnisse geschöpft werden, die unabhängig von irgendwelcher Empirie sind.

Das Urteil ist in seiner Grundform hingegen zweipolig: *a ist b*; von einen Subjekt S wird ein Prädikat P ausgesagt. Das (zweipolige) Urteil überführt den (einpoligen) Begriff in den (dreipoligen) Schluss und ermöglicht so erst die Vollendung der Vernunft. Wie schafft das Urteil das?

Der Begriff postuliert eine Einheit von Sache und Begriff, die aber zunächst eine bloß behauptete ist. Ein wirklicher Begriff wäre einer, der dem Einzelnen – jedem Einzelnen – angemessen wäre, aber damit verlöre der Begriff jede Allgemeinheit; und zugleich ist es die Tendenz jedes allgemeinen Begriffs, seine leere Allgemeinheit zu überwinden und zum Einzelnen zu finden. Nüchtern und in Anspielung auf die uns schon bekannte Innigkeit von *Bestimmung* und *Auflösung* beschreibt Hegel die Lage:

> »Es fällt von selbst auf, daß jede Bestimmung, die in der bisherigen Exposition des Begriffs gemacht worden, sich unmittelbar aufgelöst und in ihre andere verloren hat. Jede Unterscheidung confondirt sich in der Betrachtung, welche sie isoliren und festhalten soll. Nur die bloße *Vorstellung*, für welche sie das Abstrahiren isolirt hat, vermag sich das Allgemeine, Besondere und Einzelne fest auseinanderzuhalten« (III, 50).

Diese selbstzerstörerische Dynamik, die dem Begriff schon in seiner einfachen Form innewohnt, hat Hegel zuvor bereits in angemessener Drastik ausgeführt:

> »Die höchste Reiffe und Stuffe, die irgend Etwas erreichen kann, ist diejenige, in welcher sein Untergang beginnt. Das Feste der Bestimmtheiten, in welche sich der Verstand einzurennen scheint, die Form des Unvergänglichen ist die der sich auf sich beziehenden Allgemeinheit. Aber sie gehört dem Begriffe zu eigen an; und daher liegt in ihr selbst die *Auflösung* des Endlichen ausgedrückt, und in unendlicher Nähe. Diese Allgemeinheit *arguirt* unmittelbar die Bestimmtheit des Endlichen und *drückt* seine Unangemessenheit zu ihr *aus*« (III, 42).

Das Wort »arguieren« ist eines von Hegels »bon mots«, auch wenn er es nur ein einziges Mal benutzt. »Arguieren« meint gewissermaßen die Umkehrung des notorischen »Aufhebens«; »arguiren« heißt: anzeigen, erörtern, beweisen, bestreiten, bezanken, beschuldigen, überführen, und all das müssen wir hier mithören. Die Allgemeinheit zeigt die Bestimmtheit des Endlichen an und erörtert und bestreitet sie damit in einem.

Jeder Bestimmungsversuch des Begriffs in seiner einfachen Form scheitert also, und doch ist klar, dass in der Wissenschaft der Logik (und in der *Wissenschaft der Logik*) ohne den Begriff alles nichts ist –

immerhin ist das ganze dritte und abschließende Buch der »Lehre vom Begriff« gewidmet; ohne Begriff werden wir nie die letzte Form der Idee erreichen.

Aus diesem Dilemma führt das Urteil: Es löst die bloß behauptete, aber noch nicht durchgeführte Einheit des Begriffs auf und setzt die Bestandteile dann wieder neu zusammen. Und hier hat denn auch Hölderlins Etymologie des Urteils als eines Ur-Teilens ihren Auftritt in Hegels *Logik*:

> »Es kann nun die Betrachtung des Urtheils von der ursprünglichen Einheit des Begriffes oder von der Selbständigkeit der Extreme ausgehen. Das Urtheil ist die Diremtion des Begriffs durch sich selbst; *diese Einheit* ist daher der Grund, von welchem aus es nach seiner wahrhaften *Objectivität* betrachtet wird. Es ist insofern die *ursprüngliche Theilung* des ursprünglich Einen; das Wort: URTHEIL bezieht sich hiermit auf das, was es an und für sich ist.« (III, 55)[142]

Das Urteil vollstreckt eine Trennung, eine Zerreißung – im Wort Diremption ist die Gewaltsamkeit des Vorgangs aufbewahrt –, die im Begriff (in seiner einfachen Form) selbst schon steckt, weil er zwei Seiten zusammenbindet, ohne sie wirklich zu verbinden. In der forcierten Formulierung von der »ursprünglichen Teilung des ursprünglich Einen« werden die zwei Stufen des Urteils bei Hölderlin (Trennung und Verbindung) ineinandergeschoben. Und man könnte weiter verdichten: Urteil ist Ursprung, weil in diesem schon der Sprung steckt, durch den das Eine immer schon gesprungen ist; angesprochen ist ein irreparabler, sich ausbreitender Sprung in der Identität des Seins.

Das Urteil hat als Vollzugsform der Spaltung nun den Vorteil, die sprachliche Natur von Begriff, Urteil und Schluss, die sprachliche Natur der ganzen »subjektiven Logik« also, mit in den Blick zu nehmen. Denn bei der Spaltung, die das Urteil am Begriff vollstreckt, kommen nicht selbst wieder Begriffe heraus, sondern sprachlich-analytische Einheiten, bloße »Nahmen« (III, 54) einer grammatischen Funktionsbeziehung: Das Urteil »enthält also die beyden Selbständigen, welche

Subject und *Prädicat* heißen« (III, 53).

Das Urteil hat die Grundform, dass von einem Subjekt ein Prädikat ausgesagt wird, dass an einem Subjekt eine Prädikation vorgenommen wird. Damit führt das Urteil zu einer ersten sprachlichen Bestimmung des Begriffs, zu einer ersten »*Realisirung* des Begriffs« (III, 53) in Gestalt der Sprache.

Gleichzeitig aber, und darauf weist Hegel sofort hin, darf die sprachliche Form des Satzes nicht mit dem Urteil überhaupt identifiziert werden. Das Urteil hat eine bestimmte und bestimmende Funktion – es fungiert als Negation des Begriffs und als Überleitung zum Schluss –, und darum ist es *in dieser Funktion* auch wieder zum Verschwinden bestimmt. Das Urteil de-realisiert sich im Schluss, ohne dass damit auch die *sprachliche Form überhaupt* zum Verschwinden gebracht würde.

Die getroffene Unterscheidung fixiert Hegel schließlich als die zwischen Grammatik und Logik:

> »Im *grammatischen* Sinne hat jenes subjective Verhältniß, in welchem von der gleichgültigen Aeusserlichkeit des Subjects und Prädicats ausgegangen wird, sein vollständiges Gelten; denn es sind *Worte*, die hier äusserlich verbunden werden. – Bey dieser Gelegenheit kann auch angeführt werden, daß ein *Satz* zwar im grammatischen Sinne ein Subject und Prädicat hat, aber darum noch kein *Urtheil* ist. Zu letzterem gehört, daß das Prädicat sich zum Subject nach dem Verhältniß von Begriffsbestimmungen, also als ein allgemeines zu einem besonderen oder einzelnen verhalte.« (III, 55)

Ohne begriffliche Bestimmung kein Urteil. Das Urteil muss gewissermaßen etwas Neues beibringen, es muss eine Verknüpfung herstellen, die in den Bestandteilen noch nicht enthalten ist. Oder bestimmter: Ein Satz wird nur dann zum Urteil, wenn er auf eine Frage oder einen Zweifel reagiert. Das Beispiel, das Hegel dann anführt, ist dann freilich höchst seltsam, weil es das »Seyn des Subjects«, von dem zuvor nur in grammatischem und logischem Sinn die Rede war, plötzlich und unvermittelt in einer existenzialen Hinsicht konkretisiert:

»Drückt das, was vom einzelnen Subjecte gesagt wird, selbst nur etwas einzelnes aus, so ist diß ein blosser Satz. Z. B. Aristoteles ist im 73sten Jahre seines Alters, in dem 4ten Jahr der 115ten Olympiade gestorben – ist ein blosser Satz, kein Urtheil. Es wäre von letzterem nur dann etwas darin, wenn einer der Umstände, die Zeit des Todes oder das Alter jenes Philosophen in Zweiffel gestellt gewesen, aus irgend einem Grunde aber die angegebenen Zahlen behauptet würden. Denn in diesem Falle, würden dieselben als etwas allgemeines, auch ohne jenen bestimmten Inhalt des Todes des Aristoteles bestehende, mit anderem erfüllte oder auch leere Zeit genommen.« (III, 55 f.)

Nun ist Aristoteles zwar ein sterblicher Mensch gewesen, aber sein Tod liegt lange zurück und ist insgesamt eher unzweifelhaft. Verstörend, aber konsequent ist darum der Nachsatz, den Hegel unvermittelt und ohne weiteren Kommentar anfügt: »So ist die Nachricht: mein Freund N. ist gestorben, ein Satz; und wäre nur dann ein Urtheil, wenn die Frage wäre, ob er wirklich todt oder nur scheintodt wäre.« (III, 56) Die Hegel-Forschung hat sich, soweit ich sehe, bisher nicht der Frage angenommen, wer dieser Freund N. ist. Wenn hier »mein Freund H.« stünde, wäre die Sache klar. Hölderlin ist zu dieser Zeit schon seit zehn Jahren der Welt abhanden gekommen, und manch einer hat sich die Frage gestellt, ob dessen Zeit im Turm eigentlich »erfüllte oder auch leere Zeit« sei. Erst viel später hat man das tragische Urteil über den späten Hölderlin revidiert. Das verstörende Bespiel des scheintoten Freundes N. folgt bei Hegel jedenfalls nur wenige Zeilen auf die begriffliche (aber namenlose) Erinnerung an die frühe Einsicht des wahnsinnig gewordenen Freundes H., die Einsicht in die Natur des Urteils als Spaltung und Übergang im Herzen des Seins.

Ungeschickt. Die Beispiele vom Sein und Nicht-Sein der Subjekte A. und N. heben die Leistungsfähigkeit des Urteils über die des bloßen Satzes heraus. Ganz am Anfang der *Seinslogik* hatte Hegel umgekehrt schon auf die Grenzen des Urteils aufmerksam gemacht. In der zweiten Anmerkung zur Dialektik von Sein, Nichts und Werden erklärt Hegel, warum der Satz »Sein und Nichts ist ein und dasselbe« unvollkommen sei und damit ganz zu Recht Widerwillen errege:

> »Der Akzent wird nämlich vorzugsweise auf das *Eins-und-Dasselbe*-sein gelegt, und der Sinn scheint daher zu sein, daß der Unterschied geleugnet werde, der doch zugleich im Satze selbst unmittelbar vorkommt; denn der Satz spricht die beiden Bestimmungen, Sein und Nichts, aus und enthält sie als unterschiedene. [...] Insofern der Satz: *Sein und Nichts ist dasselbe*, die Identität dieser Bestimmungen ausspricht, aber in der Tat sie ebenso als unterschieden enthält, widerspricht er sich in sich selbst und löst sich auf. Es ist also hier ein Satz gesetzt, der näher betrachtet die Bewegung hat, durch sich selbst zu verschwinden. Damit geschieht an ihm das, was seinen eigentlichen Inhalt ausmachen soll, nämlich das *Werden*.« (I, 53 f.)

Hegel führt hier an einem Satz – an einem der wichtigsten Sätze der *Logik* – vor, was er über dessen Bestandteile ausgeführt hat (»Sein« und »Nichts« werden auseinandergehalten und zugleich zusammengeführt), und er zeigt, dass der Satz an sich selbst die Bewegung des Verschwindens ausführt, die in ihm ausgesagt wird. In der Sprache der Sprechakttheorie: *Konstative* und *performative* Dimension des Satzes fallen ineinander, der Satz praktiziert, was er predigt.

Das Problem an dem Satz ist allerdings, dass er zwar tut, was er sagt, aber dass er das *nicht weiß*; der Satz führt konstative und performative Dimension zusammen, aber er reflektiert diese Bewegung nicht und kann sie nicht selbst in seine sprachliche Form als Satz umsetzen: »Der Satz enthält somit das Resultat, er ist an sich das Resultat selbst; aber es ist nicht in ihm selbst in seiner Wahrheit *ausgedrückt*; es ist eine äußere Reflexion, welche es in ihm erkennt.« (I, 54)

Der Satz führt aus, was er sagt, aber er kann es nicht ausdrücken, er kann seinen Gehalt nicht in die Form bringen, die der Bewegung des Gedankens angemessen wäre.

Davon ausgehend verallgemeinert Hegel schließlich den Befund in Hinblick auf Satz und Urteil überhaupt, und ich zitiere nach der überarbeiteten Fassung von 1831, in der Hegel schon das Unverständnis reflektiert, auf das die erste Auflage von 1812 vielfach gestoßen ist:

> »Es muß hierüber sogleich im Anfange diese allgemeine Bemerkung gemacht werden, daß der Satz, in *Form eines Urtheils*, nicht geschickt ist, speculative Wahrheiten auszudrücken; die Bekanntschaft mit diesem Umstande wäre geeignet, viele Mißverständnisse speculativer Wahrheiten zu beseitigen. Das Urtheil ist eine *identische* Beziehung zwischen Subject und Prädicat; es wird dabey davon abstrahirt, daß das Subject noch mehrere Bestimmtheiten hat als die des Prädicats, so wie davon, daß das Prädicat weiter ist als das Subject. Ist nun aber der Inhalt speculativ, so ist auch das *Nichtidentische* des Subjects und Prädicats wesentliches Moment, aber diß ist im Urtheile nicht ausgedrückt. Das paradoxe und bizarre Licht, in dem Vieles der neueren Philosophie den mit dem speculativen Denken nicht Vertrauten erscheint, fällt vielfältig in die Form des einfachen Urtheils, wenn sie für den Ausdruck speculativer Resultate gebraucht wird.« (I, 78*)

Der Satz in der Form des Urteils setzt identische Beziehungen, wo es doch eigentlich darauf ankäme, Nichtidentität auszudrücken. Das »spekulative Denken« und die »spekulative Wahrheit« liegen im »Fassen des Entgegengesetzten in seiner Einheit« (I, 24). Aber das Erfassen von Einheit muss nicht unbedingt im Setzen von Identität bestehen; es käme vielmehr darauf an, die *Einheit* des Entgegengesetzten *als Verhältnis von Nichtidentität* auszudrücken.

Wenn das Urteil, wie sich später zeigt, eine ursprüngliche Teilung *und* das darauffolgende Zusammenführen der Geteilten anspricht, dann geschieht diese Neuzusammensetzung normalerweise unter der Maßgabe der Identität. Das »spekulative Denken« jedoch unterbricht die Identifikationskette, die Subjekt und Prädikat, Einheit und Identität aneinanderbinden; es betont in jeder Einheit die Unterschiedenheit und sucht nach sprachlichen Ausdruckformen, in denen nicht gewissermaßen unter der Hand, schon durch die rein grammatische Struktur, die Identität als alternativloses logisches Verhältnis eingeführt und durchgesetzt wird.

Es ist dieses Denken, es ist aber noch mehr die sprachliche Form, die dieses Denken annimmt, die dem Alltagsdenken und -sprechen bizarr, die der Doxa paradox erscheinen müssen. Was hier nottut, ist Übung und Einübung der Denkkraft, die sich nicht nur von ihren eingespielten Denk-, sondern auch von ihren Sprachroutinen verabschieden muss. *Du sollst nicht urteilen!* – so lautet der kategorische Imperativ des spekulativen Denkens.

VIII *Urtheil und Seyn* des Politischen

Wenn das Urteil also nicht geschickt ist, spekulative Wahrheiten auszudrücken – was drückt es dann aus? Können wir überhaupt am Urteil eine Ausdrucksseite wahrnehmen, die jenseits des von ihm selbst erhobenen Anspruchs liegt, identische Beziehungen von Subjekt und Prädikat auszusagen? Bevor wir uns im nächsten Kapitel mit der Frage beschäftigen, in welcher Form Hegel schließlich versucht, spekulative Wahrheiten in seiner *Logik* auszudrücken, ohne in die Form des Urteils zurückzufallen, lohnt ein Seitenblick auf die Ausdrucksqualität des Urteils, weil sich nämlich genau hier – an wohl unerwarteter Stelle – ein politischer Gehalt der *Logik* zeigt. Der Satz in der Form des Urteils erweist sich durchaus als geschickt, *politische* Wahrheiten auszudrücken, gerade indem und vielleicht weil er seinen spekulativen Anspruch verfehlt.

Fortbildung des Allgemeinen. Im Zentrum des langen Kapitels über das Urteil steht der Abschnitt über das »Urtheil der Reflexion«: So wie das Kapitel über das Urteil als Ganzes den Umschlagpunkt zwischen Begriff und Schluss markiert, so markiert das Reflexionsurteil den Umschlag zwischen dem »Urtheil des Daseyns« und dem »Urtheil der Nothwendigkeit«.[143] Nach der Lehre von den sich überlagernden Sphären findet man das Ganze der *Logik* auch im Kapitel über das Urteil wieder: Das »Urtheil des Daseyns« entspricht im Ablauf des Ganzen der *Seinslogik*, das »Urtheil der Reflexion« der *Wesenslogik*, das »Urtheil der Notwendigkeit« der *Begriffslogik*.

Im »Urtheil der Reflexion« wird das Verhältnis von Einzelnem und Allgemeinem neu austariert. Das Urteil der Reflexion drückt – der Position des Wesens entsprechend – bereits »eine Wesentlichkeit« des Einzelnen aus, aber noch im Modus der »*zusammenfassenden* Allgemeinheit«: Das Einzelne wird bestimmt durch ein »*Zusammenneh-*

men mannichfaltiger Eigenschaften und Existenzen«, das sich im Akt der Prädikation von einem Subjekt ausspricht (III, 71). In den Beispielen, die Hegel aufführt, treten einzelne Subjekte schon mit einem Anspruch auf Allgemeinheit auf: »der Mensch«, »die Dinge« usw. Diesen Subjekten werden nun Prädikate zugesprochen, deren Allgemeinheit aber noch durch die Aufzählung von Eigenschaften eruiert werden muss: »[D]er Mensch ist *sterblich*, die Dinge sind *vergänglich*, diß Ding ist *nützlich, schädlich, Härte, Elasticität* der Körper, die *Glückseligkeit* usf. sind solche eigentümliche Prädicate« (III, 71). Die »zusammenfassende Allgemeinheit« ist somit noch nicht die »wahrhafte Allgemeinheit« des Begriffs, die nicht mehr von Akten der Sammlung und Zusammenfassung abhängig ist, sondern sich nur durch innere, immanente Notwendigkeit selbst bestimmt (vgl. III, 77).

Der Fortgang der Formen des Urteils ist also auch der Prozess einer immer weitergehenden Herausbildung des Allgemeinen (vgl. III, 77). Wenn Hegel die Reflexionsurteile auch als »Urtheile der Subsumtion« benennt, dann geht es hier um verschiedene Weisen, wie Einzelnes dem Allgemeinen subsumiert wird; es geht aber auch darum, dass das Allgemeine überhaupt erst einen eigenständigen Status erlangt, dem dann Einzelnes zu- und untergeordnet werden kann.

Der Prozess der Verselbständigung, oder, um es paradox zu fassen: der Verallgemeinerung des Allgemeinen vollzieht sich im Abschnitt über das »Urtheil der Reflexion« wiederum auf drei Stufen: vom »singulären« über das »particuläre« zum »universellen Urtheil«. Die Grundform des »singulären Urteils« lautet: *»Das Einzelne ist allgemein«*; dem einzelnen Subjekt wird prädikativ eine Allgemeinheit zugesprochen. In der Sphäre der Reflexion lautet die Grundform dieses Urteil nun aber: *»Dieses ist ein wesentlich allgemeines.«* Und subtil fährt Hegel fort: »Aber ein Dieses ist *nicht* ein wesentlich allgemeines«, und betont werden muss hier das »ein« vor »Dieses« (III, 72): Nur weil ein Einzelnes als wesentlich allgemein ausgesagt wird, heißt das nicht, dass das Allgemeine nur in diesem *einen* Einzelnen (in diesem *einen* Diesen) existiert. Das singuläre Urteil muss also auch umgekehrt werden, um wahr zu bleiben: »*Nicht ein Dieses* ist ein Allgemeines der Reflexion«; das Allgemeine hat »eine allgemeinere Existenz« bloß *in* diesem einen Einzelnen (nicht *als* es) (III, 72 f.).

Damit ist der Übergang zum »particulären Urteil« nicht nur vorbereitet, sondern bereits vollzogen: Es hat sich gezeigt, dass das Reflexionsurteil nicht von *einem* Einzelnen, nicht von »diesem« einen einzelnen Subjekt ausgehen kann, sondern nur von der »Nicht-Einzelnheit des Subjects«, die dann eben nicht mehr als Einzelnheit, sondern als »Besonderheit« angesprochen wird (III, 73). Diese »Nicht-Einzelnheit« (des Besonderen) ließe sich vielleicht durch einen Wechsel in die Kleinschreibung ausdrücken: Es ist nicht die Einzelnheit des Subjekts, sondern ein einzelnes Subjekt, von dem das Allgemeine ausgesagt wird; ein einzelnes Subjekt unter anderen einzelnen Subjekten. Das Subjekt vervielfacht sich, ist nun bestimmt als »*Einige Diese*, oder eine *besondere Menge* von Einzelnen« (III, 73).

Im »particulären Urtheil« gibt es »einige Einzelne«, von denen ein wesentlich Allgemeines ausgesagt wird. Damit wird das partikuläre Urteil aber auch »unbestimmt« – denn die Bestimmung »einige sind x« impliziert, dass »einige andere« von x ausgeschlossen bleiben. Die Bestimmung aber, für welche »einige« die Prädikation zutrifft und für welche nicht, bleibt »eine äußerliche«: »*Dieses* ist ein vollkommen bestimmtes, *einiges Dieses* aber ist unbestimmt.« (III, 74) Hegel schreibt, dass wir es hier mit einer »*Erweiterung* des *Diesen* zur Besonderheit« zu tun haben: »allein diese Verallgemeinerung ist ihm nicht angemessen« (III, 74).

Das führt schließlich zur dritten Form des Reflexionsurteils, zum universellen Urteil. Die Stufe der Allgemeinheit, die hier erreicht wird, ist die »Allheit«: Aus *einige* wird *alle*, und »*Alle* sind alle *Einzelne*«. Die Allgemeinheit tritt hier als »Gemeinschaftlichkeit« auf (III, 74). Schon aus der Tatsache aber, dass diese Form dem »subjectiven *Vorstellen*« als Erstes einfällt, wenn von Allgemeinheit die Rede ist, macht Hegel misstrauisch (und vielleicht auch die Tatsache, dass »Allheit« ein Zentralbegriff Schellings ist). Denn bei der »Allheit« bleibt unbestimmt, ob diese »*als Totalität*« ausgesprochen wird, die Alle von innen her begreift – dann freilich wäre die Allheit schon nicht mehr ein »Urtheil der Reflexion«, sondern schon ein solches der »Nothwendigkeit« oder des »Begriffs« –, oder ob Allheit hier nicht doch einfach die »empirische Allgemeinheit« (III, 75), eine äußerliche Zusammenfassung aller Einzelnen meint. Es bleibt also der Verdacht, dass im universellen Urteil »nur die *Vielheit* für die Allheit« genommen wird: »[D]ie Vielheit jedoch, so groß sie auch sey, bleibt schlechthin nur Particularität, und ist nicht Allheit«. Im Begriff der Allheit lauert so der alte Feind, die schlechte Unendlichkeit, und das »universelle Urteil« enthüllt sich als bloß besonders elaborierte Form des »Progreß ins Unendliche« (III, 75).

Von der Allgemeinheit zum Universalismus. Um frei zu sprechen: Ich kann nicht behaupten, alle Feinheit der Bestimmung dieses Abschnitts der *Logik* – des ganzen Abschnitts der »subjektiven Logik« zu Begriff, Urteil und Schluss – bis ins Letzte verstanden zu haben. Vieles davon kommt mir wie das sprichwörtliche Glasperlenspiel vor, dem man sich hingeben mag, das aber jenseits seiner eigenen Regeln keinen weitergehenden Sinn beanspruchen kann. Im Abschnitt über das »Urtheil der Reflexion« verhält es sich allerdings anders, und zwar gerade durch die Beispiele, die Hegel hier für die verschiedenen Formen des Urteils und die damit einhergehenden Stufen der Allgemeinheit aufbietet. Die Beispiele sind alles andere als beliebig. In diesem Abschnitt, wie auch an vielen anderen Stellen, hat die Leserin den Eindruck, dass nicht die Beispiele dazu da sind, die auch ohne sie funktionierende Argumentation zu bebildern, sondern, umgekehrt, dass die Argumentation nur um der Beispiele willen da ist, dass das Wesentliche der Argumentation in den Beispielen steckt.

Das Beispiel, das Hegel im Abschnitt über das Reflexionsurteil wählt, ist politisch bzw. genauer: Es geht im Beispiel um die Genese des Politischen vom Menschen, oder besser: von *den* Menschen her. Das Beispiel wird erst bei der zweiten Form, dem particulären Urteil eingeführt, wo es schon »Einige« – »einige Menschen« in einer Pluralität – gibt:

> »In dem Urtheile *einige* Menschen sind glückseelig, liegt *die unmittelbare Consequenz: einige* Menschen sind *nicht* glückseelig. Wenn *einige* Dinge nützlich sind, so sind eben deßwegen *einige* Dinge *nicht* nützlich. Das positive und negative Urtheil fallen nicht mehr aussereinander, sondern das particuläre enthält unmittelbar

beyde zugleich, eben weil es ein Reflexionsurtheil ist. – Aber das particuläre Urteil ist darum *unbestimmt*.«

Hier haben wir also noch einmal das Beispiel für die wesentliche Unbestimmtheit des »particulären Urtheils«. Dann aber fährt Hegel fort, sich um das Subjekt des Urteils zu kümmern:

> »Betrachten wir weiter in dem Beyspiele eines solchen Urtheils das Subject, *einige Menschen, Thiere* u. s. f. so enthält es ausser der particulären Formbestimmung: Einige, auch noch die Inhaltsbestimmung: *Mensch* u. s. f. Das Subject des singulären Urtheils konnte heissen: *Dieser Mensch*, eine Singularität, die eigentlich dem äusserlichen Monstriren angehört; es soll daher vielmehr lauten, etwa Cajus. Aber das Subject des particulären Urtheils kann nicht mehr seyn: *Einige Caji*; denn Cajus soll ein Einzelner als solcher seyn. Dem Einigen wird daher ein allgemeinerer Inhalt beygegeben, etwa *Menschen, Thieren u. s. f.* Diß ist nicht bloß ein empirischer, sondern durch die Form des Urtheils bestimmter Inhalt; er ist nemlich ein *Allgemeines*, weil *Einige* die Allgemeinheit enthält, und sie zugleich von den Einzelnen, da die reflectirte Einzelheit zu Grunde liegt, getrennt seyn muß.« (III, 73)

Cajus, das ist der Junge, der auch in klassischen Latein-Lehrbüchern immer als Beispiel auftaucht (und der spätere Held der Kinderbuchreihe von Henry Winterfeld). Der Übergang vom singulären Urteil »Cajus ist glücklich« ins particuläre Urteil kann nicht in der einfachen, aber grammatisch korrekten Vervielfachung von Cajus zu Caji liegen; der Satz »Einige Caji sind glücklich« ist offensichtlich absurd. Deshalb muss der Übergang vom singulären zum partikulären Urteil auch auf das Subjekt ausgreifen und dieses modifizieren, und zwar nicht bloß numerisch. Damit Cajus als singulärer Einzelner auch in der partikulären Allgemeinheit der »Einigen« enthalten bleibt, muss in der Ansprache der »Einigen« bereits ein Vorgriff auf eine andere Allgemeinheit stattfinden, auf einen »allgemeinen Inhalt« des Subjekts, der nicht äußerlich-empirisch ist, sondern in der Form des Urteils, in der Form des »einige« schon enthalten liegt. Hegel spricht auch von einer Antizipation des Allgemeinen im Partikulären (vgl. III, 74). »Mensch« als »allgemeiner Inhalt« (des Subjekts des Urteils) ist impliziert, aber auch getrennt von »den einigen«, weil der »allgemeine Inhalt« (oder die »allgemeine Natur«; III, 73) für einige andere eben auch gilt, die vom Prädikat des »particulären Urtheils« ausgeschlossen werden (die etwa unglücklich sind, aber doch Menschen bleiben). Deshalb darf der antizipierte »allgemeine Inhalt« des Subjekts noch nicht mit dem »particulären Urtheil« überhaupt identifiziert werden; die Verbindung bleibt – eben weil sie bloß eine antizipierte ist – noch äußerlich und unbestimmt.

Diesen letzten Schritt: den Schritt der Gleichsetzung des formal bedingten allgemeinen Inhalts mit dem Urteil selbst vollzieht sich erst auf der dritten Stufe, in der Form des universellen Urteils. Und hier führt Hegel dann auch das Beispiel zu seinem Ziel:

> »Näher nun das *universelle Urtheil*, bey dem wir stehen, betrachtet, so hat das Subject, das, wie vorhin bemerkt worden, die an- und-fürsichseiende Allgemeinheit *als vorausgesetzte* enthält, [dieselbe] nun auch als *gesetzte* an ihm. *Alle Menschen* drückt *erstlich* die *Gattung* Mensch aus, *zweytens* diese Gattung in ihrer Vereinzelung, aber so daß die Einzelnen zugleich zur Allgemeinheit der Gattung erweitert sind; umgekehrt ist die Allgemeinheit durch diese Verknüpfung mit der Einzelheit eben so vollkommen bestimmt, als die Einzelheit; hiedurch ist die *gesetzte* Allgemeinheit der *vorausgesetzten* GLEICH geworden.« (III, 75 f.)

Die Grundbewegung ist bekannt: Das, was zuvor nur »vorausgesetzt« – im Abschnitt davor heißt es: »anticipirt« – war, soll nun »gesetzt« werden. Die implizite Allgemeinheit des particulären Urtheils soll expliziert, soll bewusst nachvollzogen und affirmiert werden. Die an-und-fürsichseiende, gesetzte Allgemeinheit, die »in dem Beispiele« nun ausgesprochen werden kann, ist die der Gattung: In diesem Begriff kommt die nicht zusammenfassende Allgemeinheit aller Menschen zum Ausdruck – es ändert sich nichts am Gattungsbegriff, egal welche und wie viel empirische Beispiele wir heranbringen –, und zugleich bleibt die Singularität aller einzelnen Menschen erhalten.

Und drittens ist die »Gattung Mensch« in ihrer Vereinzelung klar und bestimmt abgehoben von allen anderen Gattungen, mit denen sie aber doch die Bestimmung teilt, eben Gattung zu sein.

Wirklich bemerkenswert an diesem Abschnitt ist der letzte Satz, und hier besonders das typografisch hervorgehobene »gleich«. Hegel arbeitet viel mit Sperrungen; der Wechsel der Typen gehört zum gestischen, fast möchte ich sagen: zum gymnastischen Moment des Hegel'schen Textes. Die zusätzliche Hervorhebung durch Kapitälchen ist selten. Spätestens durch dieses Detail wird deutlich, dass es hier, an dieser Stelle, bei diesem Beispiel immer auch noch um etwas anderes geht. Es geht nicht nur darum, dass – in der Logik der *Logik* – die Setzung der Voraussetzung »gleich« wird. Es geht darüber hinaus und vielleicht *vor allem und eigentlich* um die Genese der Denkform der Gleichheit, der Egalität, die eben immer auch – und jedenfalls nie *nicht* – politisch verstanden werden kann und muss: Wenn wir von einer Allgemeinheit ausgehen, die den oder »dem Menschen« zugesprochen werden kann, dann müssen wir schließlich auch nachvollziehen, dass sich diese Allgemeinheit nicht partikularisieren lässt. Man kann nicht die Glückseligkeit für »einige Menschen« reservieren, und sie anderen vorenthalten, weil schon die Wendung »einige Menschen« – rein logisch – eine Allgemeinheit der oder des Menschen voraussetzt, die wir dann auch setzen: denken und nachvollziehen müssen. Wir müssen zur Setzung »alle Menschen« durchsteigen, in dem dann erst die Allgemeinheit vollkommen realisiert ist, die schon in dem ersten und einfachen Satz »Cajus ist ein Mensch« steckt.

Wir haben es hier mit der harten, weil rein logisch auftretenden Begründung eines politischen Universalismus und eines politischen Egalitarismus zu tun. Der egalitäre Universalismus erscheint dabei als *Resultat*, und nicht als bloße Voraussetzung; er muss auch logisch allererst und immer wieder zustande gebracht werden; er ist keine Gegebenheit.

Das wird deutlich, wenn Hegel die schon erreichte Allgemeinheit, die er mit der Gattung in Verbindung bringt – mit der *L'espèce humaine*[144] –, noch einmal als Prozess der *Herausbildung* resümiert und auf eine neue Ebene der Singularisierung hebt:

> »Das Resultat ist somit in Wahrheit die *objective Allgemeinheit.* Das Subject hat insofern die Formbestimmung des Reflexionsurtheils, welche vom *Diesem* durch *Einiges* zur *Allheit* hindurchging, abgestreift; statt *Alle Menschen* ist nunmehr zu sagen: *der Mensch.*« (III, 76)

»Alle Menschen« ist als Allgemeinheit im Kollektivsingular »der Mensch« aussagbar; die Gattung markiert diese »objektive Allgemeinheit«. Gleichzeitig aber muss der *Durchgang* vom Singulären durch die Partikularität zur Universalität und schließlich zur Gleichheit in dem Begriff »der Mensch« (und noch mehr in Begriffen wie »die Menschheit« o. ä.) *erinnert* bleiben; die Universalität ist keine Gegebenheit, sondern der Prozess, der erst zu ihr selber führt. Universalismus ist Universalisierung, die jeder bloß antizipierten Allgemeinheit und Gleichheit nachspürt und diese offen und offensiv zustande bringen will. Genau deshalb sind Universalismus und Egalitarismus aber auch immer prekäre Größen, sie können widerrufen werden oder einfach durch Laxheit hinter sich selbst zurückfallen – das wird in Hegels delikaten Begriffsbestimmungen vor allem deutlich.

Durch die Notwendigkeit eines solchen Durchgangs durch die Formen des Singulären und Partikulären steht die universelle Gleichheit auch immer in Gefahr, wieder in offene Partikularität oder in eine Ideologie des Allgemeinen abzugleiten: *Ideologie* in dem Sinn, dass wieder nur eine Vielheit sich als Allheit ausgibt und »für Allheit genommen« wird. Und gleichzeitig ist der Durchgang zur Universalität auch nur möglich, wenn diese Verkennung, dieses »eine Vielheit für die Allheit nehmen«, wenn diese Verwechslung erst einmal stattgefunden hat. Jeder Prozess einer egalitären Universalisierung muss notwendig durch das hindurchsteigen, was zugleich die Möglichkeit einer ideologischen Verkennung oder Täuschung schon birgt. Der proletarische Universalismus – *zum Beispiel* –, der im geknechteten Proleten den Menschen sieht, kann die Verwirklichung realer Humanität nur durch das Nadelöhr des »wir Arbeiter« einfädeln. Mit dieser notwendigen Fehl-Identifikation, die sich am Ende aufheben und überflüssig machen wird, ist die Gefahr zahlreicher und blutiger Ausschließungen verbunden, die auf dem langen historischen Weg, der sich hier anschließt, auch alle exekutiert wurden. Dass dieses Risiko nicht zu umgehen ist, das wussten die posthegelianischen Revolutionäre des Vormärz, das wussten der junge Marx, Wilhelm Weitling oder auch – eine erste Ausgrenzung schon vehement bekämpfend – Flora Tristan bereits allzu gut.[145]

Maritza, 9. 3. 2020. Den Ernstfall des logischen Universalismus Hegels hat Heiner Müller in *Germania 3* formuliert, und er hat die Alternative, vor die uns dieser Universalismus stellt, nicht zufällig ausgerechnet Adolf Hitler in den Mund gelegt:

> »Gegen das verlogene Geschwätz der Pfaffen LIEBET EURE FEINDE das ehrliche Gebot des deutschen Katechismus VERNICHTET SIE WO IHR SIE TREFFT. Gegen die Lebenslüge des Kommunismus KEINER ODER ALLE die einfache und volkstümliche Wahrheit FÜR ALLE REICHT ES NICHT.«[146]

Die Lebenslüge der *Logik* liegt vielleicht darin, den egalitären Universalismus dadurch unabweisbar machen zu wollen, dass er genetisch hergeleitet und geltungslogisch bewiesen wird. Das hat noch keinen Partikularisten je geschreckt. Gleichzeitig aber gibt einem die *Logik* vielleicht auch, zusammen mit Müller, eine Anweisung an die Hand: Womöglich sollte man all diejenigen, die immer wieder gern vom Menschen oder den Menschen (von den »einfachen Menschen« oder »dem Volk«) reden, vom Universalismus des »alle Menschen« aber nichts hören wollen, jene Alternative vor Augen führen, die Müllers Hitler uns an den Kopf wirft, und sie zu einem Bekenntnis zwingen: Bist Du, sind wir tatsächlich bereit, den Satz »Für alle reicht es nicht« als kategorischen Imperativ unseres politischen Handels anzuerkennen (und mit Tränengasgranaten und Schüssen auf Flüchtende an den EU-Grenzen etwa durchzusetzen)? Wenn ja, ist die Positionierung unmissverständlich. – Nicht, dass das viel ändern würde, aber es schafft Klarheit, und die ändert vielleicht dann doch irgendwann etwas.

IX Zerdehnt: Hegels Prosa

> Denn die philosophischen Probleme entstehen, wenn die Sprache *feiert*.[147]

Im Rückgang auf Hölderlins Lehre vom Urteil und deren symphilosophische Fortführung in Hegels Logik des Urteils sind wir an einen Punkt gelangt, von dem aus wir die Frage nach der spezifischen Qualität der Hegel'schen Prosa angehen können.[148] Wenn wir uns immer schon gefragt haben, warum Hegel so schreibt, wie er schreibt – und wir können uns das nicht *nicht* fragen, wenn wir ihn lesen –, dann sind wir nun in der Lage zu präzisieren: Was ist die Funktion dieser Schreibweise? Was soll durch die spezifische Form der Hegel'schen Prosa erreicht werden, worin besteht deren Ziel?

Summarisch ließe sich dieser Zweck hier schon angeben: Hegel sucht nach der Möglichkeit einer Sprache, die nicht urteilt, nach der Möglichkeit einer nichtprädikativen Sprache, oder genauer: einer Sprache, die sich die analytische (die zertrennende, zergliedernde) Kraft des Urteils zunutze macht, die aber in der Wieder-Zusammenfügung gerade »das *Nichtidentische* des Subjects und Prädicats« auszudrücken in der Lage bleibt.

Im Folgenden soll die Prosa Hegels nun auf zwei Ebene untersucht werden: auf einer Mikroebene des *Worts* und der *Wendung* – hier wird noch einmal die signifikative und die disseminative, die bedeutende und die bedeutungszerstreuende, Funktion der Äquivokation, der Vieldeutigkeit und des Wortspiels zu würdigen sein; dann auf einer Mesoebene der *Perioden* – hier wird zu fragen sein, wie Hegel seine Sätze so fügt, dass sie Bedeutung eher zeigen oder enthüllen (mit Hegel: »ausdrücken«), als dass sie diese identifikatorisch produzieren oder zuweisen – und wie die Hegel'schen Sätze durch ihre Fügung die Bedeutung zugleich wieder entziehen.

Ausdruck und Manifestation. Bevor wir in die Analyse der Hegel'schen Wörter und Sätze einsteigen, lohnt ein Blick auf die Beschreibungssprache, die Hegel selbst nutzt, um die sprachlichen und die logisch-philosophischen Prozesse zu reflektieren, die er mit und in seiner Prosa in Gang setzt. Auf eine zentrale Differenz sind wir bereits gestoßen: Wenn es um die Funktionsweise der gesuchten nichtprädikativen Sprache geht, schreibt Hegel immer wieder von »Ausdruck«. »Ausdruck« meint erst einmal die sprachliche Form, die jeder Gedanke annehmen muss. Sprache, auch die philosophische und terminologisch fixierte, drückt etwas aus, das nicht mit der Urteilsfunktion identisch ist. Die Ausdrucksqualität kommt den Sätzen entweder zusätzlich oder neben ihrer Funktion als Urteile zu, oder die sprachliche Form ist so gewählt, dass sie nur ausdrückt, ohne zu urteilen (eine Prädikation vorzunehmen). Dann wird allerdings auch die Form des grammatisch korrekten Satzes strapaziert: »Sein, reines Sein, – ohne alle weitere Bestimmung.« Oder bei Hölderlin: »*Seyn* –, drükt die Verbindung des Subjects und Objects aus.« Ernst Bloch hat darauf hingewiesen, dass bei Hegel die »Verstöße gegen die zivile Grammatik [...] häufig« seien, dass seine Sprache immer wieder die »übliche Grammatik« und die »Syntax der Worte« bräche.[149] Das ist sicher richtig, und immer dann, wenn der gewünschte Ausdruckswert einen Bruch der Grammatik erfordert, wird Hegel dem auch folgen. Ich habe allerdings den Eindruck, dass der Ausdruck dort am stärksten wird, wo die Syntax gerade intakt bleibt, aber bis zum Zerreißen gedehnt wird – wir kommen darauf zurück. Einstweilen kann man jedenfalls festhalten, dass die offensichtlichen Brüche mit »ziviler Grammatik« und Syntax gerade in ihrer Ausnahmegestalt besonderen Nachdruck erzeugen. Mit dem Ausdruck (dem Ausdruck »Ausdruck«) rückt Hegel zudem das körperliche, das gestische oder atmende Moment der Sprache in den Blick; das wird auch in der Analyse der Hegel'schen Sätze und Perioden zu berücksichtigen sein.

Ein zweiter Begriff, mit dem Hegel die Funktionsweise seiner Sprache beschreibt, ist der der Manifestation. Während »Ausdruck« die Differenz zwischen dem Gedanken und der sprachlichen Form betont – und deutlich macht, dass die grammatische Form des Satzes nicht mit der logischen Form des Urteils zusammenfällt –, rückt »Manifestation« eher die Identität und Ununterscheidbarkeit von sprachlichem und gedanklichem Prozess in den Blick.

Der Begriff der Manifestation taucht in der *Wesenslogik* auf, im Übergang vom »Absoluten« zur »Wirklichkeit«. Dieser Übergang wird als »Bewegung des Absoluten« gefasst, als »Aeusserung« und »Auslegung«, Akte einer hermeneutischen Explikation mithin, die sich allerdings nicht mehr in einem Verhältnis von Innen und Außen bewegt, sondern in eins gesetzt ist. Die Manifestation, oder genauer: das Manifestieren (als nominalisierte Verbalform) ist genau diese Bewegung des Absoluten in sich selbst, für das dann der Begriff der Wirklichkeit eingeführt wird: »Oder eben diß ist der Inhalt des Absoluten, *sich zu manifestiren.*« Und weiter: »Das Absolute als diese sich selbst tragende Bewegung der Auslegung, als *Art* und *Weise*, welche seine absolute Identität mit sich selbst ist, ist Aeusserung, nicht eines Innern, nicht gegen ein anderes, sondern ist nur als absolutes sich für sich selbst Manifestiren; es ist so *Wirklichkeit.*« (II, #375)

Hier wird ein Modell von Sprache präsentiert, das sich von dem des Vermittlungsinstruments ganz gelöst hat, und mit dem instrumentellen Charakter fällt auch der Gegensatz von Aktivität und Passivität weg. Wenn das »Wirkliche« als »Manifestation« aufgefasst wird, dann eignet ihm noch eine Funktion von Kommunikation, aber es ist nicht ein Subjekt, das Sprache nutzt, um etwas von ihm Unterschiedenes an ein anderes Subjekt zu vermitteln, und es wird auch nicht mehr ein Prädikat einem Subjekt zugeordnet, weil schon diese Unterscheidungen im »Wirklichen« als »Manifestation« aufgelöst sind:

> »Das Wirkliche ist darum *Manifestation*, es wird durch seine Aeusserlichkeit nicht in die Sphäre der *Veränderung* gezogen, noch ist es *Scheinen* seiner in einem anderen, sondern es manifestirt sich; das heißt, es ist in seiner Aeusserlichkeit *es selbst*, und ist nur in *ihr*, nemlich nur als sich von sich unterscheidende und bestimmende Bewegung, *es selbst.*« (II, #381)

Es manifestiert sich: Sprache ist hier nicht mehr Instrument der Vermittlung, sondern Medium einer Äußerlichkeit (und Medium einer

Auflösung) – einfache Selbstpräsentation, aber ohne Selbst und ohne Präsenz.[150] Es ist diese Funktions- oder Seinsweise der Sprache, die es Hegel erlaubt, in ihr die Entzweiung von Denken und Sein aufzulösen, ohne diese einfach in Indifferenz fallen zu lassen. Und so verwundert es auch nicht, dass Hegel zur Erläuterung der Manifestation wiederum die »orientalische Vorstellung der Emanation« (II, #378) zum Vergleich heranzieht: Wie bei der Konstruktion des leeren Anfangs haben wir es hier wieder mit einer Anlehnung an die Mystik zu tun, die allerdings nicht mit denkfaulem Mystizismus verwechselt werden darf; den sieht Hegel wohl eher bei den Romantikern oder bei Schelling am Werk.

Überfluss und Äquivokation. Hölderlins und Hegels Sprachexperimente zielten auf die Etablierung einer neuen poetischen und philosophischen Sprache – einer Sprache für eine »neue Sensibilität« und ein »neues Denken« –, die zugleich keine bloße Spezial- oder Privatsprache sein sollte. Die neue Sprache sollte immer auch eine solche sein, die das »Volk« verstehen kann. Noch in der *Logik* macht sich Hegel ausführlich Gedanken über das Verhältnis von philosophischer und Alltagssprache. Das Verhältnis ist gerade dadurch verwickelt, dass es so »nah« ist:

> »Die Philosophie hat das Recht aus der Sprache des gemeinen Lebens, welche für die Welt der Vorstellungen gemacht ist, solche Ausdrücke zu wählen, welche den Bestimmungen des Begriffs *nahe zu kommen scheinen.* Es kann nicht darum zu thun seyn, für ein aus der Sprache des gemeinen Lebens gewähltes Wort zu *erweisen*, daß man auch im gemeinen Leben denselben Begriff damit verbinde, für welchen es die Philosophie gebraucht, denn das gemeine Leben hat keine Begriffe, sondern Vorstellungen, und es ist die Philosophie selbst, den Begriff dessen zu erkennen, was sonst blosse Vorstellung ist. Es muss daher genügen, wenn der Vorstellung bey ihren Ausdrücken, die für philosophische Bestimmungen gebraucht werden, so etwas ungefähres von ihrem Unterschiede vorschwebt; wie bey jenen Ausdrücken der Fall seyn mag,

> daß man in ihnen Schattirungen der Vorstellung erkennt, welche sich näher auf die entsprechenden Begriffe beziehen.« (III, 130)

Die Sprache des gemeinen Lebens bezieht sich auf Vorstellungen, die sich in Schattierungen unterscheiden, die aber keine Bestimmtheit besitzen. Die Sprache der Philosophie nimmt sich nun Ausdrücke, die das schon vordifferenzierte Material der Alltagssprache bietet und die in dieser Vor-Differenzierung »ungefähr« dem entsprechen oder »nahe« kommen, was die Philosophie an begrifflicher Differenzierung ausdrücken will, und prägt daraus ihre Begriffe. Es ist also allemal gut, wenn der Philosoph sich mit den Schattierungen der Alltagssprache auskennt, denn nur dann kann er eine reich differenzierte philosophische Sprache kreieren. Es mag sein, dass Hegels opulente philosophische Sprache auch daher rührt, dass er von Geburt an quasi zweisprachig lebt und so auf zwei Sprachen des gemeinen Lebens zurückgreifen kann: auf das Hochdeutsche, das ihm durch die Literatur geläufig ist und das als *lingua franca* seiner Wanderjahre durch die Schweiz, Hessen, Thüringen und Franken gelten kann, und das Schwäbische, an dem er bis in die Berliner Jahre festgehalten hat.[151]

Es gibt ein Phänomen, auf das Hegel in seinen Reflexionen zum Verhältnis von Alltags- und philosophischer Sprache besonders abhebt, und das sind die Synonyme. Angesichts der Ausdrücke »Sein«, »Wirklichkeit« und »Objektivität« heißt es: »Sollten sie aber auch synonym gebraucht werden, so wird die Philosophie ohnehin die Freyheit haben, solchen leeren Ueberfluß der Sprache für ihre Unterschiede zu benutzen.« (III, 131)

Wenn die Synonyme einen »leeren Ueberfluß der Sprache« bedeuten, so bieten sie aber zugleich der Philosophie die Möglichkeit, »Unterschiede« auszudrücken – Unterschiede, so muss hier betont werden, die als »Schattirungen« vielleicht auch schon in den Vorstellungen liegen, die wir mit den verschiedenen, mehr oder weniger synonymen Ausdrücken verbinden.

Der »Ueberfluß« ist vielleicht gar nicht gänzlich leer, sondern kommt der Leere nur nahe. Die Nähe zwischen Alltagssprache und philosophischer Sprache ist es im Weiteren auch, die zu den stärksten Irritationseffekten führt – vor allem dann, wenn die philosophischen

Begriffe mitnichten jene eindeutige Bestimmtheit aufweisen, die den Ausdrücken und Vorstellungen der Alltagssprache noch fehlen soll, sondern sich selbst noch in Schattierungen bewegen; wenn also der »leere Ueberfluß der Sprache« nicht nur als Reservoir der Begriffsbestimmung dient, sondern sich als Äquivokation und Wortspiel in die philosophische Begriffsbildung hinein fortsetzt (»continuirt«, könnte man mit Hegel sagen). Der begriffliche Status der Hegel'schen Äquivokationen und Wortspiele aber bleibt höchst fraglich. Ihre Abhandlung kann selbst nicht begrifflich-allgemein, sie kann nur im Besonderen, am Beispiel erfolgen.

Teil, Grund und Schluss. Ausgehend von Hegels Bestimmung des Urteils als »ursprünglicher Teilung« können wir das Wortfeld des Teils und der Teilung weiterverfolgen. Im Abschnitt über die »Objectivität« (in dessen Einleitung sich auch die Reflexionen über den »leeren Ueberfluss der Sprache« finden) bestimmt Hegel den »mechanischen Prozeß« als »Mittheilung zwischen materiellen Objecten« (III, 138). Diese »Mittheilung« geht ohne »Uebergehen« der Objekte »ins Entgegengesetzte« vonstatten, das heißt die Objekte bleiben als solche erhalten, sie treten aber in ein Verhältnis, in dem es ein »Mitgetheiltes« gibt, das als das Allgemeine des Prozesses bestimmt werden kann, und dieses »vertheilt [...] sich an die Objecte« (III, 138).

Das *Mit* der Mittheilung wird dann als Kraft bestimmt. In den Beilagen zur *Logik* findet sich eine Notiz, die in diesem Zusammenhang noch eine andere Teilung ins Spiel bringt: »Die austheilende Krafft aber, oder die Bestimmung dieses Daseyns ist die Einzelheit eines jeden der beyden Dinge. Als Massen sind beyde das gleiche Element, und in dieser Gleichheit liegt die Mittheilbarkeit der Bewegung.« Hier wird dann das Allgemeine als »die Mitte, das allgemeine als die Einheit aller Momente der Seiten« (Beilagen, III, 264) bestimmt, mithin also der Wortteil *Mit* ausgeführt.

Die materiell-mechanische Mittheilung dient Hegel in der Folge dazu, daraus eine geistige gewissermaßen abzuleiten:

> »Die *geistige Mittheilung*, die ohnehin in dem Elemente vorgeht, welches das Allgemeine in der Form der Allgemeinheit ist, ist für sich selbst eine *ideelle* Beziehung, worin sich ungetrübt *eine Bestimmtheit* von einer Person in die andere *continuirt*, und ohne alle Veränderung sich verallgemeinert, – wie ein Duft in der widerstandslosen Athmosphäre sich frey verbreitet.« (III, 137 f.)

»Im Geistigen«, so fährt Hegel fort, wird ein »unendlich mannichfaltiger Inhalt« als »mittheilungsfähig« angenommen: Bei allem, was schon ins Geistige aufgenommen ist, müssen und dürfen wir eine Allgemeinheit unterstellen, an der alle »theilhafftig« werden können (Beilagen, III, 274). Durch die geteilte Allgemeinheit entsteht dann »das Mittheilbare«:

> »Die Gesetze, Sitten, vernünftige Vorstellungen überhaupt, sind im Geistigen solche Mittheilbare, welche die Individuen auf eine bewußtlose Weise durchdringen, und sich in ihnen geltend machen. Im Körperlichen sind es Bewegung, Wärme, Magnetismus, Electricität und dergleichen – die, wenn man sie auch als Stoffe oder Materien sich vorstellen will, als *imponderable* Agentien bestimmt werden müssen« (III, 138).

Das Mittheilbare, im Geistigen wie im Körperlichen, sind jene »imponderablen Agentien«, mit denen wir rechnen müssen, die sich aber der Vorstellung entziehen. Wir können das Wortfeld der »Mittheilung« und des »Mittheilbaren« und das ganze Feld der *-theilung* mit Hans Heinz Holz vielleicht als »notwendige Metaphorik« verstehen, mit der Hegel dasjenige anschaulich macht, was sich der Anschaulichkeit entzieht, ohne das wir aber nicht denken können.[152]

Dass Hegel die Mittheilung zur »Vertheilung« weiterführt und diese auf die Grundfunktion bringt, »Ordnung und Arrangement der Theile« zu erwirken (III, 139), würde sich hier fügen, immerhin geht die »notwendige Metaphorik« philosophischer Rede, so hält Holz mit Cassirer fest, zunächst immer auf räumliche Vorstellungen zurück.[153] Damit ließe sich schließlich auch die wesentliche Funktion der Metaphorik des Teils, der Teilung und des Teilens bestimmen: Es geht um die Etablierung eines »gemeinsamen Verstehensraum[s]«, in dem wir uns über Dinge und Prozesse – über Imponderabilitäten – verständigen können, die unsere Vorstellungen übersteigen.[154] Das Intrikate der Hegel'schen Metaphorik des Mittheilbaren liegt nun darin, dass hier das Problem – die Ermöglichung philosophischer Kommunikation durch Metaphern – selbst Teil der Metaphorik wird: Wir können über Mitteilung und Mitteilbarkeit nicht sprechen, ohne diese Ausdrücke selbst zu verwenden (»Kommunikation« ist genauso ein Ausweichen in lateinische »Kunstsprache« wie »imponderable Agentien«; I, 65). Und zudem sind die Ausdrücke, auf die wir nicht verzichten können, bei Hegel Teil eines Wortspiels, das gerade in geballten Formulierungen – »das beginnende Moment der Vertheilung des mitgetheilten Allgemeinen« (III, 141); »Insofern bleibt also das Mitgetheilte, was es ist; nur vertheilt es sich an die Objecte« (III, 138); – die Frage der »Deckung«[155] aufwirft: Gibt es hier wirklich ein gemeinsames Allgemeines, jenseits der Gleichheit der Ausdrücke? Und zugleich wendet sich die Frage zurück: Was sollte es als Gemeinsames, als Allgemeines denn überhaupt geben können – über das hinaus, was mitgeteilt wird als Mitteilbares? Erwarten wir, oder sollen wir erwarten, ein transzendentales Signifikat des Gemeinsamen jenseits des Geteilten und Mitteilbaren? – Einstweilen können wir nur festhalten, dass Hegel uns beim Lesen gewissermaßen auf diese Fragen stößt.

Der (vielleicht spießige) Effekt des Unbehagens – *Wird hier überhaupt über Etwas gesprochen, oder spielt die Sprache bloß mit sich selbst?* – verstärkt sich noch auf einem anderen Wort-Feld, das Hegel bespielt und strapaziert: dem des Grundes. Dass der Grund eine – nun ja: – Basis-Metapher der Philosophie darstellt, muss nicht weiter erläutert werden. In der *Wesenslogik* führt Hegel beide Grundbedeutungen des Grundes vor und lässt sie ineinander übergehen: einmal die gemeinsame »Grundlage« (II, #292), auf der alle Unterscheidungen basieren und auf die sie wiederum zurückgeführt werden können, und dann die »Grundbeziehung«, in der aus dem Grund ein Begründetes folgt. In dieser zweiten Bedeutung geht der Grund in die »Bedingung« über (II, #314).[156]

Der Grund als Grundlage wird schon im Abschnitt vor dem Kapitel vom Grund eingeführt – dort, wo es um den Begriff des »Widerspruchs« geht. Hier steht der Grund für das Dritte, das im Widerspruch als das gedacht werden muss, auf dem die Zweiheit des Widerspruchs steht und aus dem sie hervorgeht. Bezeichnenderweise führt Hegel den Grund hier aber – unter Punkt »2. *Die Auflösung des Widerspruchs*« – zunächst negativ ein, bevor er ihn positiv als Grundlage statuieren kann: Dass das Positive und das Negative im Prozess der Auflösung selbständig nebeneinander bestehen bleiben und nicht in »Null« zusammenstürzen, das ist es, »was in Wahrheit im Widerspruche zu Grund geht« (II, #281). Was hier zu Grunde geht – was sich auflöst –, ist die Vorstellung, dass es in jedem Widerspruch immer und sofort ein Ergebnis geben muss. Hegel spitzt das noch zu: Die beiden Pole des Widerspruchs *»richten sich zu Grunde«*, indem sie ihr jeweiliges »Gesetztseyn« als mit sich identische nur dadurch bestimmen können, dass sie sich negativ auf den anderen Pol beziehen (II, #281). Die krasse Formulierung vom Zu-Grunde-Richten will hier wohl ausdrücken, dass die Pole sich im Widerspruch fortgesetzt und beständig aneinander reiben und aneinander abarbeiten – bis sich der Widerspruch aufgelöst haben wird.

Der Gedanke hat an dieser Stelle die Funktion, den Grund als »das einfache Wesen, [...] das Wesen als Grund«, in all seiner Einfachheit doch zugleich als »ein gewordenes« darstellen zu können (II, #283). Im Widerspruch ist »der Gegensatz nicht nur *zu Grunde*, sondern *in seinen Grund* zurückgegangen«. Der Grund *wird* erst dadurch, dass der Widerspruch im vollendeten Prozess der Auflösung – der Negation des Negativen, das die Pole des Widerspruchs zuvor in ihrer Selbständigkeit gehalten hat – in ihn zurückgeht und als aufgelöster auf ihm aufruht: »Der aufgelöste Widerspruch ist also der Grund, das Wesen als Einheit des Positiven und Negativen.« (II, #282)

Erst als gewordener – als durch die Negativität hindurch geführter – erlangt der Grund seine »vollendete Selbständigkeit«, aber als gewordener ist er auch schon wieder in Auflösung begriffen: Der Grund im Widerspruch ist das, was beständig »zu Grunde geht [...] in seinem Untergange« (II, #283). Im Ausblick auf die Auflösung des Bedingungsverhältnisses heißt es schließlich: »Die Sache ist hiemit eben so, wie sie das *Unbedingte* ist, auch das *Grundlose*, und tritt aus dem Grunde nur insofern er *zu Grunde* gegangen und keiner ist, aus dem Grundlosen, d. h. aus der eigenen wesentlichen Negativität oder reinen Form hervor.« (II, #322).

Hegel spielt die verschiedenen Bedeutungsnuancen und idiomatischen Verwendungsweisen des Grundes mit offensichtlichem Spaß durch, aber er behauptet zudem auch eine wesentliche Beziehung, die in all diesen Verwendungsweisen zum Tragen komme. Er expliziert diese Unterstellung, als er ein weiteres Mal festhält, dass im »zu Grunde gehen der Vermittlung […] zugleich der Grund« hervorgehe:

> »Die Sprache vereinigt, wie oben bemerkt, die Bedeutung dieses *Untergangs* und des *Grundes*; man sagt, das Wesen Gottes sey der *Abgrund* für die endliche Vernunft. Er ist es in der That, insofern sie darin ihre Endlichkeit aufgibt und ihre vermittelnde Bewegung versenkt; aber dieser *Abgrund*, der negative Grund, ist zugleich der *positive* des Hervorgehens des Seyenden, des an sich selbst unmittelbaren Wesens; die Vermittlung ist *wesentliches Moment*. Die Vermittlung durch den Grund hebt sich auf, läßt aber nicht den Grund unten, so daß das aus ihm hervorgehende, ein *gesetztes* wäre, das sein Wesen anderswo nemlich im Grunde hätte, sondern dieser Grund ist als Abgrund, die verschwundene Vermittlung; und umgekehrt ist nur die verschwundene Vermittlung zugleich der Grund, und nur durch diese Negation das sich selbst Gleiche und Unmittelbare.« (II, #326)

Dass der »negative Grund« eben doch ein solcher bleibe und positiv als solcher fungiere, ist die wesentliche Grund-Annahme, die Hegel hier durch den Ausdruck »Abgrund« unterstellt. Diese sprachliche Vereinigung gegensätzlicher Bedeutungen führt ihn dann weiter auf den Gedanken, dass in jedem positiven Grund immer auch der negative zu suchen ist und dass deren Gegensätzlichkeit kein Drittes hervorbringt, das als *wirklich* positiver Grund, als Positiver-Grund-ohne-negativen-Abgrund, angesehen werden könnte. Die Vermittlung bringt keinen Grund hervor, der »unten« bliebe, als sichere Grundlage. Die Vermittlung ist Inbegriff ihres eigenen Verschwindens –

Vermitteln ist Verschwinden: *Auflösung* – und darum ist alles, was durch Vermittlung entsteht, zugleich durch Vermittlung aufgelöst.[157]

Die beiläufig als Beispiel eingeführte Rede vom Abgrund, in der sich alle Wortspiele um den Grund final verdichten, führt zu weitreichendsten Konsequenzen: Das Dritte, das positiv aus dem Widerspruch hervorgehen soll, weil es in diesem schon vorausgesetzt wird, ist endgültig untergegangen. Jeder Gang des Gedankens ist immer ein Untergang, ein Gang in den Abgrund.[158] – Spätestens hier sollten wir uns an Brechts Lesart der *Logik* als Komödie erinnern: Auch die großen und altehrwürdigen Begriffe der alteuropäischen Metaphysik, sogar ihre größten und würdigsten: Grund, Grundlage, Begründung; das *fundamentum in re*, der Urgrund als *arché* – auch sie gehören zu den »schlüpfrigen, unstabilen, verantwortungslosen Existenzen«, die beständig in ihr Gegenteil übergehen. Damit zeigen auch und vor allem diese Begriffe, dass es das, was wir in allem Spiel der Worte am meisten ersehnen: einen Grund, der nicht in diesem Spiel aufgeht und der diesem wahrhaft zu Grunde liegt, nicht geben kann. Der Grund in allen seinen Abwandlungen, die Hegel erschöpfend durchspielt, wird *nur* durch die Sprache »vereinigt« und festgehalten[159] – oder positiv: Der Grund *wird* durch die Sprache »vereinigt« und festgehalten. Wir müssen *(nur)* lernen, das »nur« zu vergessen.

Was nun die Funktion der grundlegenden Metaphorik sein könnte, die vor allem den Grund selbst als eine solche Metapher ohne Deckung enthüllt, lässt sich auf einem dritten Wortfeld eruieren, auf dem Hegel seine Spiele treibt: dem Schluss. Wieder haben wir es mit einem gewichtigen Wort zu tun, das in verschiedenen Zusammenhängen zum Begriff avanciert, wobei sich zeigt, dass hier nicht die räumliche, sondern die zeitliche Vorstellung der Finalisierung im Zentrum steht: Der logische Schluss folgt aus den vorauslaufenden Prämissen und gilt als privilegierte Erkenntnisform der Vernunft (»Der Schluß ist daher nicht nur vernünftig, sondern *Alles Vernünftige ist ein Schluß*« III, 90); der Schluss als Ende, Telos und Zweck setzt die notwendige Denkform der »Teleologie«. In der *Begriffslogik* stellt die Teleologie die letzte Durchgangsstufe des objektiven Begriffs dar, bevor dieser sich in die »Idee«, seine letzte und vollendete Form auflöst (»Die

Zweckbeziehung ist dadurch mehr als *Urtheil*, sie ist der *Schluß* des selbstständigen freyen Begriffs, der sich durch die Objectivität mit sich selbst zusammenschließt [!].« III, 159).

Ich kann hier nicht mehr alle Stellen zusammenstellen, wo Hegel den Schluss als Entschluss, Ausschluss und Zusammenschluss durchspielt; vor allem im Abschnitt über das Urteil finden sich hier zahlreiche Passagen. Eine Stelle aus dem Teleologie-Kapitel mag genügen:

> »Der Zweck ist in ihm selbst der Trieb seiner Realisirung; die Bestimmtheit der Begriffsmomente ist die Aeusserlichkeit, die *Einfachheit* derselben in der Einheit des Begriffes ist aber dem, was sie ist, unangemessen und der Begriff stößt sich daher von sich selbst ab. Diß Abstossen ist der *Entschluß* überhaupt, die Beziehung der negativen Einheit auf sich, wodurch sie *ausschliessende* Einzelheit ist; aber durch diß *Ausschliessen entschließt* sie sich, oder schließt sich *auf*, weil es *Selbstbestimmen*, Setzen *seiner selbst* ist.« (III, 162)

Den Einzelheiten – um deren Setzung es in der Passage ja auch geht – will ich hier gar nicht nachgehen, auch wenn etwa der Zusammenhang von Ent- und Ausschluss sicher lohnend zu verfolgen wäre. Es ist vielmehr eine Bedeutung des Schlusses und des Schließens, die hier angespielt ist und die mir als Funktionsbestimmung aller Hegel'schen Wortspiele und Äquivokationen gültig zu sein scheint, und das ist der Auf-schluss.

Die notwendige Metaphorik der *Logik* wird in den gesuchten und gewollten, manchmal auch gezwungen wirkenden Kombinationen und Verwendungsweisen so grundlegender Ausdrücke wie (Mit-) *Teil*(-ung), *Grund* und *Schluss* von Hegel geradezu in unsere Aufmerksamkeit gedrängt. Damit wird die unumgängliche Funktion der Sprache im Denken offensichtlich: Sie »vereinigt« Bedeutungen, die jenseits der Sprache keine Einheit besitzen, und hält so dazu an, neuen und unbedachten Verbindungen erst einmal nachzudenken. Die Sprache bildet also nicht bestehende Gedanken ab, sondern *schließt* allererst Denkmöglichkeiten *auf*, die ohne den sprachlichen Hinweis verschlossen blieben. Die Sprache bietet Aufschluss über Zusammenhänge, deren Status außerhalb der Sprache nicht geklärt werden kann und die – vielleicht – keinerlei Rückhalt in einem Jenseits der Sprache besitzen.[160]

Automaton. Muss man die Hegel'schen Sprachspiele darüber hinaus noch erklären? Wir hatten bei unseren Reflexionen zur Frage des Anfangs die eigentümliche sprachliche (und schriftliche) Form der (aufgeschobenen) ersten drei Absätze der *Logik* zu Sein, Nichts und Werden mit einer Äußerlichkeit der Sprache in Verbindung gebracht, die dem Denken widerfährt und durch die das Denken getragen wird – so wie bei Ritualen und Meditationsübungen das Denken (und sei es das Denken des Nichts) durch äußerliche Handlungen und Praktiken angestoßen und getragen wird. Auch die Wortspiele Hegels können vielleicht als eine solche Äußerlichkeit verstanden werden, durch die das Denken getragen und über sich hinausgetragen wird.

Sicher, bisweilen argumentiert Hegel substantialistisch, wenn er sich Rechenschaft ablegt von seiner eigenen sprachlich-literarischen Praxis: so als gäbe es tatsächlich ein transzendentales Signifikat, das die verschiedenen Bedeutungen der Wörter zusammenhält, mit denen er spielt. Als gäbe es tatsächlich eine Identität der »Dinge« und des »Denkens«, die in »unsere[r] Sprache« durch die »Verwandtschaft« der Wörter »Dinge« und »Denken« noch »ausgedrückt« werde (I, 11 f.).

Eine andere Interpretation scheint mir aber plausibler. Ich würde Hegels Sprach-Experimente mit Wörtern und idiomatischen Wendungen als Versuche verstehen wollen, sich der Sprache anzuvertrauen und sich ihr auch ein Stück weit zu überlassen. Das kommt auch an einer Stelle aus der Vorrede zur zweiten Auflage zum Ausdruck, wo Hegel von der »Freude« des Denkens schreibt, in der Sprache »auf [...] Wörter zu stoßen«, die schon in ihrer Alltagsverwendung (»auf naive Weise schon lexicalisch«) nicht nur »verschiedene«, sondern sogar »entgegengesetzte« Bedeutungen miteinander vereinigen (I, 11*). Wenn einem die Begegnung mit solchen Wörtern noch »Freude« bereitet, wenn man auf diese »stoßen« muss und sie einem so umgekehrt gewissermaßen zustoßen: dann kann es für diese Begegnungen keine Versicherung geben. Dann sind sie im Doppelsinn Glückssache; man muss sich – *nur* oder *allerdings* – für sie empfänglich machen.

Hegel hat sich für die Äußerlichkeit und Zufälligkeit der Sprache empfänglich gemacht und ihr sein Denken überantwortet. Die Sprach-Experimente Hegels unterstellen dabei nicht, dass das eigene Denken so komplex sei, dass man ganz neue sprachliche Formen dafür benötige, sondern umgekehrt: dass die Sprache überall bereits Verbindungen und Verknüpfungsmöglichkeiten bereitstellt oder nahelegt, die im Denken erst noch eingeholt und genutzt werden müssen. Es ist auch nicht eine höhere oder tiefere Weisheit der Sprache, die hier unterstellt wird – wie in etymologischen Argumentationen, die auf eine unvordenkliche Tiefenzeit rekurrieren, die in der Sprache aufbewahrt sei –, sondern umgekehrt: Es ist gerade die Zufälligkeit der Sprache, es ist die »flache« Kombinatorik der Signifikanten (»Lösen Sie Kreuzworträtsel!«[161]), die das Denken erst dazu bringt, sich aus seinen eingespielten Routinen zu befreien und neue Kombinationen zu erproben; es ist die Heteronomie des sprachlichen Prozesses, die zur Autonomie des Denkens erst nötigt: zu seiner Selbstbestimmung im Anderen der Sprache.[162]

Verse ohne Umbruch: Hegels Prosa. Adorno hat einmal festgehalten, dass Hegels Sätze es bisweilen »mit der exponiertesten Prosa Hölderlins« aufnehmen könnten.[163] Das ist sicher richtig, bedarf aber einer Präzisierung. Denn was macht Hölderlins »exponierteste Prosa« aus? Vielleicht, dass sie sich *als Prosa* exponiert und damit – zumal bei Hölderlin – nach ihrer Differenz zur *Poesie* fragt? Giorgio Agamben hat diesen Gedanken zur »Idee der Prosa« ausgeführt. Schon der allgemeinsten Bestimmung nach besteht die wesentliche Differenz zwischen Prosa und Poesie darin, dass Erstere keine Verse aufweist. Aber wie kann der Vers bestimmt werden? Alles, was gewöhnlich als Charakteristikum des Verses aufgeführt wird, lässt sich auch in der Prosa finden: eine bestimmte Länge, ein Rhythmus, eine abgemessene Silbenzahl. Was den Vers allein auszeichnet, ist die »Möglichkeit des *Enjambements*«, und das ist es denn auch, was »der Prosa ermangelt«.

Im Enjambement wird »in der Rede der syntaktischen Grenze eine metrische entgegengesetzt«;[164] das »*Enjambement* offenbart« – entgegen der klassizistischen Ideologie einer Einheit von Form und Inhalt im Gedicht – »die Nicht-Koinzidenz und Unverbundenheit der metrischen und syntaktischen Elemente«. Im Enjambement zeigt sich die »innigste Zwietracht« – eine wahrhaft Hölderlin'sche Formulierung … – der Sprache zwischen »Klang und Bedeutung«, und zugleich muss das Enjambement, indem es zum einzigen Bestimmungsmerkmal des poetischen Verses avanciert, auch als »Schritt auf die Prosa hin« erkannt werden: Verse, die durchgängig in Enjambements verfasst sind, werden zur Prosa, die somit den Vers in sich aufnimmt, indem sie ihn löscht. Die »Idee der Prosa« spricht also einen »ursprünglichen Gang der Dichtung« an, »der weder poetisch noch prosaisch ist«[165] – und der *vielleicht* (aber jetzt gehe ich über Agamben hinaus) in exponierten Prosa-Werken wie Hegels *Logik* auch die Unterscheidung von Dichtung und Philosophie unterläuft.

Denn alles, was bei Agamben über das Enjambement gesagt wird, passt nicht nur zu Hölderlin, sondern auch zu Hegel. In Hölderlins Dichtung, in den Elegien etwa oder einigen der späten Hymnen, exponieren die Enjambements gerade in ihrem Bruch mit den metrischen Einheiten, dass die Syntax hier zumeist intakt bleibt, dass die Sätze grammatikalisch korrekt bleiben und als solche eben auch eine Bedeutung bergen, die mit dem Klang und dem Rhythmus in Konflikt, in »innigster Zwietracht« liegt. Vier Sätze Hölderlin, willkürlich gewählt und ohne Prätention auf Originalität, es geht um »die Nacht«:

> »Wunderbar ist die Gunst der Hocherhabnen und niemand Weiß von wannen und was einem geschiehet von ihr. So bewegt sie die Welt und die hoffende Seele der Menschen, Selbst kein Weiser versteht, was sie bereitet, denn so Will es der oberste Gott, der dich liebet, und darum Ist noch lieber, wie sie, dir der besonnte Tag. Aber zuweilen liebt auch klares Auge den Schatten Und versuchet zu Lust, eh' es die Noth ist, den Schlaf. Oder es blikt auch gern ein treuer Mann in die Nacht hin, Ja, es ziemet sich ihr Kränze zu weihn und Gesang, Weil den Irrenden sie geheiliget ist [und] den Todten, Selber aber besteht, ewig, in freiestem Geist. Aber sie muß

uns auch, daß in der zaudernden Weile, Daß im Finstern für uns einiges Haltbare sei, Uns die Vergessenheit und das Heiligtrunkene gönnen, Gönnen das strömende Wort, das, wie die Liebenden, sei, Schlummerlos und vollern Pokal und kühneres Leben, Heilig Gedächtniß auch, wachend zu bleiben bei Nacht.«[166]

Vier Sätze in 18 Versen bzw. neun elegischen Distichen, die hier, in dieser typografischen Gestalt und ohne Versumbruch gedruckt, nur metrisch und durch die »irreguläre« Großschreibung erkennbar sind. Liest man die Verse als Prosa, dann fällt vor allem der beständige Wechsel des (grammatischen) Subjekts und die daraus resultierende schwierige, aber letztlich immer klare Zuordnung der Personal-, Demonstrativ- und Relativpronomina auf. Beim Lesen ist man beständig genötigt, vor- und zurückzuschauen, um im Strömen der Worte und Klänge der syntaktischen Zuordnungen gewahr zu bleiben.

Im Abgleich mit Hölderlins Versen fällt auch in Hegels Prosa immer wieder die vagierende Subjektposition und damit zusammenhängend die Unübersichtlichkeit der zahlreichen pronominalen Bezüge ins Auge. Sechs Sätze Hegel, willkürlich gewählt, ohne Anspruch auf Originalität – wir befinden uns kurz vor Ende der *Seinslogik*, es geht um »Das Selbstständige als umgekehrtes Verhältnis seiner Faktoren«:

»Die beiden Seiten dieses umgekehrten Verhältnisses haben ihre Selbständigkeit an der ansichseienden Indifferenz ihrer Momente; sie sind diese Einheit selbst, aber die differenzierte Einheit; sie sind spezifizierte Selbständige. Als die Einheit des Qualitativen und Quantitativen sind an sich beide dasselbe und selbständig, aber sie sind diese Einheit als vermittelt durch ihre Negation oder das Anderssein; jedes hat an dem anderen seine Rückkehr in sich; das Qualitative ist das an sich Bestimmte nur in der Quantität als dem gleichgültigen Bestehen und das Quantitative nur Spezifisches in dem Qualitativen. Diese negative Einheit, in der sie Selbständiges sind, ist von ihrer absoluten Indifferenz noch unterschieden; daher *tritt das Negative in seiner Bestimmtheit sich gegenüber*. Ihre Einheit ist daher als ihre Selbständigkeit überhaupt in dem Unter-

> schied von zweien vorhanden, die, wie sich bereits bestimmt hat, im umgekehrten Verhältnis zueinander stehen. Sie sind spezifisch Selbständige, als bestimmte, und jedes die Vermittlung seiner mit sich durch seine Negation; aber seine Negation ist von seiner nur erst an sich seienden Selbständigkeit unterschieden; sie ist als *anderes* Selbständiges. Die Rückkehr in sich besteht damit auch nur erst in der Unmittelbarkeit eines jeden, in der es sich gegen seine Veränderung erhält; die Unmittelbarkeit seines Bestehens und seine Gleichheit mit sich als in der Veränderung oder seine Vermittlung mit sich fallen auseinander.« (I, 267)

Eine schon rein syntaktisch bedingte Schwierigkeit besteht im Wechsel des Numerus des Subjekts bzw. der zugehörigen Prädikate: Mal »sind« die beiden selbständigen Seiten bzw. Momente des Verhältnisses im Plural angesprochen, mal im Singular ihrer »Einheit« bzw. ihres »Unterschied[s]«, mal »jedes« für sich, wobei aber beide gemeint sind. Hart gefügt ist der Übergang im Satz »Sie sind spezifisch Selbständige, als bestimmte, und jedes die Vermittlung seiner mit sich durch seine Negation; aber seine Negation ist von seiner nur erst an sich seienden Selbständigkeit unterschieden; sie ist als *anderes* Selbständiges.« Das »seine Negation« ist klarerweise auf die einzelnen Momente des »jedes« bezogen: das Indefinitpronomen wird nun auch grammatisch definiert, bestimmt, aber nur durch die Negation; im Folgesatz firmiert das »spezifische Selbständige« dann nur noch als »es«, wobei weiterhin beide Seiten gemeint sind. In der Singularisierung wird gleichsam grammatisch das Auseinanderfallen und die Indifferenz der beiden Seiten nachvollzogen, um die es in den Sätzen auch geht. Jedes Element des Satzes und des Gedankens ist nun »unmittelbarer Teil«, wie es im Folgesatz in paradoxer Fügung heißt (I, 268).

Vielleicht können wir hier verallgemeinern: Die Hegel'schen Sätze und Perioden erscheinen zunächst extrem verzahnt und verfugt – ein Eindruck, der durch die außergewöhnlich verdichtete Verweisungsstruktur zustande kommt, bei der oft in mehreren Sätzen in Folge kein Subjekt mehr direkt benannt, sondern nur noch pronominal angespielt wird. Trotz der dichten Textur (oder auf dieser Grundlage) erscheinen die Sätze dann disparat und ungefügt, fast parataktisch. In der Zerdehnung der Sätze geht das Subjekt verloren, es bleibt ein gleichsam freischwebendes Netz von Zuordnungen und Verknüpfungen. So kann man ganze Absätze lesen und dabei das – wohl gar nicht so trügerische – Gefühl haben, den Gang oder Fluss der Gedanken nachzuvollziehen, ohne dass man doch genau sagen könnte, worum es eigentlich gerade geht. Genau damit aber wird jene klare und eindeutige Zuweisungsstruktur negiert, die mit der »Form des Urteils« verbunden ist (*a ist b*: vom Subjekt S wird das Prädikat P ausgesagt) und die – wir erinnern uns – laut Hegel zum Ausdruck spekulativer Wahrheiten so »ungeschickt« sein soll.

Der Vers ist gekennzeichnet als Wendung, als Zurückwendung *(versus)*; im Enjambement überspringt die Syntax die Wendung des Verses und kehrt sich der Prosa zu, die so – zugespitzt – als »textuelle Permanenz des Enjambements« gelesen werden kann.[167] Diese Zuspitzung wird in Hegels Prosa evident: Seine zerdehnten syntaktischen Gebilde überspringen Versenden und Kadenzen, die es gar nicht gibt. Der Vers ist in die Prosa eingedreht, die »permanente Rekursion« kann als Inbegriff des Hegel'schen »prosaischen Textprinzips« gelten.[168] Jeder Satz vereint in sich eine »zweideutige Bewegung, die gleichzeitig in entgegengesetzte Richtungen weist, rückwärts (Vers) und vorwärts (pro-vorsa, Prosa)«.[169]

Dies erfordert eine Lesehaltung, die der bei lyrischen Gebilden sehr ähnlich ist: Jedes Detail – jedes Wort etwa in all seinen Bedeutungsvalenzen – will aus-gehorcht sein und muss zugleich auf das Ganze bezogen werden. Wer sich »nur« ins Detail versenkt, wird Hegel nie verstehen, aber wer die Details überspringt, kommt bloß bei der immer schon bekannten dialektischen Phraseologie heraus. Das ist anstrengend, aber zugleich kommen wir mit Hegel nur zurande, wenn wir eine – darauf hat Adorno sehr schön aufmerksam gemacht – *entspannte* Lesehaltung einnehmen: Der »Vollzug [der Hegel'schen Gedanken] hängt davon ab, ob die Entspannung gelingt«. Wir müssen uns »Assoziationen« öffnen, statt sie als Ablenkung abzuwehren; wir müssen uns auf den Beziehungsreichtum der Hegel'schen Sätze und Absätze *einlassen*, statt uns auf Kerngedanken konzentrieren zu wollen.[170] Am Ende geht es – emphatisch – um Befreiung. Die »Befreiung von dem Gegensatz des Bewußtseins«, die Hegel uns schon in der »Einleitung« verspricht: die Befreiung von verhärteten und verdinglichten Formen des Denkens, vollzieht sich in Hegels Prosa durch eine »*Vertheilung des Gegensatzes*« im Satz (vgl. III, 140). Verteilt in den Sätzen, verliert sich der Gegensatz in immer neuen Wendungen und Gegenwendungen, die bis ins einzelne Wort durchschlagen oder von diesem seinen Ausgang nehmen. Wollen wir die verheißene Befreiung des Denkens erfahren, dann müssen wir uns dieser Prosa lesend überlassen, so wie sich schon Hegels Denken seiner Sprache, seiner Prosa überlassen hat.

Bei all dem aber – notwendige, letzte Gegenwendung – müssen wir immer im Blick behalten, dass wir es bei der *Wissenschaft der Logik* mit »wissenschaftlicher Prosa« zu tun haben: Hegel betreibt keine Einebnung der Gattungsdifferenz von Philosophie und Literatur, ihm ist es nicht um eine Ästhetisierung der Philosophie zu tun. Hegel greift die Differenz von Philosophie und Literatur gleichsam von innen an, bleibt aber im Raum der Philosophie; er greift die Grenze an, um die kritischen Kräfte der Prosa in den Dienst philosophischer Aufklärung und Selbst-Aufklärung zu stellen. Was Klaus Heinrich über Freuds »wissenschaftliche Prosa« gesagt hat, das können wir auch auf die Hegels übertragen: »[J]eder Satz, wenn er den Gedanken fortschreiten lässt, hat sich zurückzuwenden, ist Reflexion; nur durch Rücksichtnahme schreitet die Analyse fort«.[171] Hegels Prosa verwirklicht eine Aufklärung, die Verständlichkeit und Transparenz nicht immer schon einfach voraussetzt, sondern erst mühsam herstellt, indem sie immer wieder auf die Probleme zurückkommt, die noch ungelöst sind.[172] Und indem sie das, was noch – oder was vielleicht für immer – ungelöst und unaufgelöst bleibt, auch in der eigenen Sprache unaufgelöst und dunkel sein lässt und als solches ausdrückt.[173] Gerade dieser Aspekt aber, so will mir scheinen, erhebt Hegels Prosa über alle falsche und schale Verstandes- und Verständlichkeitsaufklärung und verwirklicht erst jene »höhere Aufklärung«, auf die auch Hölderlin überall zielt.[174]

X Das Absolute wissen oder Das Wahre und das Gute

Alles schläft und alles wacht
Alles weint und alles lacht
Alles schweigt und alles spricht
Alles weiß man leider nicht

Alles schreit und alles lauscht
Alles träumt und alles tauscht
Sich im Leben wieder aus
Es sitzt schon der Abend auf unserem Haus[175]

Gut, werden Sie sagen: Wir haben die Synthese verabschiedet, die Dialektik gevierteilt, die Bestimmung in die Auflösung getrieben, den Anfang im Namenlosen versenkt und jeden Fortschritt des Gedankens in der permanenten Rekursion der Prosa zerstreut. Geschenkt. Aber was ist mit dem »absoluten Wissen« und der »absoluten Idee«? *Die* – so werden Sie sagen – werden Sie nicht so schnell los!

Das imaginierte Gespräch mit einer skeptischen Leserin war und ist vor allem ein Selbstgespräch, das ich beim Lesen der *Logik* geführt habe. Hegels grandioses Versprechen, von dem alle schon vor jeder Lektüre wissen: dass am Ende ebenjenes absolute Wissen und die absolute Idee auf einen warten, dieses Versprechen droht zugleich jede Lektüre von Anfang an zu ruinieren. Denn was soll das schon sein? Wir wissen doch heute unwiderruflich – *wir* wissen *heute*, nach dem ganzen Wahnsinn der Moderne –, dass es das nicht geben kann: ein absolutes Wissen; wir wissen, dass schon die bloße Idee einer absoluten Idee gefährlich ist, weil jeder Versuch, diese Idee zu verwirklichen, geradewegs in den Totalitarismus führen muss und ja auch schon geführt hat. Ist nicht das ganze 20. Jahrhundert Beweis dafür, dass wir es besser lassen sollten mit der absoluten Idee? Und wenn wir das alles schon wissen – und es gibt gute Gründe, nicht so zu tun, als wüssten wir es nicht –, warum dann überhaupt noch einmal Hegel lesen?

Nun, vielleicht müssen wir hier erst einmal genau das Wissen infrage stellen, das sich in diesen Einwänden artikuliert. Wie alles Wissen, das formuliert werden kann, bevor man sich auf eine Sache eingelassen hat, wird man vielleicht auch das vorgebliche Wissen um die Unmöglichkeit eines absoluten Wissens zunächst einmal skeptisch als angemaßtes Wissen, als Vorurteil oder ein wenig neutraler: als bloße Vorstellung (von einem Wissen) ansehen müssen. Wenn wir sagen, dass es kein absolutes Wissen geben kann oder geben darf, dann meinen wir ja schon zu wissen, was das ist, das absolute Wissen. Wenn wir aber herausbekommen wollen, was es damit wirklich auf sich hat, dann werden wir die entsprechenden Absätze lesen müssen und dabei versuchen, unsere Vorurteile darüber abzulegen, was uns erwartet. Gehen wir nun also ans Ende und lesen den Schluss der *Logik*.

Wissen und Idee, absolut. Dass schon das, was wir unter »Idee« verstehen, vielleicht klärungsbedürftig sein könnte, macht Hegel in der Einleitung zum letzten Abschnitt der *Begriffslogik* deutlich, der mit »Die Idee« überschrieben ist. In der Einleitung des Abschnittes statuiert Hegel zunächst, dass mit dem Terminus »Idee« bei ihm »der *adäquate Begriff*, das objective *Wahre*, oder das *Wahre als solches*« gemeint sein soll – nur um dann festzustellen, dass »der Ausdruck Idee« sowohl »in der Philosophie wie im gemeinen Leben« oft auch ganz anders verstanden werde und oft gerade nicht für den Begriff, sondern für die »blosse Vorstellung« genommen würde (III, 173); und selbst als Begriff, wie etwa bei Kant, der die Idee als »Vernunftbegriff« ausgezeichnet hat, dem darum keine empirische Anschauung korrespondiere, werde die Idee dann oft als *bloße* Idee genommen, der etwas »Unwirkliches« anhafte – so wie »von wahren Gedanken gesagt wird, es seyen nur Ideen« (III, 173 f.).[176] Hegel will demgegenüber gerade in der »Idee die Einheit des Begriffs und der Objectivität« als »das Wahre« und »das Wirkliche« exponieren, und darin, dass diese Einheit nicht von subjektiven noch von objektiven (empirischen) Zufällen abhängt, soll die Absolutheit der Idee liegen (III, 174).

Die Einheit der Idee ist, das war zu erwarten, nicht einfach da, sondern muss wiederum auch auf dieser letzten Stufe noch erst errungen werden. Zunächst setzt die Idee eine von sich unterschiedene Objektivität aus sich heraus, in der dann wiederum der »Trieb« gesetzt wird, diese Unterscheidung in einem »Process« zu überwinden: Dies ist die Stufe des *Lebens* (III, 177). Dem folgt dann die Gegenüberstellung der Ideen des Wahren und des Guten, die wiederum in ihrer Getrenntheit noch als Ausdruck eines »endlichen Erkennens und Handelns« gewertet werden (III, 178); erst wenn der Geist diese Gegenüberstellung überwunden hat, tritt die Idee als »unendliche Idee« hervor, in der der Geist dann »seine *absolute Wahrheit*« erkennt. In dieser dann selbst »absoluten Idee« werden »Erkennen und Thun«, das Wahre und das Gute, Sein und Sollen »sich ausgeglichen« – ein zuvor über 800 Seiten hinweg unerhörter Ausdruck! –, die Idee sich als »das *absolute Wissen ihrer selbst*« bestimmt haben (III, 178).

Probleme der Einheit. Phänomenologie und Logik. So weit, so gut – wir werden hier mit Überbietungsgesten konfrontiert, die eine letzte Strapaze des Begriffs zu seiner absoluten Selbstbefreiung im Geist beschwören: *Eine Anstrengung noch, ihr Begriffe, wenn ihr Idee sein wollt!* Bei der Konstruktion der finalen Synthese ergeben sich allerdings einige Probleme, die sich schon aus der formalen Anlage eruieren lassen. Zunächst, um dies wenigstens kurz anzureißen, das Verhältnis der *Wissenschaft der Logik* zur *Phänomenologie des Geistes*: Wenn in der zitierten Einleitung zum letzten Abschnitt der *Logik* das »absolute Wissen« erst für das absolute Ende in Aussicht gestellt wird – als Wissen der unendlichen Idee über sich selbst; ein Wissen, das jedes endliche Wissen, jedes Wissen der Endlichen übersteigt –, dann muss doch daran erinnert werden, dass das »absolute Wissen« bereits in der »Einleitung« zur *Logik* insgesamt »vorausgesetzt« wurde: als das, was in der *Phänomenologie des Geistes* schon hergeleitet und deshalb nicht weiter begründungs- und erläuterungsbedürftig sei: »In der *Phänomenologie des Geistes* (Bamb. und Würzb. 1807) habe ich das Bewußtsein in seiner Fortbewegung von dem ersten unmittelbaren Gegensatz seiner und des Gegenstandes bis zum absoluten Wissen dargestellt.« Der »Begriff der Wissenschaft«, der aus dieser begründenden Darstellung der Formen des Bewusstseins resultiert, bedürfe nun »hier keiner Rechtfertigung, weil er sie daselbst erhalten hat« (I, 15).

Was bleibt dann also noch zu tun? Offensichtlich passen die beiden Bücher – die einzigen, die Hegel *als Bücher* (und nicht als »Grundrisse« »zum Gebrauch seiner Vorlesungen«) geschrieben hat[177] – nicht ganz so nahtlos an- und ineinander, wie Hegel selbst uns das in der Einleitung der *Logik* weismachen will. Wenn die *Phänomenologie* nur die begründende Hinführung zur *Logik* sein soll, dann müssen wir anerkennen, dass in dieser im Ergebnis *nichts anderes* erreicht werden wird, als die Voraussetzung zu bestätigen. Der Parcours zum »absoluten Wissen«, das im letzten Kapitel der *Phänomenologie* schon unter dieser Überschrift statuiert und gefeiert wird, muss also zweimal durchlaufen werden, und es stellt sich natürlich die Frage, ob die Wiederholung das Wiederholte tatsächlich nur in seiner Identität bestätigt oder doch auch infrage stellt. Meine These dazu: Im Versuch, das »absolute Wissen« der *Phänomenologie* in der *Logik* durch Wiederholung endgültig zu konstituieren – es aus der Voraussetzung in die freie Setzung zu überführen –, wird dieses unwiderruflich destituiert. Das »absolute Wissen« der *Logik* besteht im Wissen um die Unmöglichkeit einer geschlossenen Selbstbegründung des Wissens in sich selbst, so wie Hegel sie noch in der Einleitung der *Logik* mit der skizzierten linearen Abfolge von *Phänomenologie* und *Logik* behauptet. Das »absolute Wissen« als irreversible Destitution des Wissens wird in der *Logik* gewissermaßen performativ vorgeführt: Indem sich der Kreis am Ende nur schließt, um sich nicht zu schließen (die *Logik* wiederholt die *Phänomenologie*, anstatt zu zeigen, dass diese ihre Voraussetzung ist), und sich gerade dadurch nicht schließt, dass er sich schließt (indem die *Logik* die *Phänomenologie* nur wiederholt, kann sie das nicht erweisen, was in dieser vorausgesetzt wird).

Konkret: Wenn die *Logik* als »System der reinen Vernunft« die von Kant exponierten Dualismen in der Einheit und Identität der »absoluten Idee« vereinigen wollte, dann läuft sie an ihrem Ende auf eine Aufspaltung hinaus, die noch tiefer ist als die Dualismen, von denen sie ausgegangen ist. Diese Auf- oder Zerspaltung zeigt Hegel uns am

Ende der *Logik* in der Gegenüberstellung der Ideen des Wahren und des Guten.

Die zwei Enden der Logik. In Parallele zu den zwei Anfängen der *Logik* – zunächst der reflektierte Anfang im Essay »Womit muss der Anfang der Wissenschaft gemacht werden?«, dann der vollzogene Anfang in den drei berühmten Absätzen zu Sein, Nichts und Werden – können wir auch von zwei Enden der Logik sprechen: einem reflektierten Ende und einem vollzogenen. Das würde auch die formale Irregularität rechtfertigen, die sich am Ende beobachten lässt: dass das letzte Kapitel nur aus einem Unterabschnitt besteht (»Die absolute Idee«), das vorletzte hingegen aus zwei (»Die Idee des Wahren« und »Die Idee des Guten«). Folgt man der Idee, dass beide Kapitel zusammen den Schluss der *Logik* bilden, dann hätten wir die dialektische Dreifaltigkeit der Ideen beisammen: Das Wahre, das Gute und das Absolute. Allerdings würde dann der gesamte letzte Abschnitt nur aus zwei Kapiteln bestehen – wir werden die Irregularität also so schnell nicht los; sie scheint in der Sache begründet zu liegen.

Zwei Enden also: demnach vollzieht sich das Ende bereits im vorletzten Kapitel, in der Gegenüberstellung der Ideen des Wahren und des Guten; im letzten Kapitel wird dieses Ende dann nur noch reflektiert. – Das bestätigt auch meinen persönlichen Leseeindruck: Man erwartet im letzten Absatz ein Feuerwerk, eine Überbietung und Vollendung all dessen, was sich vorher vorbereitet hat – ein wenig so ist es ja in der *Phänomenologie* –, aber dann merkt man ziemlich bald, dass da gar nichts Neues mehr kommt, dass wir eher mit immer neuen Versionen und Zusammenfassungen des schon Bekannten abgespeist werden. Am Ende gibt es dann zu allem Überfluss noch eine Reflexion der »Methode« – das also, was in jedem normalen Buch am Anfang kommt und was man normalerweise geflissentlich überblättert …

Betrachten wir nach dieser letzten Enttäuschung also das *vor*letzte Kapitel: Schon der erste Unterabschnitt, »Die Idee des Wahren«, gleicht wiederum einer kalten Dusche. Hier gibt es »theoretische Philosophie«, es findet sich das, was im späteren 19. Jahrhundert in Anlehnung an Fichte »Wissenschaftslehre« genannt wird: Es geht um die Natur der Erkenntnis, um eine genaue begriffliche Bestimmung dessen, was es heißt, eine »theoretische« Erkenntnis zu haben. Nachdem Hegel schon in der Einleitung des Kapitels noch einmal in aller Ausführlichkeit die Ausgangslage bei Kant und dessen erkenntnistheoretische Revolution resümiert hat, steht auch im Abschnitt über die Möglichkeiten und Grenzen der theoretischen Erkenntnis die kantische Unterscheidung von »analytischem« und »synthetischem Erkennen« im Zentrum (III, 202, und III, 209). Vor allem im letzteren Abschnitt, der immerhin 21 Seiten einnimmt, macht sich dann endgültig Langeweile breit, wenn nacheinander »Definition«, »Eintheilung« und »Lehrsatz« abgehandelt werden. In diesen Passagen werden, bezeichnenderweise, die Äquivokationen von Teil und Satz nicht mehr expliziert, die zuvor eine so große Rolle gespielt haben. Wir werden sie aber mitdenken müssen, wozu dann spätestens der Abschnitt über »Die Idee des Guten« Gelegenheit bietet. Dieser Abschnitt ist ganze fünf Seiten lang, obwohl er sich vom formalen Gewicht her mit dem Abschnitt zur »Idee des Wahren« (mit seinen 31 Seiten) die Waage halten sollte. Die fünf Seiten haben es allerdings in sich, und es will mir fast scheinen, als habe Hegel in der Disproportionalität der beiden Abschnitte auch den Unterschied zwischen Breite und Intensität noch einmal inszenieren wollen, der die beiden Abschnitte auch inhaltlich ausmacht.

Die Idee muss praktisch werden. Vom Sollen. Die Idee des theoretischen Erkennens des Wahren führt in letzter Konsequenz in die »Sphäre der Nothwendigkeit«, die allerdings nur postuliert, jedoch nie endgültig realisiert werden kann: die Erkenntnis des Wahren ist die Erkenntnis, dass der Gegenstand als notwendiger notwendig mit seinem Begriff identisch werden soll. Die Herstellung dieser Identität aber übersteigt dann schon das theoretische Erkennen; der geforderte »Uebergang« muss schon in einem anderen Bereich bestimmt werden. Es ist dies »die praktische Idee, das Handeln« (III, 230).

Das Verhältnis des Guten zum Wahren, der Praxis zur Theorie, wird von Hegel zunächst als *Umkehrung* gefasst: Wo im Theoretischen das Wirkliche in der Objektivität lag, wohingegen der subjektive Begriff der Wirklichkeit als das »Bestimmungslose« entgegentrat, da ist »nun« die subjektive »praktische Idee« das allein Wirkliche, das der »*Unwirklichkeit* der Welt« gegenübersteht (III, 231). Zugleich aber ist mit der »Idee des Guten« auch eine *Umwertung* des Verhältnisses verbunden: Die »Idee des Guten« steht »höher« als die theoretische »Idee des betrachteten Erkennens«, weil mit der »Idee des Guten« auch die »Willens-Idee« zur Veränderung der Welt einhergeht (III, 231).

Die »Idee des Guten« will die Welt besser – und das heißt: ihr selbst adäquater machen. Zu diesem Zweck tritt sie zunächst in der Gestalt der »noch unausgeführte[n] Idee« auf, die ihrer Verwirklichung harrt (III, 232). In dieser Gestalt bleibt das Gute »ein *Sollen*«; wobei noch zu fragen ist, ob umgekehrt das Sollen auch auf die unausgeführte Idee reduziert werden kann. Um das zu prüfen, ist es sinnvoll, noch einmal auf den Weg des Sollens durch die *Logik* zurückzukommen. Denn in deren Verlauf ist aus dem Sollen bereits mehr geworden als bloß das subjektive Gegenstück zur objektiven »Schranke«, auf die Hegel es am Ende wieder zurechtstutzen will (III, 233).[178]

Hegel hat keine Ethik geschrieben, es gibt keine Hegel'sche Moralphilosophie. Die Ethik, die bei Kant über die Differenz von Sein und Sollen und den Begriff der Pflicht artikuliert wird, taucht bei Hegel nur verschoben auf: Die Ethik ist bei Hegel eingelagert oder eingesenkt in die Lehre vom Begriff.

Zu Beginn des letzten Absatzes im Kapitel vom Urteil, am Beginn des Abschnitts über das »Urtheil des Begriffs«, etwa heißt es – das ganze Kapitel resümierend (und damit auch an unsere Diskussion des Urteils in den Kapiteln VII und VIII anknüpfend):

> »*Urtheile des Daseyns* fällen zu wissen: *Die Rose ist roth*, der Schnee ist weiß u. s. f. wird schwerlich dafür gelten, daß es grosse Urtheilskraft zeige. Die *Urtheile der Reflexion* sind mehr *Sätze*; in dem Urtheile der Nothwendigkeit ist der Gegenstand zwar in seiner objectiven Allgemeinheit, aber erst im jetzt zu betrachtenden Urtheil ist *seine Beziehung auf den Begriff vorhanden*. Dieser ist darin zu Grund gelegt, und da er in Beziehung auf den Gegenstand ist, als *ein Sollen*, dem die Realität angemessen seyn kann oder auch

> nicht. – Solches Urtheil enthält daher erst eine wahrhafte Beurtheilung; die Prädicate *gut, schlecht, wahr, schön, richtig* u. s. f. drücken aus, daß die Sache an ihrem allgemeinen *Begriffe*, als dem schlechthin vorausgesetzten *Sollen gemessen*, und in *Uebereinstimmung* mit demselben ist, oder nicht.« (III, 84)

Erst hier, auf dieser Stufe, wird der Ausdruck »Urteil« in all seinen Bedeutungen voll ausgeschöpft, weil erst hier »Beurtheilungen« und damit auch Wertungen möglich werden: gut, schlecht, wahr, schön, richtig. Als gut, wahr, schön und richtig gelten solche Dinge, die ihrem Begriff entsprechen; Dinge, in denen sich ein Begriff möglichst umfänglich verwirklicht hat; Dinge, die möglichst viele oder alle Aspekte eines Begriffs ausschöpfen.

Im Kapitel über die »Idee des Wahren«, im Abschnitt über die Definition, kommt Hegel noch einmal auf den Unterschied zwischen dem Begriff und seiner Verwirklichung zurück:

> »Etwas Wirkliches zeigt daher wohl an sich, was es seyn *soll*, aber es kann auch nach dem negativen Begriffsurtheil ebensosehr zeigen, daß seine Wirklichkeit diesem Begriffe nur unvollständig entspricht, daß sie *schlecht* ist. [...] In einer schlechten Pflanze, einer schlechten Thiergattung, einem verächtlichen Menschen, einem schlechten Staate sind Seiten der Existenz mangelhaft oder ganz obliterirt, welche sonst für die Definition als das Unterscheidende und die wesentliche Bestimmtheit, in der Existenz eines solchen concreten genommen werden konnten. Eine schlechte Pflanze, Thier u. s. f. bleibt aber immer noch eine Pflanze, Thier u. s. f. Soll daher auch das Schlechte in die Definition aufgenommen seyn, so entgehen dem empirischen Herumsuchen alle Eigenschaften, welche es als wesentlich ansehen wollte, durch die Instanzen von Mißgeburten, denen dieselbe fehlen, z. B. die Wesentlichkeit des Gehirns für den physischen Menschen durch die Instanz der Acephalen, die Wesentlichkeit des Schutzes von Leben und Eigenthum für den Staat, durch die Instanz despotischer Staaten und tyrannischer Regierungen.« (III, 213 f.)

Wenn die Wirklichkeit dem Begriff nicht oder nur unzulänglich entspricht, so können wir dies in dem Urteil, dass die Sache schlecht sei, zum Ausdruck bringen, und wir betätigen damit zugleich den Begriff der Sache, an dem wir sie messen. Indem wir festhalten, *was* an einer Sache: einer Pflanze, einem Menschen, einem Staat schlecht ist, *was* verkümmert ist oder unsichtbar bleibt, halten wir zugleich fest, was *im Begriff* der Sache positiv enthalten ist, und wir falten damit den Begriff auch durch das negative Urteil über die schlechte Sache noch weiter aus: Zum Begriff des Menschen gehört das Gehirn, zum Begriff des Staates der Schutz von Leben und Eigentum der Bürger. Und vielleicht legt Hegel hier durch die Kontiguität der Beispiele auch nahe, dass ein akephalischer Staat, ein akephalisches Gemeinwesen immer auch ein schlechtes Gemeinwesen wäre. Es scheint mir jedenfalls kein Zufall zu sein, dass Hegel seine Beispielreihe hier (wieder einmal, muss man sagen) auf den Staat und Fragen des Politischen zulaufen lässt. Es steht zu vermuten, dass es sich bei der ganzen Argumentation um gute und schlechte Verwirklichungen um eine verkappte Theorie des Politischen handelt.

Wie dem auch sei: In jedem Fall können wir festhalten, dass das ethische Moment nicht mehr über das Kant'sche Sollen, sondern im Medium des Begriffes – und wir könnten zuspitzen: im Herz der Begriffsdynamik selbst – erscheint. Hegel überwindet die kantische Spaltung der Welt in eine Sphäre der Erkennens und der theoretischen Philosophie auf der einen und eine Sphäre des Handelns und der praktischen Philosophie auf der anderen Seite nicht, indem er sie verschwinden lässt, sondern indem er sie viel fundamentaler fasst und als logisches Problem reformuliert.

Das existenzielle Gewicht der Entzweiung von Sein und Sollen nimmt durch diese Umlagerung aber keineswegs ab, wie sich in einer kurzen Passage nachvollziehen lässt, die sich am Ende des Kapitels zum Urteil findet. Hier, wo sich dieses auflöst und in den (logischen) Schluss überführt wird, fasst Hegel noch einmal die ganze innere Wahrheit des Urteils zusammen. Dabei kommt Hegel noch einmal auf die Hölderlin'sche Etymologie zurück:

»Das *Subject* enthält gleichfalls diese beyden Momente in *unmittelbarer* Einheit als die *Sache*. Es ist aber die Wahrheit derselben, daß sie in sich *gebrochen* ist in ihr *Sollen* und ihr *Seyn*; diß ist das *absolute Urtheil über alle Wirklichkeit*. – Daß diese ursprüngliche Theilung, welche die Allmacht des Begriffes ist, eben so sehr Rückkehr in seine Einheit und absolute Beziehung des Sollens und Seyns aufeinander ist, macht das Wirkliche zu *einer Sache*; ihre innere Beziehung, diese concrete Identität, macht die *Seele* der Sache aus.« (III, 88)

Die »Seele der Sache« – das, was ihre und »alle Wirklichkeit« als solche zuinnerst ausmacht, bewegt und belebt: ihre »Wahrheit« – liegt darin, »in sich gebrochen« zu sein. Die Seele, Wahrheit und Wirklichkeit jeder »Sache« zeigt sich in der Brechung von Sein und Sollen, und *nur* in dieser Brechung. Die Wahrheit der Wirklichkeit, die Wirklichkeit selbst *ist* der Bruch. Und weiter: Die Einheit der Wirklichkeit besteht *nicht* darin, dass Sein und Sollen zur Übereinstimmung (zu absoluter Übereinstimmung) gebracht werden, sodass das Sollen im Sein verschwinden würde, sondern umgekehrt: Die Einheit der Wirklichkeit liegt in der Beziehung, in der »absoluten« und »innere[n] Beziehung« von Sein und Sollen, und das heißt wiederum auch: in ihrer *Differenz*. Wenn die Beziehung verschwindet, dann verschwindet auch die Einheit und Identität der Sache (der Wirklichkeit). Oder anders: Wenn Sein und Sollen zu einer Übereinstimmung gebracht und diesem Sinn »identisch« werden, dann verschwindet ihre Identität. Paradoxer, so wird man sagen dürfen, kann dies vermuckte Ding der Identität wohl kaum gefasst werden.

Wenn wir von hier noch einmal zurückschauen auf das Ausgangsproblem des Idealismus: auf die Frage, wie die kantischen Entzweiungen überwunden werden sollen, dann zeigt sich jetzt, dass die Entzweiung von Sein und Sollen von Hegel nur dadurch überwunden wird, dass er ihre Unüberwindbarkeit erweist. Die Entzweiung von Sein und Sollen kann und darf auch nicht überwunden werden, weil die Wirklichkeit selbst dann auseinanderfallen würde. Seele und Wahrheit aller Wirklichkeit liegen in der Entzweiung. In Bezug auf die Entzweiung von Sein und Sollen ist Hegels letztes Wort: *Das soll so.*

Inkohärenz und Unvollständigkeit des Seins. Die Diagnose, die Hegel der Wirklichkeit stellt: dass sie nur im Bruch überhaupt ihre Identität finden kann, dass sie nur als Beziehung (d. h. in der Differenz) von Sein und Sollen überhaupt ihren Bestand sichern kann – diese Diagnose wird im Fortgang des dritten Buches nicht mehr revidiert oder »aufgehoben«. Das zeigt sich nicht zuletzt darin, dass die Konstruktion dieses Buchs auf die finale Aufspreizung von Wahrem und Gutem hinausläuft, die exakt der von Sein und Sollen entspricht und die im letzten Kapitel zur »absoluten Idee« nur noch gerechtfertigt, aber nicht mehr überwunden wird. Vielleicht dürfen wir hier verallgemeinern und den aufgezeigten *Bruch* mit jener »materiellen Inkonsistenz« und »Unvollständigkeit« des Seins verbinden, um die es Rebecca Comay und Frank Ruda in ihrer Hegel-Auslegung zu tun ist (und die als »ontologische Negativität« in Alenka Zupančičs Buch *Was ist Sex?* ihre großartig-paradoxe Apotheose erfährt).[179] Das Sein ist unvollständig, weil es keine »gelingende«, keine kohärente, aufgehende Beziehung zwischen Sein und Sollen gibt, sondern eben einen Bruch, oder besser: ein Zerbrochen- oder Gebrochen-Sein. Wenn das Sollen den Mangel des Seins markiert, dann würde das erfüllte Sollen (der »ausgeführte Zweck«) diesen Mangel nicht beheben. Das Sollen kann nicht einmal als negative Bestimmung dessen gelesen werden, *was* dem Sein mangelt, sondern nur *dass* es einen Mangel im Sein gibt. Sein und Sollen sind aufeinander verwiesen, ihre Beziehung ist die Wahrheit und die Seele aller Wirklichkeit, aber nur in der Differenz: Sie lassen sich nicht aufaddieren. Nicht einmal die Bruchkanten fügen sich ineinander.[180]

Die Inkohärenz und Unvollständigkeit des Seins geht einher mit (oder hervor aus) einer Inkohärenz, Unvollständigkeit und »ungroundedness« der Sprache.[181] Sprache versöhnt nicht den Bruch im Sein, sondern artikuliert ihn und treibt ihn so erst hervor. Die Sprache ist, so Comay und Ruda mit Freud, das »innere Ausland« der Philosophie: In und wegen ihr wird das Sein nie ganz in sich heimisch. Sprache ist nicht Ausdruck einer höheren Rationalität, und sie ist nicht Medium einer Gesellschaftlichkeit, in der »letztlich« – und sei es nur implizit – klar ist, was wir mit Sein, Nichts und Werden meinen und die verbürgt, dass wir alle etwas und dass wir alle das Gleiche damit meinen; Sprache ist auch im sozialen Sinn »ungrounded«. Wenn Sprache Ausdruck und Medium von Sozialität ist, dann nicht einer funktionierenden, sondern einer gebrochenen: einer Gesellschaft, die nicht mit sich im Reinen ist.

Die Volte gegen die neopragmatische Lesart Hegels, die sich bei Comay und Ruda hier anschließt, kann ich an dieser Stelle nicht nachvollziehen.[182] Mir fällt hier eher der Zusammenhang mit Brechts Lesart der *Logik* ins Auge. In der *Logik* blamieren sich die Begriffe gegenseitig, weil Hegel die Inkohärenz ihrer Bedeutungsansprüche aufeinanderprallen lässt. Die Komödie der Begriffe ist auch eine Komödie der Sprache, weil die unfreiwillige Komik der Begriffe an ihrer sprachlichen Form hängt, ohne auf diese abgeschoben werden zu können. Die »schlüpfrige, unstabile, verantwortungslose« Existenzweise der Begriffe hängt am schlüpfrigen, unstabilen, verantwortungslosen Charakter der Sprache *und* des Seins, wobei auch das Gegenteil: eine fraglose und in sich ruhende Solidität nur wiederum sprachlich zu haben wäre. Der Komödie entkommen wir nicht so schnell.

In Hegels Prosa zeigt sich die Persistenz der Entzweiung von Sein und Sollen nicht zuletzt darin, dass sich die »Form des Urteils« nicht ganz eliminieren lässt, obwohl dies überall angestrebt wird, und dass sich die philosophische Sprache nie ganz in eine Sprache, die nicht urteilt, transformieren lässt, schon weil die Urteilsform die Wahrheit des Bruchs ausspricht. Hegels Prosa exponiert die Brüche – von Sein und Sollen, von Bedeutung und Ausdruck – als solche, auf die wir nur immer wieder zurückkommen können und müssen, die wir aber nie überwinden können. Schon deshalb kann diese Wahrheit aller Wirklichkeit, die zugleich die Wahrheit aller Sprache ist, bereits im Ausgang des Kapitels zu Urteil ausgesprochen werden: Das Urteil wird als Form des Geistes *aufgelöst*, seine Wahrheit aber bleibt gültig.

Das Vergessen der Aufhebung. Wir könnten es uns jetzt leicht machen und sagen: Das absolute Wissen ist das Wissen um die Inkohärenz und Unvollständigkeit des Seins und der Sprache. Im »absoluten Wissen« wissen wir, dass wir in einem strukturellen – und nicht bloß äußerlich-empirischen Sinn – *nicht alles* wissen können; »absolutes Wissen« als Wissen des *pas tout*.[183] Oder kurz: Alles weiß man leider nicht.

Nun ist dieses Wissen aber als solches nicht statuier- oder als Ganzes präsentierbar; das Wissen um das *pas tout* sucht sich selbst heim. Und so kann es sich selbst nur in einem Prozess von Vergessen und Erinnern halten; das Wissen kann nur die Form der »permanenten Rekursion« annehmen, die auch Hegels Prosa auszeichnet.

Im theoretischen Erkennen kommen wir an einen Punkt, an dem die notwendige Einheit von Sache und Begriff durch die »praktische Idee, das Handeln« herbeigeführt werden muss. Die Idee des Handelns aber, die »Idee des Guten«, führt umgekehrt wiederum an den Punkt, wo einer widerständigen, »gleichgültigen«, »bösen« Objektivität (vgl. III, 234) eine tätige, überwindende, »gute« Subjektivität gegenübergestellt wird. Am End- und Nullpunkt des theoretischen Erkennens muss die Idee des Guten, der Praxis, des Handelns aushelfen, um die Spaltung von der Subjektseite her zu überwinden; am symmetrischen End- und Nullpunkt des praktischen Erkennens muss die Idee des Wahren dem Subjekt mit dem theoretischen Wissen um die bereits und immer schon überwundene Spaltung zur Seite springen; beide Ideen müssen ineinander ihre »Ergänzung« finden, ohne dass sich durch diese eine Ganzheit einer oder beider Seiten ergäbe (III, 233).

Zur Ergänzung tritt – als das, was sie überhaupt erforderlich macht – ein »Rückfall«. Jedes Erkennen ist immer von einem Rückfall in die Gegenüberstellung von Wirklichkeit und Begriff, von Gegenstand und Erkenntnis bedroht; das Erkennen ist von diesem Rückfall bedroht, obwohl es doch eigentlich weiß, dass die Gegenüberstellung schon überwunden ist – von nichts anderem als dieser Überwindung handelten ja immerhin die bis hierher absolvierten Bemühungen der drei Bücher der *Logik*. In leicht obsessiv wirkender (und hier tatsächlich die »zivile« Grammatik geflissentlich ignorierender) Reihung heißt es:

> »[Es] ist diß ein Rückfall des Begriffs in den Standpunkt [vielleicht: der Rückfall besteht überhaupt im Beziehen eines Standpunkts?], den der Begriff vor seiner Thätigkeit hat, – den Stand-

punkt der als nichtig bestimmten und doch als reell vorausgesetzten Wirklichkeit; – ein Rückfall, welcher zum Progreß in die schlechte Unendlichkeit wird, seinen Grund allein darin hat, daß in dem Aufheben jener abstracten Realität diß Aufheben eben so unmittelbar vergessen wird, oder daß vergessen wird, daß diese Realität vielmehr schon als die an und für sich nichtige, nicht objective Wirklichkeit vorausgesetzt ist.« (III, 234)

Das Subjekt vergisst, dass es im Prozess des Erkennens die Spaltung zwischen sich selbst und einer abstrakten Realität längst überwunden hat, es vergisst, dass es längst erkannt hat, dass es diese abstrakte Realität als eine dem Subjekt gegenüberstehende gar nicht gibt. Das Vergessen des Subjekts liegt aber schon im Vollzug der Überwindung begründet, die vergessen wird: im Prozess des Aufhebens wird das Aufheben vergessen – man könnte vielleicht etwas gehässig ergänzen: Hier rächt sich der vermaledeite Doppel- und Mehrfachsinn des Aufhebens, denn in der Überwindung der Spaltung wird diese zugleich bewahrt. Damit aber ist das vergessliche Subjekt dazu verdammt, immer von Neuem gegen etwas anzurennen, was es sich in der Bewältigung einer Aufgabe selbst erst vorsetzt. Wenn die schlechte Unendlichkeit ansonsten in der *Logik* des Öfteren an die Romantik gemahnt, dann wird man hier nicht umhinkönnen, an eine Slapstick-Komödie zu denken.

Das Subjekt fällt also in die Voraussetzung zurück, die längst eingeholt und »gesetzt« worden ist, es vergisst aber eben, was es schon geschafft hat. Hier schreibt Hegel in fast aphoristischer Verdichtung von einer »Wiederholung der Voraussetzung des nicht ausgeführten Zweckes nach der wirklichen Ausführung des Zweckes« (III, 234).[184] Es hilft also nicht *zu wissen*, dass man vergisst und damit die Voraussetzung des eigenen Erkennens und Handelns reproduziert. Das Wissen kann jedenfalls die beschriebene Wiederholung nicht verhindern.[185] Wir können uns allenfalls selbst auf die Höhe einer Reflexion über die notwendig ablaufende Wiederholung heben; damit wir von dieser nicht wieder herab- oder zurückfallen, müssen wir in der Reflexion die reflektierte Bewegung und die »Ergänzung« der Ideen des Wahren und des Guten, von Sein und Sollen wiederholen. Dabei steht die Idee des Wahren für ein Identitätsbewusstsein – ein Bewusstsein davon, dass die vorausgesetzte Spaltung zwischen Subjekt und Realität immer schon überwunden ist – und die Idee des Guten für das Differenzbewusstsein, das in Erinnerung ruft, dass die Überwindung der Spaltung immer wieder auch vergessen wird und in bloße Indifferenz verfällt. Die Idee des Wahren ist systematisch, aber auch ein bisschen dumm und träge; die Idee des Guten ist ohne eigenen Inhalt, dafür aber dynamisch und polemisch gegen die Trägheit des Wahren gerichtet. – Nach dieser (wieder komischen?) Verdopplung kommt in der *Logik* nicht mehr viel. Es kommt nur noch die »absolute Idee«, aber die besteht – das hatten wir schon verraten – nur in der geordneten Wiederholung dessen, was sich bis dahin als Ergebnis ergeben hat. Hier findet sich keine irgendwie geartete harmonische Vollendung der Einheit des Ganzen, sondern allenfalls die Erklärung, dass eine solche nicht möglich ist.

Auflösung und Ablösung. Das vollzogene Ende der *Logik* – wir erinnern uns an die These von den zwei Enden – läge demnach im Vollzug der Wiederholung von Vergessen und Erinnerung, die durch das Widerspiel (die »Ergänzung«) der Ideen des Wahren und des Guten in Gang gehalten wird. Auf die Exposition dieses Wiederholungsprozesses läuft das vorletzte Kapitel der *Logik* hinaus. Das reflektierte Ende kommt im letzten Kapitel auf die Gegenüberstellung zurück, ohne sie als Widerspruch »regelgerecht« aufzulösen. Wir haben es mit einem Ende ohne Schluss zu tun: Es wird kein Schluss gezogen aus den präsentierten Prämissen, keine Synthese gebildet aus These und Antithese. Das Absolute des Endes – die »absolute Idee« – lehrt uns vor allem vielleicht genau das: keine Schlüsse zu ziehen, die »Spannung zu halten, statt sie auszuagieren oder einzuschmelzen«, um ein schönes Wort von Klaus Heinrich über das Hölderlin-Quartett Luigi Nonos zu entwenden.[186] Oder in Variation: die Spannung auszuagieren, ohne sie zu verlieren. Das Absolute am Ende der *Logik* würde sich ablösen *(ab-solvere)* vom Zwang der dialektischen »Auflösung der Widersprüche«; oder anders gewendet: Das Absolute als Ablösung wäre so die Auflösung der Auflösung als Lösung – Auflösung ohne Ergebnis.[187]

Das ist sicher eine forcierte Lesart, die aber doch zum »offiziellen« Protokoll des Absoluten passt, so wie Hegel es vor allem in der *Begriffslogik* durchhält. Das Absolute ist demnach vor allem *Form*: Die Logik ist die »Wissenschaft der absoluten Formen«, die selbst die »Form des Absoluten« annimmt (III, 24f.). Als Form drückt das Absolute die Ablösung von allem »empirischen Stoff« aus; es wird zum Inbegriff von Freiheit und Selbständigkeit als In-Sich-Selbst-Ständig- und -Beständigkeit. Die Freiheit des Absoluten als Form wird durch die »absolute Negativität« des Begriffs herbeigeführt (III, 31), insofern dieser nur Unterscheidung ist, die an keinen besonderen Inhalt gebunden wird, aber alle Inhalte unterscheiden und aufspalten kann. An anderer Stelle schreibt Hegel vom »Begriff des *absoluten Unterschiedes*« (III, 185), vom Begriff *als* absolutem Unterschied. Über die Negation der Negation soll schließlich – das ist unvermeidlich – der Begriff dann auch *»als absolute Identität mit sich«* firmieren (III, 33). So heißt es denn auch, dass die Allgemeinbegriffe »Leben, Ich, endlicher Geist« erst noch »ihre absolute Auflösung in demjenigen Allgemeinen« erreichen müssen, »welches [dann] als wahrhaft absoluter Begriff« aufzufassen ist (III, 36).

Nun bleibt aber die »absolute Auflösung« im »wahrhaft absoluten Begriff« leer, wenn sie nicht dauernd rückverwiesen wird auf die Begriffe, die aufgelöst werden sollen, oder genauer: wenn sie sich nicht rückbezieht auf die *Beziehung*, auf die »absolute Beziehung« (III, 88) dieser Begriffe. Die Beziehungsform der Begriffe aber ist die einer »Ergänzung« ohne Ganzes, eines fortwährenden Schließens ohne Schluss. Die Bewegung des Begriffs (als Bewegung irreduzibel pluraler Begriffe) ist *»allgemeine absolute Thätigkeit«* (III, 238), aber ohne Ergebnis. Die Begriffe arbeiten sich aneinander ab, aber es wird nichts erarbeitet außer absolut abgearbeiteter Begriffe. Wenn die »absolute Idee« je im Verdacht stand, einer totalitären Schließung des Denkens zuzuarbeiten, dann sehen wir jetzt, dass umgekehrt genau der Anspruch des Absoluten die Idee beständig und unverdrossen ins Leere laufen lässt. – Noch das Programm der »absoluten Idee« folgt der Dramaturgie der Brecht'schen Komödie, oder doch eher der Becketts?[188] *Ever tried. Ever failed. No matter. Try again. Fail again. Fail better …*

XI Nature Writing

> Woyzeck *vertraulich*: »Herr Doctor, habe Sie schon was von der doppelten Natur gesehn? Wenn die Sonn in Mittag steht und es ist als ging die Welt im Feuer auf hat schon eine fürchterliche Stimme zu mir gered!«[189]

Dass die *Logik* keinen rechten Schluss finden kann – vielleicht können wir Adornos Diktum, dass kein modernes Kunstwerk »mehr überzeugend zu schließen« vermag,[190] auch auf die Philosophie ausdehnen –, ist zunächst einmal wenig überraschend. Immerhin wurde schon auf der ersten Seite der »Einleitung« angekündigt, dass der Schluss der *Logik* wieder zurück in den Anfang führen wird; diese Zirkularität aber wirklich »überzeugend« statt nur behauptend darzustellen, bedeutet keine kleine Schwierigkeit.

Der Satz, in dem auf der vorletzten Seite der *Logik* die nun erreichte Vollendung der Zirkularität des Ganzen statuiert wird, soll hier abermals zitiert werden:

> »Vermöge der aufgezeigten Natur der Methode stellt sich die Wissenschaft als einen in sich geschlungenen *Kreis* dar, in dessen Anfang, den einfachen Grund, die Vermittlung das Ende zurückschlingt; dabey ist dieser Kreis ein *Kreis von Kreisen*; denn jedes einzelne Glied, als Beseeltes der Methode, ist die Reflexion in-sich, die, indem sie in den Anfang zurückkehrt, zugleich der Anfang eines neuen Gliedes ist. Bruchstücke dieser Kette sind die einzelnen Wissenschaften, deren jede ein *Vor* und ein *Nach* hat – oder genauer gesprochen, nur das *Vor hat*, und in ihrem Schlusse selbst ihr *Nach zeigt*.« (III, 252)

Gemäß dieser Präzisierung *»zeigt«* denn auch der Schluss der *Wissenschaft der Logik* »ihr *Nach«* eher, als dass er dieses erklärt: Ganz am Ende, in einer Art Epilog, weist die *Logik* auf etwas, das schon nicht mehr Logik (und *Logik*) ist und was auch nie Logik (und *Logik*) werden wird. Dieser Nach-Schluss bringt schließlich noch einmal etwas Neues und anderes ins Spiel: ein neues Verständnis von *Natur*.

Nach-Schluss und Anschluss. Im Epilog der *Logik* stellt Hegel in einer Art Ausblick deren »systematische Ausführung« im nächsten Werk in Aussicht, in der *Enzyklopädie der philosophischen Wissenschaften*, die Hegel schon ein Jahr nach dem Abschluss der *Logik* veröffentlichen wird. Der »Uebergang« in diese *»andere[ ] Sphäre und Wissenschaft«* aber könne »hier«, am Schluss der *Logik*, »nur noch angedeutet« werden.

Der Epilog der *Logik*, der bereits einen Abriss der *Enzyklopädie* in Kurzform enthält, lautet wie folgt:

> »Indem die Idee sich nemlich als absolute *Einheit* des reinen Begriffs und seiner Realität setzt, somit in die Unmittelbarkeit des *Seyns* zusammennimmt, so ist sie als die *Totalität* dieser Form, – *Natur*. – Diese Bestimmung ist aber nicht ein *Gewordenseyn* und *Uebergang*, wie, nach oben, der subjective Begriff in seiner Totalität zur *Objectivität*, auch der *subjective Zweck* zum *Leben wird*. Die reine Idee, in welcher die Bestimmtheit oder Realität des Begriffes selbst zum Begriffe erhoben ist, ist vielmehr absolute *Befreyung*, für welche keine unmittelbare Bestimmung mehr ist, die nicht ebensosehr *gesetzt* und der Begriff ist; in dieser Freyheit findet daher kein Uebergang Statt, das einfache Seyn, zu dem sich die Idee bestimmt, bleibt ihr vollkommen durchsichtig, und ist der in seiner Bestimmung bey sich selbst bleibende Begriff. Das Uebergehen ist also hier vielmehr so zu fassen, daß die Idee sich selbst *frey entläßt*, ihrer absolut sicher und in sich ruhend. Um dieser Freyheit willen ist die *Form ihrer Bestimmtheit* eben so schlechthin frey, – die absolut für sich selbst ohne Subjectivität seyende *Aeusserlichkeit des Raums und der Zeit*. – Insofern diese nur nach der

> abstracten Unmittelbarkeit des Seyns ist und vom Bewußtseyn gefaßt wird, ist sie als blosse Objectivität und äusserliches Leben; aber in der Idee bleibt sie an und für sich die Totalität des Begriffs, und die Wissenschaft im Verhältnisse des göttlichen Erkennens zur Natur. Dieser nächste Entschluß der reinen Idee, sich als äusserliche Idee zu bestimmen, setzt sich aber damit nur die Vermittlung, aus welcher sich der Begriff als freye, aus der Aeusserlichkeit in sich gegangene Existenz emporhebt, *in der Wissenschaft des Geistes* seine Befreyung durch sich vollendet, und den höchsten Begriff seiner selbst in der logischen Wissenschaft, als dem sich begreifenden reinen Begriffe, findet.« (III, 253)

Die Überforderung der Leserin ist hier eingepreist – versuchen wir dennoch, ein bisschen Ordnung zu schaffen: Der Absatz basiert auf einer Gegenüberstellung von *Natur* und *Geist*. Die *Enzyklopädie* wird, dieser Gegenüberstellung folgend, in zwei Großkapitel gegliedert sein: die »Philosophie der Natur« und die »Philosophie des Geistes« (letztere wird hier, im letzten Absatz der *Logik*, noch als »Wissenschaft des Geistes« bezeichnet).

Den Umschlagpunkt zwischen der Betrachtung der Natur und der des Geistes wird im Absatz durch den Gedankenstrich nach *»Aeusserlichkeit des Raums und der Zeit«* markiert. Danach geht es zwar weiter um »Natur«, diese wird nun aber eindeutig für ihre Erkenntnis und Aufhebung im Geist präpariert. Deren Vollzug wird dann schließlich statuiert im letzten Satz des Absatzes (und der *Logik*).

Nach dieser Grobstrukturierung ist der systematische Anschluss der *Enzyklopädie* im Epilog der *Logik* gut vorbereitet. Der Absatz selbst spricht allerdings, genauer besehen, eine andere Sprache. Gelesen als *Nach-Schluss*, als Anhängsel und Supplement, resümiert er die Ergebnisse der Logik nicht nur, sondern verschiebt diese auch so, dass der Anschluss der *Enzyklopädie* gerade nicht gelingen kann. Oder genauer: Wie der Einschub »nach oben« (heißt: gemäß der obigen Argumentation) deutlich macht, liefert der Absatz in Bezug auf die Natur durchaus ein Resümee der *Logik*, allerdings wird dieses Resümee hier gerade negiert und umgekehrt. Im dritten Buch der *Logik* – der »subjektiven Logik« oder der »Logik des subjektiven Begriffs« –

wurde die Natur als »Objectivität« bestimmt und dann durch den Begriff der Teleologie (als »subjective[r] Zweck«) in den des »Leben[s]« überführt. Das »Leben« stellt aber schon die erste Manifestationsform der »Idee« dar, die schließlich über die Idee der Erkenntnis zum »höchsten«, dem »absoluten Begriff« sich vollendet. Diesen Weg stellt der zitierte letzte Absatz der *Logik* gleich zweimal vor Augen – einmal in Bezug auf die Natur (bis zum Gedankenstrich), dann in Bezug auf den Geist (die letzten beiden Sätze nach dem Gedankenstrich). Im zweiten Fall wird das »offizielle« Programm der *Logik* affirmiert: in der »Objectivität« und im »Leben« bleibe der Begriff sich noch äußerlich, erst im Geist (und der »Wissenschaft des Geistes«) komme er als »reiner Begriff« zu sich selbst.

Der erste Teil des Absatzes aber stellt diese (»offizielle«, erwartbare) Version der Geschichte in geradezu spektakulärer Weise infrage: Denn hier wird schon die Natur (oder genauer: »– *Natur*«) als »absolute Einheit« und Totalität des Begriffs präsentiert. Der Weg durch »Objectivität« und »Leben«, der nach der »offiziellen« Variante notwendig ist, um in die »Befreyung« der »absoluten Idee« zu führen, wird hier explizit zurückgewiesen: *nicht – vielmehr.* Natur wird hier *nicht* als Durchgang, nicht als »Uebergang« zur »Freyheit« der Idee verstanden, sondern als »Befreyung«, als Prozess des Sich-frei-Machens *selbst.* Deshalb lehnt Hegel auch den Begriff des »Uebergangs« ab, weil dieser suggeriert, dass die Seiten klar wären, zwischen denen er seine »Statt«, seinen festen Ort, hätte, und schreibt stattdessen von einem »Uebergehen«.[191]

Das »Uebergehen« wird als freie Form der (Selbst-)Bestimmung gedacht: »absolut sicher und in sich ruhend«, wie es schön und dunkel heißt. Wir haben es hier mit einer »Befreyung« zu tun, die keine zu erreichende »Freyheit« jenseits ihrer selbst ansteuert, sondern sich als Prozess und Vollzug selbst genügt; eine Befreiung »ohne unmittelbare Bestimmung«: ohne Ziel, ohne Zweck und Schicksal. In anderer Form wird dies in der Wendung ausgesagt, die Natur – das in der »Aeusserlichkeit des Raums und der Zeit« nur »für sich Seyende« – sei »ohne Subjektivität«: Denn damit ist auch gesagt, dass es sich bei der Natur eben nicht um eine *entäußerte* Subjektivität handelt, die irgendwann schließlich doch in sich zurückkehren müsste. Stattdessen haben wir es hier mit dem singulären Fall einer nicht entäußerten Äußerlichkeit zu tun, einer Äußerlichkeit ohne Rückkehr.

Die »– *Natur*« selbst also ist schon Idee, die »absolute Befreyung« (im Erstdruck: »ab-«/Seitenumbruch/»solute Befreyung«): eine Befreiung, die sich von dem Prozess der Objektivierung und Vergeistigung ablöst, der sonst überall als Bedingung einer Überführung der Natur in Idee und Geist vorausgesetzt wird. Damit aber wird die systematische Einpassung des Epilogs zwischen *Logik* und *Enzyklopädie* und der systematische Status der *Logik* insgesamt noch einmal von Neuem fraglich.

Große und kleine Logik. Die meisten Interpreten folgen in ihrer Auslegung des Epilogs Hegels eigener »systematischer« Leseanweisung und sehen in den Ausführungen zur Natur am Ende der *Logik* bloß eine Vorausdeutung auf den Abschnitt zur »Philosophie der Natur« in der *Enzyklopädie.*[192] Der Ab- oder Nachschluss der *Logik* würde somit zur eigentlichen Anschlussstelle des ausgeführten Systems.

Dagegen müssen wir allerdings festhalten, dass – genau besehen – auf den Epilog der *Logik* die »Philosophie der Natur« gar nicht direkt folgt. Denn die *Enzyklopädie* beginnt mit einer gut 120 Seiten langen Kurzfassung der »Wissenschaft der Logik«; um beide *Logiken* unterscheiden zu können, spricht man von der *großen Logik* (oder besser noch: von der *Großen Logik*) und der *kleinen* »Logik«. Demnach ist es schon deshalb ungenau, den Epilog der *großen Logik* als »Uebergang« zur »Philosophie der Natur« aufzufassen, weil auf die *große Logik* statt der »Philosophie der Natur« erst einmal die *kleine* »Logik« folgt: So ernst muss man das Spiegelkabinett der Hegel'schen Systemarchitektur schon nehmen. Die *große Logik* schließt stattdessen, so meine These, souverän in und für sich selbst, und nichts anderes behauptet die Rede vom »Kreis von Kreisen«. Nur die *kleine* »Logik« leitet in die »Philosophie der Natur« über, und wenn man das Verhältnis des Natur-Begriffs am Schluss der *großen Logik* (den Begriff der »– *Natur*«) zur »Philosophie der Natur« wirklich klären wollte, dann müsste man zunächst das Verhältnis der *großen Logik* zur *kleinen* klären und dann das der *kleinen* »Logik« zur »Philosophie der Natur«.

In aller Kürze zum ersten Punkt: Die *kleine* »Logik« ist nur ein schwacher Abglanz der *großen*; all das, was in der *großen Logik* als lebendige Bewegung des Gedankens vorgeführt wird (und was in seiner Lebendigkeit zu der ganz eigenen und seltsam intensiven Prosa drängt, die wir untersucht haben), wird in der *kleinen* »Logik« als bloßes Ergebnis schon abgeschlossener Gedanken in Form eines Schulbuchs aufbereitet. Äußeres Anzeichen der Verschulung des Denkens – die für die Schulbildung der Hegelianer wohl nicht unerheblich war – ist die Einteilung in Paragraphen. Wer das Verhältnis von *großer Logik* und *kleiner* in nuce betrachten will, der schaue sich den Anfang der beiden *Logiken* an: Hier die gestische, von idiosynkratrischer Interpunktion akzentuierte Denk- und Sprachsuchbewegung des »*Sein, reines Sein*, –«, dort das buchhalterische: »§ 39. a) Seyn. Das *reine Seyn* macht den Anfang, weil es sowohl reiner Gedanke, als das einfach Unmittelbare ist; der erste Anfang aber nichts vermitteltes und weiter bestimmtes seyn kann. Die wahrhaft *erste Definition* des *Absoluten* ist daher: *es ist das reine Seyn.*«[193] Keine Sorge hier also um Ur-teilung und Prädikation, kein Problem mit der Form der Definition, die in der *großen Logik* erst noch umständlich als Verfahren des Anfangs ausgeschlossen werden musste, kein großes Aufhebens um Benennung und Formulierung …

Auch der Übergang von der *kleinen* »Logik« zur »Philosophie der Natur« ist in der *Enzyklopädie* ganz unproblematisch gestaltet. Der letzte, der Paragraph 191 der *kleinen* »Logik« hält fest, dass die »speculative Idee […] in der absoluten Wahrheit ihrer selbst sich *entschließt*, das Moment ihrer Besonderheit oder des ersten Bestimmens und Andersseyns, die *unmittelbare Idee*, als ihren Wiederschein, sich als Natur *frey aus sich zu entlassen*«.[194] Dem wird die »Philosophie der Natur« mit Paragraph 192 dann nahtlos folgen. Die Idee entschließt sich, sich *als* Natur, in der Form der Natur, aus sich selbst zu entlassen – wohingegen in der *großen Logik* die Idee die Natur selbst *ist*. Die Natur wiederum ist in der *kleinen* »Logik« explizit nur *erstes* Bestimmen und Anderseins der Idee – das Durchzählen aber zielt schon auf die *zweite* Bestimmung, die unweigerlich zur Umkehrung in den Geist führen wird. Schließlich ist es hier, in der *Enzyklopädie*, die Idee, der die Freiheit zugesprochen wird, die Natur aus sich zu entlassen –

wohingegen die Natur in der *großen Logik* die Befreiung selbst *ist* und sein soll. Die *kleine* »Logik« wahrt also eine eindeutige Äußerlichkeit von Idee und Natur, wohingegen die *große Logik* beide in einer schwer zu durchdringenden (und zu durchtrennenden) Innigkeit zusammenführt. Die Äußerlichkeit aber erleichtert oder ermöglicht in der *Enzyklopädie* erst die Bearbeitung der Natur in einem eigenen Systemteil, der »Philosophie der Natur«.

Mit der Frage des Verhältnisses von *großer Logik* und *kleiner* steht auch das Verhältnis von *großer Logik* und ausgearbeitetem System zur Disposition, so wie es in der *Enzyklopädie* wenigstens *im Grundrisse* dargestellt und wie es dann in den großen universitären Vorlesungszyklen der Heidelberger und Berliner Jahre ausgebreitet werden wird. Die hegelianische Doxa will es, dass in der *großen Logik* – als dem »System der reinen Vernunft« – die Denkformen und Kategorien bereitgestellt werden, mittels derer der ganze Stoff der Welt dann von innen so durchdacht werden kann, dass er sich zum System fügt. Demnach wäre die *Logik* Propädeutikum und Grundlegung in einem, Bereitung des *Grundes*, auf dem dann die *Enzyklopädie* 1817 ihre *Grundzüge* ausbreiten und die *Rechtsphilosophie* 1820 ihre *Grundlinien* ziehen kann.[195]

Dieses Verständnis propagiert auch Hegel selbst, wenn er in der »Einleitung« schon als Ziel der *Logik* festhält, eine »abstrakte Grundlage des Logischen« zu legen, das dann »mit dem Gehalte aller Wahrheit zu erfüllen« sei (I, 26 f.). Nach der Lektüre der ganzen *Logik* halte ich diesen Schematismus für zu einfach. Ich bin geneigt, die *Logik* weniger als *Grund* und *Grundlage* des Systems zu verstehen, denn als dessen *Ab-grund.*

Die Bewegung, mit der die *Logik* den Begriffen auf den Grund geht, lässt diese zu Grunde gehen, oder mit Brecht: die Begriffe richten sich selbst zu Grunde. Dabei zeigen sie sich als das, was sie jenseits aller grundlegenden Prätentionen sind: »schlüpfrige[], unstabile[], verantwortungslose[] Existenzen«. Die *Logik* begründet nichts, am allerwenigsten ein System, sie zeigt vielmehr in aller Breite und Souveränität dessen Unbegründbarkeit. Um das System (das System der »philosophischen Wissenschaften«) begründen zu können, muss die *große Logik* erst klein gemacht werden: Sie muss domestiziert und für den systemischen Zweck der Grundlegung erst zubereitet werden. Diese Funktion erfüllt die *kleine* »Logik« dann allerdings sehr effektiv. Wobei, und das bestätigen alle Lesarten und Leseerfahrungen im System, sei's der *Enzyklopädie*, sei's der *Rechtsphilosophie*, sei's der Vorlesungen: Wirklich *gebraucht* wird die »Logik« hier nicht mehr. Das System steht in seiner materialen Gediegenheit so sicher in sich selbst, dass es keiner abstrakt-logischen Grundlegung mehr bedarf. In der Zubereitung der *Logik* zur Grundlage des Systems macht diese sich selbst auch ein kleines bisschen überflüssig.[196]

Exkurs: Buch, nicht System. Zu Beginn meines *Selbstversuchs* hatte ich diesen der Bemerkung Derridas unterstellt, Hegel sei der »letzte Philosoph des Buches und der erste Denker der Schrift«. Ich hatte mir vorgenommen, mich an das zu halten, was mit und in der Schrift der Ordnung des Buches entgeht und diese überschreitet. Dieser Anspruch erfährt nun, am Ende der *Logik*, eine seltsame Umkehrung. Denn nur indem ich mich *ans Buch* halte – an die *Logik* als ein Buch mit wie immer auch angefochtenen Grenzen –, bin ich in der Lage, mich den Ansprüchen und Vereinnahmungen *durchs System* zu entziehen. Ausgerechnet die Grenzen des Buches markieren eine *epoché* im System, in dem doch immer alles mit allem zusammenhängen soll. Durch diesen Bruch erst wird es möglich, einzelnen Stellen, Begriffen und schließlich vielleicht auch dem Ganzen eine andere Interpretation zuteilwerden zu lassen, als sie das System immer schon vorgesehen hat. Während bei Derrida noch »das Buch« für die gehegte Schrift steht, für eine Ökonomisierung der Schrift unter der Ägide des Sinns und des Systems, wechselt »das Buch« in meiner Lesart die Seiten, es wird zur Ermöglichung all der ephemeren und vagierenden Effekte, für die bei Derrida noch der Name der »Schrift« einsteht. Diese Umkehrung mag auch medienhistorisch bedingt sein: Während Leser wie Derrida, aber auch Bloch und Adorno, die Befreiung des Hegel'schen Denkens aus dem Systemzwang noch dadurch erreichen wollten, dass sie sich an jeder einzelnen Stelle immer auch das gesamte Werk als einen gigantischen *Roman-fleuve* vor Augen stellten, benötige ich heute – immer schon konfrontiert mit unendlichen Text- und *Con-*

tent-Strömen – die Unterbrechung, die Schnitte, die Abbrüche. Wenn ich – »altmodisch« unter den Bedingungen digitalen Lesens – ein Buch wie die *Logik cover to cover* lese, dann stehen die Buchdeckel für mich nicht mehr für zwanghafte Eingrenzung, sondern für eine befreiende Unterbrechung der permanenten Eingebundenheit und Vernetzung des Denkens.[197] Die Exerzitien der frühmorgendlichen Lektüre finden sich in den Gedanken wieder, die das Buch als ein Ganzes und Abgeschlossenes artikuliert, und öffnen dieses zugleich für neue, unabsehbare Zusammenhänge.

Ein Rätselwort. Wollen wir die Natur im letzten Absatz der *Logik* also als ein »Statt«-loses »Uebergehen« und als »Befreyung« von den Zumutungen der Objektivität verstehen, dann lohnt sich ein Abgleich mit dem letzten Kapitel der *Phänomenologie*. Denn der letzte Absatz der (großen) *Logik* kann durchaus auch als geraffte Wiederholung – Spiegelkabinett des Systems … – der letzten beiden Absätze der *Phänomenologie* gelesen werden: Nachdem jeweils in beiden Werken die letzte Stufe des »absoluten Begriffs« bereits erreicht ist – das »absolute Wissen« in der *Phänomenologie*, die »absolute Idee« in der *Logik* –, wird in beiden Fällen ganz am Ende noch einmal eine *letzte* Entäußerung des Begriffs angestrebt, in der dieser sich dann ein *allerletztes* Mal seines Anderen versichern und daraus dann schließlich in Freiheit zu sich selbst zurückkehren soll. Dieses Andere des Begriffs heißt in der *Phänomenologie* wie in der *Logik*: Natur. Die Rückkehr aus der Entäußerung aber wird als »Geschichte« (in der *Phänomenologie*) oder »Wissenschaft des Geistes« *(Logik)* bezeichnet.

Wir haben also zweimal die gleiche Bewegung vor uns, zweimal die gleiche, abschließende Entäußerung des Absoluten. Zweimal die gleiche Geste des Schließens, aber mit einer deutlichen Akzentverschiebung: In der *Phänomenologie* nimmt die »Natur« nur ein paar Zeilen in Anspruch; die »Geschichte« hingegen wird in immer neuen Anläufen immer weitergehend differenziert, um schließlich in dithyrambischen Formulierungen auf »*[d]as Ziel*, das absolute Wissen« zuzusteuern. Das Ende des Textes bildet schließlich ein (leicht manipuliertes) Schiller-Zitat: »– aus dem Kelche dieses Geisterreiches /

schäumt ihm seine Unendlichkeit«.[198] Von der Natur ist hier nirgends mehr die Rede. Sie ist ganz im Geisterreich des absoluten Begriffs aufgegangen.

Am Schluss der *Logik* ist das anders. Hier nimmt die Natur nicht nur – wie gezeigt – viel mehr Raum in der Darstellung ein, sie wird auch wesentlich differenzierter und reicher bestimmt als der Geist und die »Wissenschaft des Geistes«. Die Natur erscheint als das *eigentliche* Ziel der Bewegung der Rückkehr des Begriffs in sich selbst; die Natur selbst tritt schon als »reine Idee« und als das »einfache Seyn« auf: als das »reine Seyn« des Anfangs, der sich im Schluss erst selbst begründet. Die zwei Sätze zum »Geist« und der »Wissenschaft des Geistes« hingegen wirken am Ende wie ein bloßer Annex, ein Anhang und Fortsatz des eigentlichen Schlusses in der »– *Natur*« (der ja selbst schon, daran muss erinnert werden, nur ein Schluss nach dem Schluss ist).

Trotz der deutlichen Asymmetrie zugunsten des Geistes, die den Schluss der *Phänomenologie* prägt, finden wir gerade dort eine Formulierung, die uns helfen kann, diese *andere*, die freie »– *Natur*« zu verstehen, auf die unsere Lektüre der *Logik* zuläuft. In der *Phänomenologie* lesen wir über die Natur:

> »Das Wissen kennt nicht nur sich, sondern auch das Negative seiner selbst, oder seine Gräntze. Seine Gräntze wissen, heißt sich aufzuopfern wissen. Diese Aufopferung ist die Entäusserung, in welcher der Geist sein Werden zum Geiste, in der Form des *freyen zufälligen Geschehens* darstellt, sein reines *Selbst*, als die *Zeit* ausser ihm, und ebenso sein *Seyn* als Raum anschauend. Dieses sein letzteres Werden, *die Natur*, ist sein lebendiges unmittelbares Werden; sie, der entäusserte Geist, ist in ihrem Daseyn nichts, als diese ewige Entäusserung ihres *Bestehens* und die Bewegung, die das *Subject* herstellt.«[199]

Natur als »Werden zum Geiste, in der Form des *freyen zufälligen Geschehens*« – mit dieser Formel ist mehr gesagt als das, was Hegel danach in der *Phänomenologie* selbst damit anzufangen vermag. Mir will scheinen, dass diese Formel viel eher jene *andere* »– *Natur*« trifft, die uns dann erst im letzten Absatz der *Logik* begegnet. Die Formel vom »Werden zum Geiste, in der Form des *freyen zufälligen Geschehens*« muss also, so meine These, aus ihrem ursprünglichen Kontext in der *Phänomenologie* befreit und in die *Logik* über-setzt werden. Erst dort kann sie ihr ganzes Potenzial entfalten.[200]

Für diese Übertragung müssen wir zunächst die begriffliche Passgenauigkeit im neuen Kontext prüfen. Die Elemente »frei« und »Geschehen« scheinen mir unproblematisch zu sein: Dass Natur als ein »freier« Prozess, als ein freies *Übergehen* vielleicht, bestimmt werden kann, wird im letzten Absatz der *Logik* selbst mehrfach gesagt; der Ausdruck »Geschehen« bleibt in der Formel einstweilen eher unterbestimmt und besitzt in der *Logik* insgesamt auch keinen begrifflichen Status. Die wirkliche Herausforderung und Provokation also steckt in der Bestimmung »zufällig«. Erwarten wir am Ende einer langen begrifflichen Arbeit, so wie die *Logik* sie zweifellos darstellt, nicht gerade die *Aufhebung* des Zufalls in einer höheren Notwendigkeit, eine Bestimmung der *Freiheit als Einsicht in die Notwendigkeit*?[201] Oder wollen wir, umgekehrt, jetzt allen Ernstes behaupten, am Ende der *Logik* propagiere Hegel einen Natur-Begriff, der auf *Freiheit als Einsicht in die Zufälligkeit* abziele?

Ja, das wollen wir – dazu ist allerdings eine letzte (und schwierige) begriffliche Anstrengung vonnöten. Um uns dem Problem überhaupt zu nähern, ist es zunächst sinnvoll, dass wir uns noch einmal die Ordnung der Sphären vergegenwärtigen, die in der Einteilung der *Logik* in ihre drei Bücher herrscht.[202] Dem letzten Groß-Abschnitt des dritten Buches (der *Begriffslogik*), betitelt »Die Idee«, entspricht demnach der letzte Groß-Abschnitt des zweiten Buches (der *Wesenslogik*) mit dem Titel »Die Wirklichkeit«.[203] Hier finden wir im zweiten Unterkapitel Hegels Erörterungen zum Verhältnis von Notwendigkeit und Zufälligkeit, die dann im dritten Unterkapitel im Begriff der »Wechselwirkung« zusammengeführt (und »aufgelöst«) werden.

Im Abschnitt zur »Wirklichkeit« bestimmt Hegel deren Begriff im Verhältnis zu dem der Möglichkeit, und Zufall und Notwendigkeit bezeichnen dann zwei Modi, dieses Verhältnis zu *verwirklichen*: Etwas Mögliches kann demnach entweder durch Zufall wirklich werden oder mit Notwendigkeit. Retrospektiv betrachtet, vom Standpunkt des bereits Verwirklichten, bedingen und relativieren sich beide Seiten dabei gegenseitig: Wir können die *Wirklichkeit* der Möglichkeit herausarbeiten (denn sonst *wäre* sie nicht), oder wir können zeigen, dass die Wirklichkeit immer eine *mögliche* (damit aber eben auch nur *eine* mögliche) ist.

Hegels erklärtes Ziel ist es, einen Begriff »absoluter Wirklichkeit« zu installieren, bei dem das Verhältnis von Wirklichkeit und Möglichkeit als ein solches von »absoluter Nothwendigkeit« bestimmt werden muss (II, #389). Es erweist sich allerdings, dass die Zufälligkeit zäher ist als gedacht: Man wird sie so schnell nicht los. Selbst die Bestimmung der *»absoluten Wirklichkeit«* als *»Einheit ihrer und der Möglichkeit«* bleibt eine *»leere* Bestimmung; oder sie ist *Zufälligkeit«*. Die Möglichkeit, dass alles »eben so sehr auch *anders* seyn« könnte (II, #389) – Inbegriff der Kontingenz –, verfolgt auch die »absolute Wirklichkeit« wie ein Schatten. Letztlich bleibt es – von der immanenten Logik der Begriffe her – offen, warum Hegel den entscheidenden Abschnitt mit »Absolute Nothwendigkeit« betitelt, denn gerade als *absolute* schlägt diese immer wieder in ihr Gegenteil, die Zufälligkeit um: »[D]ie Zufälligkeit ist absolute Nothwendigkeit; sie selbst ist das Voraussetzen jener ersten absoluten Wirklichkeiten« (II, #392). »Absolute Wirklichkeiten« – im Plural, wohlgemerkt! Die Zufälligkeit, die die »absolute Nothwendigkeit« *ist*, spricht die pluralen Wirklichkeiten alles Möglichen an, aus denen sich dann – mit Notwendigkeit – die eine Wirklichkeit (im Singular) erst herausbildet.

Die Entscheidung, *trotzdem* von »absoluter Notwendigkeit« auszugehen (und im Titel zu betonen), hat rein strategische Gründe. Denn im folgenden (dem dritten) Kapitel »Das absolute Verhältnis« versucht Hegel, das Verhältnis des Möglichen und des Wirklichen als *Kausalität* zu denken und damit zu vereindeutigen. Wirklichkeit soll demnach das sein, was kausal verursacht wurde. Wirklichkeit wird als »Wirkung« bestimmt, und damit kommt wieder die Notwendigkeit ins Spiel: »Die Wirkung ist daher *nothwendig*, weil sie eben Manifestation der Ursache, oder diese Nothwendigkeit ist, welche die Ursache ist.« (II, #398)

Mit Brechts Ziffel aber ahnen wir schon: Auch der Versuch, über Kausalität in den Bereich einer unangefochtenen »absoluten Nothwendigkeit« zu gelangen, wird nicht funktionieren. Denn wir können bei keiner Ursache stehenbleiben und müssen immer weiter nach dem »*Entstehen der Ursache*« (II, #407) fragen. Die Kausalität bleibt ein äußerlicher und einseitiger »Mechanismus«, der uns in letzter Konsequenz wieder auf das Problem der schlechten Unendlichkeit stößt.[204] Um das abzuwenden, setzt Hegel auf den Begriff der »Wechselwirkung«, den er zunächst einmal ganz einfach als »gegenseitige Causalität« bestimmt (II, #407). Als gegenseitige aber ist die Kausalität keine mehr; und wenn Hegel auch die gegenseitige als »ursprüngliche Causalität« bestimmt, dann zeigt er doch, dass hier jede einseitige Zuweisung von (aktiver) Ursache und (passiver) Wirkung sich von vornherein schon zerstreut hat. In größter Freiheit – und schlichter Schönheit – bestimmt Hegel diese »ursprüngliche Causalität« der Wechselwirkung dann als »ein *Entstehen* aus ihrer Negation, der Passivität, und als *Vergehen* in dieselbe, als ein *Werden*« (II, #408). Damit aber, mit dem *Werden* und *Vergehen* als Inbegriff aller wesentlichen Wirklichkeit, sind wir nicht nur abermals nahe an Hölderlin und dessen Abhandlung über »Das Werden im Vergehen« gelangt,[205] sondern auch an das »freye zufällige Geschehen«, das (nach unserer These) an der parallelen Stelle im dritten Buch der *Logik* auftaucht und diese beschließt.

Die letzten anderthalb Seiten der *Wesenslogik*, die auf das Zitat vom Werden und Vergehen folgen, leiten einerseits zielgerichtet in die *Lehre vom Begriff*, also das dritte Buch der *Logik*, über. Das muss uns hier nicht weiter interessieren, weil diese »offizielle« Linie der Argumentation ohnehin klar ist. Interessanter ist eine andere Facette. Denn auf den letzten Seiten der *Wesenslogik* wird die vorhergehende Abhandlung über Zufall und Notwendigkeit auch dadurch beendet, dass die beiden Begriffe an einen toten Punkt gegenseitiger Neutralisierung geführt werden, oder besser: an einen Punkt, an dem beide Begriffe sich gegenseitig in Schach halten, ohne dass die Untersuchung weitergeführt werden könnte.

In der Wechselwirkung war, so hält Hegel zunächst fest, »Nothwendigkeit und Causalität […] verschwunden« bzw. vielmehr: Sie sind *als allein gültige* Prinzipien verschwunden. Das innige Verhältnis dieser beiden Begriffe, das im Kapitel über das Kausalitätsverhältnis statuiert werden sollte, muss stattdessen ergänzt werden durch den Begriff der »absolute[n] *Zufälligkeit*« (II, #408). Während Notwendigkeit und Kausalität »die unmittelbare Identität [von Wirklichkeit und Möglichkeit] als Zusammenhang und Beziehung« festhalten, steht die »absolute *Zufälligkeit*« für die *»absolute Substantialität der Unterschiedenen«*, für die »ursprüngliche *Einheit* substantieller *Verschiedenheit*« – wobei wir »ursprüngliche Einheit« hier keinesfalls als Identität lesen dürfen: im Ur-sprung betont Hegel den Sprung (wie im Ur-teil die Teilung), die »ursprüngliche Einheit« ist die gesprungene, die Einheit im Zerspringen (II, #408).

»Absolute Notwendigkeit« und »absolute Zufälligkeit« können also als Umschreibungen von Identität und Differenz gelesen werden, als Umschreibungen einer irreduziblen (»absoluten«) Zweiseitigkeit, einer Geteiltheit der Hinsichten, für die es keine höhere Einheit mehr gibt. Hegel führt schließlich noch einen dritten Term ein, der aber keine Vermittlung mehr erreicht, sondern die Differenz beider Hinsichten (die Differenz von Identität und Differenz) nur umso schärfer hervortreten lässt – die »Freyheit«:

> »Die Nothwendigkeit wird nicht dadurch zur *Freyheit*, daß sie verschwindet, sondern daß nur ihre noch *innere* Identität *manifestirt* wird; eine Manifestation, welche die identische Bewegung des Unterschiedenen in sich selbst, die Reflexion des Scheins als Scheins in sich ist. – Umgekehrt wird zugleich die *Zufälligkeit* zur *Freyheit*, indem die Seiten der Nothwendigkeit, welche die Gestalt für sich freyer, nicht in einander scheinender Wirklichkeiten haben, nunmehr *gesetzt sind als Identität*, so daß diese Totalitäten der Reflexion-in-sich, in ihrem Unterschiede nun auch *als identische scheinen*, oder gesetzt sind nur als eine und dieselbe Reflexion.« (II, #409)

Beide, Notwendigkeit und Zufälligkeit, *werden zur Freiheit*, aber auf verschiedene Weise: Die Notwendigkeit betont, was im Werden zur Freiheit jeweils identisch ist. Jedes Werden zur Freiheit, jedes Werden überhaupt vielleicht, vollzieht eine »identische Bewegung«, wie unterschiedlich die sich bewegenden Elemente auch sein mögen.

Der Begriff der Zufälligkeit betont demgegenüber, dass das Werden zwar die immer identische Bewegung vollzieht, aber in und mit Verschiedenem: in einem Medium oder einer Umgebung von Unterschieden und Unterscheidungen. Nur weil es eine identische Bewegung des Werdens gibt, heißt das noch lange nicht – so würde ich übersetzen –, dass daraus eine identische Wirklichkeit wird. Wenn die verschiedenen Seiten der Notwendigkeit nicht mehr eindeutig als Sein/Ursache und Schein/Wirkung sortiert werden können, dann löst sich die *eine* Wirklichkeit auf in die – unerhörte Formulierung! – »Gestalt für sich freyer, nicht in einander scheinender Wirklichkeiten«; Wirklichkeiten, die jede für sich, aber in »identischer Bewegung«, als unterschiedene Totalitäten reflektiert werden. – Statt der *einen* Logik der *einen* Welt und Wirklichkeit nun also: *Logiken der Welten* und Wirklichkeiten.[206]

Die Totalitäten der Wirklichkeiten, die Hegel hier, am Ende der *Wesenslogik*, entdeckt, stehen nicht über oder unter, sondern hierarchielos *neben* und damit *zusätzlich* zu der einen, notwendigen Totalität des Begriffs, die dann im dritten Buch der *Logik*, der *Begriffslogik*, ausbuchstabiert werden wird. Dort wird das »Zufällige« nur noch als etwas erscheinen, was die »Vermittlung [...] zur *Nothwendigkeit* erhebt« (III, 35). Das aber, was hier, am Ende der *Wesenslogik*, liegenbleibt: die Totalitäten der Wirklichkeiten, die die eine Totalität der einen Wirklichkeit schon dadurch infrage stellen, dass sie sich in ihrer bloßen Pluralität frei manifestieren – das wird erst am Ende der *Begriffslogik* wiederaufgenommen, und zwar in der Rede von jener »– *Natur*«, die ich als »freyes zufälliges Geschehen« verstehen will.

Das »Werden zum Geiste in der Form des *freyen zufälligen Geschehens*« am Ende der *Phänomenologie* können wir als die »finale *kenosis* des Geistes« verstehen, die zu einer Entscheidung darüber nötigt, wie wir diesen Geist nun ansprechen wollen.[207] Die *kenosis* ist das Namenlose, das zur Namensgebung drängt: Dieses Problem stellte sich am Anfang, und es kehrt am Ende wieder.[208] Am Ende der *Wesenslogik* zeigt sich die Unumgänglichkeit dieser Entscheidung in ihrer ganzen Blöße. Sie zeigt sich in der Alternative, ob wir das Werden, Entstehen und Vergehen der Wirklichkeiten, in denen wir leben, mit dem Begriff der Notwendigkeit oder dem der Zufälligkeit ansprechen wollen.

Diese Alternative ist begrifflich streng hergeleitet, sie kann aber rein begrifflich nicht mehr aufgelöst, sie muss daher *entschieden* werden. Hegel entscheidet sich hier, im Übergang zur *Begriffslogik* und fast überall sonst, für die Notwendigkeit, und die ganze Architektur des Systems beruht auf dieser Entscheidung. Am Ende der *Logik* aber, im Übergang zum System, so wie es in der *Enzyklopädie* dargestellt wird, lässt er noch einmal und mit Macht aufscheinen, dass er sich der Kontingenz dieser Entscheidung durchaus bewusst ist. Mal dieses Aufscheinens ist: »– *Natur*«.

Warum »Natur«? Phänomenologie und Genealogie. Warum also »Natur«? Warum diese Benennung? Warum das komplizierte Gefüge widerstrebender Reflexions- und Dezisionsformen mit diesem schönen und einfachen Namen belegen: »– *Natur*«? Natur firmiert bei Hegel durchgängig als das Andere des Geistes. Mit dem Geist aber teilt die Natur – so könnte man eine Beobachtung Hans Heinz Holz' fortführen – damit auch eine fundamentale Zweideutigkeit des Begriffsgebrauchs: Zum einen ist Natur als Gegensatz des Geistes zu bestimmen, zum anderen kann Natur aber auch als »universelle[r] Formbegriff der Welt im ganzen« aufgefasst werden, der keinen Gegensatz mehr kennt, sondern nur noch interne Differenzierungen.[209] Diese Zweideutigkeit lässt sich im Abgleich der Thesen Christoph Menkes und Hans Heinz Holz' entfalten; aus deren Unvereinbarkeit heraus – die umso lehrreicher ist, als beide Interpreten auf eine materialistische Grundierung oder Zuspitzung des Hegel'schen Idealismus abzielen – können wir abschließend vielleicht auch das Rätselwort von der Natur als eines *freyen zufälligen Geschehens* neu und anders verstehen.

Das Verhältnis von Geist und Natur – oder das von Geist und Leben: Leben und Natur werden bei Hegel begrifflich stets enggeführt[210] – lässt sich nach Menke auf zwei Weisen denken: *phänomenologisch* (im Sinne der *Phänomenologie des Geistes*) oder *genealogisch*. Phänomenologisch betrachtet, geht der Geist aus dem Leben hervor; dabei wird das Leben aber schon als eine erste, ihrer selbst noch unbewusste und undurchsichtige Gestalt des Geistes begriffen. Das »Werden des Geistes« *aus* dem Leben lässt sich beschreiben als eine

Selbsttransformation des Lebens *in* Geist, ein Bewusstwerden, eine Selbsterfahrung des Lebens als Geist, wobei dann die *Phänomenologie des Geistes* als »die Erinnerung des Geistes an sein Werden« begriffen werden kann.[211] Außer dieser Erinnerung aber bleibt nichts vom Leben übrig, nichts jedenfalls, das nicht vom und als Geist erfasst, durchdrungen und damit verändert worden wäre. Das Leben hat sich ganz in Geist »aufgehoben«, es wird als Ganzes *begeistert.*

Gegen dieses phänomenologische Beziehungsmodell von Geist und Leben bietet Menke dann ein genealogisches Modell auf, nach dem der Geist aus einem Leben hervorgeht, das wesentlich *nicht* Geist ist und auch nie Geist werden kann. Der Geist geht »aus dem Geistlosen« hervor und bleibt auf dieses bezogen. Das Leben – oder die Natur – kann nach diesem Verständnis als Grund des Geistes nie ganz von diesem durchdrungen und damit selbst ganz Geist werden.[212] Anders als die *Phänomenologie des Geistes*, die das vollendete Geist-Werden des Lebens erinnert, kann die Genealogie des Geistes immer nur an das erinnern, was der Geistwerdung entgeht, was sich ihr als Rest entzieht und sie dadurch bedingt. Unter genealogischem Vorzeichen kann der Geist immer nur seine »Nichtvollendung« betrachten.[213] Die Genealogie klärt die Phänomenologie darüber auf, dass diese *nicht alles* erfasst, und sie zerstört damit die fortgesetzte Illusion einer autarken Selbstgenügsamkeit des Geistes. Damit aber kann der Geist für seine eigene Funktionsweise *und seine Grenzen* ein »besseres, realistischeres Verständnis« aufbauen.[214]

Allerdings beinhaltet die Genealogie umgekehrt die einstweilen selbst noch unaufgeklärte Prämisse, dass der Bescheid des *Nicht-alles*, den sie dem Geist und seiner Phänomenologie erteilt, zugleich als ein *Gegen*, als ein feindlicher Gegensatz aufgefasst werden muss. Die Genealogie behauptet nicht nur, dass der Geist aus einem Anderen entsteht, das nicht in Geist aufgelöst wird, sondern weitergehend, dass der Geist auch »*gegen* sein Anderes, das Leben« entsteht.[215] Die Phänomenologie beruht auf der Idee, dass es im Prozess der »Bildung« zu einer »Ersetzung« von Natur durch den Geist komme. Die Genealogie zeigt demgegenüber den Gewaltkern dieser Vorstellung, indem sie nachweist, dass die prätendierte »Ersetzung« der Natur immer nur eine »Durchsetzung von Leben gegen Leben« ist und sein kann.[216] Bildung muss demnach immer primär als »Abrichtung« bestimmt werden.[217]

Die genealogische Entgegensetzung von Geist und Leben tingiert auch das genealogische Bild des Lebens und der Natur, das mir eher von Nietzsche und Foucault als von Hegel zu stammen und das im Wesentlichen auf einer bloßen Umkehrung des klassisch-metaphysischen Naturbilds zu beruhen scheint: Der Genealogie zufolge ist die Natur ein stets rumorendes »Zuviel« an Kräften und Gegen-Kräften, ein »Spiel und Kampf im Untergrund des Geistes«, ein beständiges Auf und Ab von »Auseinandersetzung« und »Überwältigung«. Der »geistlose Grund« ist und bleibt unbewusst und dunkel, so sehr sich der Geist auch vergebens bemüht, ihn aufzuklären. Diesem bleibt nichts als die – ewiger Horror Hegels! – schlechte Unendlichkeit einer sich »endlos« wiederholenden Bemühung, die nie an ein Ziel gelangen kann.[218]

Die genealogische »Selbstaufklärung« des Geistes über seine geistlosen Grundlagen führt – so zeigt die Zuspitzung – an einen Punkt, an dem der Geist mit Recht das »Selbst« der »Selbstaufklärung« infrage stellen muss. Die genealogische Kritik wird zu einer äußerlichen und verliert damit für uns Hegelianer*innen ihren Wert.[219]

Hier gilt es, mit Hans Heinz Holz, Hegels »radikal monistische Konzeption« in Erinnerung zu rufen, nach der die Natur nicht das Andere der Idee im Sinne einer Entgegensetzung ist, sondern »die seiende Idee« selbst.[220] Natur *ist* – in besonderer Form der Entäußerung – Geist, so wie auch der subjektive und der objektive Geist (in Gestalt von Bewusstseinsformen und gesellschaftlichen Institutionen) Geist *sind*, in jeweils *anderer* Form der Entäußerung. Holz geht in seiner Rekonstruktion der Hegel'schen Naturphilosophie von den gleichen Prämissen aus wie Menke, allerdings werten beide diese Prämissen verschieden: Auch für Holz ist der Geist zunächst die Natur selbst, um dann andere Formen anzunehmen. Aber diese anderen, späteren Formen sind der Natur nicht feindlich gesinnt, sie müssen sich nicht gegen Natur durchsetzen. Die Natur, die nach Menke im Untergrund aller Geistbildungen fortbesteht, bleibt auch bei Holz als Grund des Geistes bestehen – allerdings als tragender, nicht als widerstrebender. Natur ist für Holz ein materieller Prozess, auf den sich alle

Ideen und Begriffe beziehen und der auch in der Hervorbringung der Ideen und Begriffe noch wirksam ist: »Das Werden der Natur ist das Werden zum Geiste«[221] – diesen Satz aus der ersten, der Nürnberger Schulfassung der *Enzyklopädie* zitiert Holz als Credo seiner monistischen Lesart des Natur-Geist-Verhältnisses.[222] Die Natur macht an sich selbst einen Unterschied. Die von der Natur vollzogene »Selbstunterscheidung« in Natur und Geist wird von Holz so als das Gegenstück zur Identität von Identität und Nichtidentität herausgearbeitet, die das Prinzip des Geists bildet.[223]

In der gegenstrebigen Anlehnung an dieses Prinzip des Geistes allerdings – das Holz sehr schön auch als »Einheit von Einheit und Vielheit« reformuliert[224] – gerät die monistische Lesart dann vielleicht aber doch allzu sehr in harmonisierendes Fahrwasser. Im »Werden zum Geiste« will Holz dann doch eine – wenn auch nicht mehr theologisch fundierte – Teleologie gewahrt sehen, in der die Natur sich erst vervollständige.[225] *Natur bleibt sie selbst als das Andere der Idee des Geistes, wird aber zugleich auch sie selbst erst als diese Idee:* Mit Menke wird man den Verdacht formulieren müssen, dass hier *auch* die idealistische Ideologie einer bruchlosen Vereinbarkeit von Einheit und Vielheit, von Idee und Natur wiederholt wird.

Wenn also – so können wir mit dem Monismus festhalten – das »Werden der Natur [...] das Werden zum Geiste« *ist*, dann müssen wir umgekehrt mit der Genealogie dagegenhalten, dass das »Werden der Natur« auch dieses »Werden zum Geiste« *bleibt*, ohne je dort anzukommen: Die Natur bleibt genau darin, dass sie zum Geiste wird, dem Geist fremd. Natur ist das Geistlose, das im Werden zum Geiste nicht *ist*, sondern *wird*: beständig produziert und reproduziert als Rest genau jener Geistwerdung, die Natur immer auch ist.[226]

Das Werden der Natur als Werden zum Geiste vollzieht sich – daran muss hier erinnert werden – in der »Form des freyen zufälligen Geschehens«. Und in diesem »freyen zufälligen Geschehen«: im Freien und Zufälligen des Geschehens, oder im Werden, gefasst als Geschehen, können wir vielleicht auch jenen Rest verorten, der dem Geist immer entgeht. Kurz: Das »freye zufällige Geschehen« *ist* der Rest, auf dem Hegels Materialismus beruht und der in Hegels Idealismus verleugnet wird.

Lenin mit Hölderlin. Wir hatten in unserer Lesart der *Logik* den Bruch betont, der sich im Schlussabsatz mit dem Auftritt der »– *Natur*« auftut: ein Bruch mit der übergreifenden Systemarchitektur, der gemäß der kurze Epilog der *Logik* nur überleiten soll zur *Enzyklopädie*, und ein Bruch in der inneren Konzeption der *Logik*, für deren Vollendung – für das Schließen des »Kreises« – der Akzent des Schlusses viel stärker auf der »Wissenschaft des Geistes« liegen müsste und doch allzu sehr auf der »Natur« liegt.

Einer der wenigen Leser, der diesen entscheidenden Bruch in seiner ganzen Tragweite bemerkt und gewürdigt hat, ist Lenin. In seinem Konspekt zur *Wissenschaft der Logik* schreibt er den ersten Satz des letzten Absatzes (leicht variiert) ab – »Indem die Idee sich nämlich als absolute Einheit des reinen Begriffs und seiner Realität setzt, somit in die Unmittelbarkeit des *Seins* zusammennimmt, so ist sie als die Totalität dieser Form, – *Natur.*« –, um dann hinzuzufügen:

> »Dieser Satz auf der *letzten*, 353. Seite der ›Logik‹ ist höchst bemerkenswert. Der Übergang der logischen Idee zu *Natur*. Der Materialismus ist mit Händen zu greifen. Engels hatte recht, daß das System Hegels ein auf den Kopf gestellter Materialismus sei. Das ist nicht der letzte Satz der ›Logik‹, aber das Weitere bis zum Schluß der Seite ist Unwichtiges.«[227]

Der Materialismus, der hier mit Händen zu greifen ist, bleibt dennoch schwer zu fassen. Vorderhand können wir fürs Erste festhalten, dass dieser wohl genau im Bruch mit der Symmetrie von Natur und Geist begründet liegt. Indem Hegel am Schluss der *Logik* über den Geist und die »Wissenschaft des Geistes« nur noch ein paar obligatorische, mehr oder weniger belanglose Sätze verliert, macht er klar, dass hier überhaupt ein wesentlicher »Übergang« stattgefunden hat und nicht nur eine weitere Variation des Spiels von Entäußerung und Rückkehr.

Holz kommt mehrfach auf Lenins Lektüre des Schlusses der *Logik* zurück.[228] Gelesen mit Lenin, zeige der Schluss, wie im »absoluten Idealismus der *Logik* [...] ein geheimer Materialismus versteckt« sei: »Denn Natur – das heisst materielle Wirklichkeit.«[229] – Aber was, um alles in der Welt, heißt »materielle Wirklichkeit«? Der Schluss der *Logik* (und die Lenin'sche Emphase) bringen Holz dazu, seine vielleicht allzu glatte, allzu »monistische« Lesart des Natur-Verhältnisses bei Hegel dann doch wieder aufzurauen und ein Moment von Fremdheit einzuziehen, auf das wir hier zurückgreifen können. Denn Natur als »Materie« bezeichnet für Holz nun etwas, was »als das Andere der Idee (d. h. als das, *wovon* die Idee eben die *Idee* ist)« auf diese bezogen bleibt, aber nie in ihr aufgeht. Natur ist ein Anderes, das »nicht negativ bestimmt« wird.[230] Die Materie (oder die »materielle Wirklichkeit«) ist überall »mit Händen zu greifen«, aber wenn wir sie *be*greifen wollen, ist sie schon anders geworden. Vor allem ist die Natur/Materie, die Hegel uns (nach Lenin und Holz) am Ende der *Logik* zu denken gibt, nicht ein Ding oder ein Etwas; diese Formen haben wir in der *Wesenslogik* längst hinter uns gelassen. Materie ist bei Holz vielmehr Prozess, Weltprozess, differenzielle und »prozessuale Beziehungstotalität«: »Es ist die Idee der Materie, sich zu diversifizieren.«[231]

Damit aber können wir nun den Gegensatz von Genealogie und Monismus wahrhaft dialektisch *auflösen*: Wir können uns eine Natur denken, die mit der übergriffigen All-Inklusivität des Geistes gebrochen hat und diesem gegenüber eine Fremdheit bewahrt, ohne diese wiederum als Feindschaft und Kampf begreifen zu müssen. Die Natur ist – mit Hölderlin gesprochen – eine »Fremdlingin unter den Menschen«, aber es gibt keinen Grund, sie deshalb als dunklen Abgrund bekämpfen oder feiern zu müssen. Vielleicht ist die Natur ja auch gar nicht dunkel und wüst, sondern licht und hell – so jedenfalls schlägt es Hölderlin etwa in der späten Bearbeitung seiner Elegie *Brod und Wein* vor. Wie dem auch sei: Natur als Materie – *natura sive materia* – kann weder als Identität noch als Nichtidentität und noch viel weniger als deren Einheit gedacht werden, sondern als fortgesetzte Produktion von Differenzen und Brüchen, die dennoch kein Gegeneinander bedeuten: Natur als Heterogenese.[232]

Genealogie und Monismus lassen sich dann als zwei Versuche deuten, mit der strukturellen Ambivalenz der Heterogenese umzugehen; es sind zwei Arten, diese (nicht) zu denken. Natur als Heterogenese lässt sich nicht als ein Standpunkt des Denkens einnehmen: Wer das versucht, wird zu einer Entscheidung genötigt, die dann entweder den Bruch auflösen (= Monismus) oder ihn als Gegensatz statuieren (= Genealogie) muss. Beiden Versuchen gegenüber bleibt die Natur fremd.

Wenn wir Natur als Heterogenese zu fassen versuchen, dann wird die Rede vom »freyen zufälligen Geschehen« zunächst einmal zu einer Art Demutsformel, die Abstand gebietet vom Versuch, *alles* begreifen zu wollen. In der (zweiten) Berliner *Enzyklopädie* betont Hegel denn auch die »Grenzen«, die die Natur der Philosophie setze. Demnach wäre es »das Ungehörigste«, vom »Begriffe zu verlangen, er solle dergleichen Zufälligkeiten [der Natur] begreifen, – und wie es genannt worden [und wird], construiren, deduciren«.[233] Für Hegel ist es hier allerdings die »Ohnmacht der Natur«, die der philosophischen Kraft des Konstruierens Grenzen setzt: Vielleicht könnte man das auch umkehren.

Wir sollten uns allerdings davor hüten, die Natur am Ende doch als etwas Unvordenkliches oder Unbegreifliches zu »konstruieren«. Es gibt bei Hegel keine Naturmystik, keine Schau eines unverdinglichten Rests. Der Naturbegriff, der sich in der Formel vom »freyen zufälligen Geschehen« verdichtet, bleibt umgekehrt durchgängig an zeitgenössischen Konzepten der Naturwissenschaft orientiert. Jürgen Link hat dies analog für Hölderlins Natur-Konzepte gezeigt. Noch und gerade die Elemente, die uns heute bei Hölderlin am allerobskursten erscheinen: die Äther-Lehre, die klimatheoretischen, astronomischen und gattungsgeschichtlichen Spekulationen, die Annahme einer »nervösen« Eingewobenheit der »körperlichen Sensibilität« des Einzelnen in übergreifende kosmische Zyklen und einen makroskopischen »Tonus« der Natur: All das sind keine überspannten Ideen eines bald Wahnsinnigen, sondern steht völlig im Einklang mit der »naturgeschichtlichen« Episteme der Zeit um 1800.[234]

Auch Hegel geht es mit seinem Natur-Begriff nicht darum, die zeitgenössischen Naturwissenschaften zu überschreiten oder zu überwinden, und es geht ihm auch nicht darum, deren immer weitergehender Differenzierung und Spezialisierung dadurch entgegenzutreten, dass er einen durchgehenden Bezug der Einzel- und Subdisziplinen auf das Absolute und Ganze stiftet: Mit diesem Programm war zeitgenössisch Schellings Naturphilosophie überaus erfolgreich.[235] Stattdessen versucht Hegel, die Naturwissenschaften gewissermaßen von innen und mit ihren eigenen Begriffen so zu durchdenken, dass deren innerer Zusammenhang deutlich wird; ein Zusammenhang freilich, der sich den Einzelwissenschaften selbst notwendig entzieht. Oder genauer, und mit Brecht: Hegel denkt die Einzelwissenschaften – in der *Seinslogik* die Mathematik, in der *Begriffslogik* Physik, Chemie und Biologie – mit deren eigenen Begriffen bis zu jenem Punkt durch, an dem deren jeweilige notwendige Inkonsistenz zu Tage tritt und sie über sich hinaus drängt. Der »Mechanismus« kommt an einen Punkt, wo er als »Chemismus« gedacht werden muss, dieser wiederum überschreitet sich selbst in die Biologie oder die Wissenschaften vom »Leben«.[236] Allerdings kommt diese Verschiebung der epistemologischen Inkonsistenz nie an den Punkt einer »Aufhebung« oder logischen Sättigung. Statt eines letzten und notwendigen Schlusssteins, der das Gebäude der Wissenschaft(en) trägt und hält, werden wir schließlich an das »freye zufällige Geschehen« verwiesen.[237]

Jürgen Link hat Hölderlins Natur-Verständnis in einer prägnanten Formel resümiert, die wir – so meine These – getrost auch auf Hegel übertragen dürfen: Demnach ist Natur ein »nicht-teleologischer determiniert-kontingenter Prozeß«.[238] Wenn auch bei Hegel nicht Teleologie das letzte Wort behält, sondern – mit Menke – »Gegen-Teleologie«, dann werden wir schon in der Rede vom »freyen zufälligen Geschehen« jenes »Glück der Nichtvollendung« ausgedrückt sehen dürfen, auf das bei Menke erst die genealogische Kritik der Hegel'schen Philosophie hinausläuft.[239] – *Es gibt kein Ende* (kein Ende als Schluss), *kein Ziel, keinen Punkt der Vollendung*: Das ist die Pointe des Nach-Schlusses der *Logik*, die erst durch diesen Anhang, durch ihren seltsamen Schluss nach dem Schluss, sich selbst nicht-vollendet und so zu einer *Summe der A-Teleologie* wird.[240]

Blödigkeit. Aber worin besteht nun dieses »Glück der Nichtvollendung«, wenn es denn auch ein menschliches, wenn es denn auch *unser Glück* sein kann und soll? Vielleicht in der Entlastung, keine endgültigen Zwecke mehr dort sehen und setzen zu müssen, wo es *»pas tout«* keine gibt? In der Aufforderung, sich nicht mit Zwecken und

Notwendigkeiten abspeisen zu lassen – mit der notorischen »Alternativlosigkeit« etwa –, wo »Zufälligkeit, Willkür, Ordnungslosigkeit« herrschen, vielleicht aber auch freie und frohe Regellosigkeit?[241] In der Herausforderung (und Zumutung), sich individuell immer weiter aus- und dem Geist anzubilden und dabei zugleich zu wissen, dass nicht nur ein Rest an Geistlosigkeit immer bleiben, sondern sogar fortlaufend produziert wird? – Vielleicht ist es gerade diese Ökonomie des Rests, diese »Rest-Blödigkeit« (so Alex Heimes), die ein Glück bereithält, das uns – vielleicht unerwartet, aber sonst wäre es kein Glück und keine Begegnung … – bei Hegel in der *Logik* überall entgegenkommt.

»Was geschiehet, es sei alles gelegen dir!« – In diesem Vers aus Hölderlins Ode »Blödigkeit« scheint mir das a-teleologische Glück der Nichtvollendung, das wir mit Holz auch als ein materialistisches Glück, als Glück eines prozessualen Materialismus, verstehen können, auf den Punkt gebracht. Wer das Getriebe der Welt als ein »Geschehen« auffassen kann, das sich von Zweck und Notwendigkeit befreit hat, der hat eine Haltung erreicht, die hinnimmt und hinnehmen kann, ohne das Hingenommene noch weitergehend – als notwendig und zweckdienlich etwa – legitimieren zu müssen.[242] Die *Logik* hilft, die Dinge und Prozesse der Welt (das Dasein, die Endlichkeit, die Unendlichkeit, das Maß und das Maßlose, den Schein und die Erscheinung, die Wirklichkeit und den Begriff, das Leben und die Ideen …) aus ihren »notwendigen« Zusammenhängen zu lösen und ganz »blöde« – auch das Subjekt wird herausgelöst aus allen herkömmlichen Bezügen – als etwas zu betrachten, »was geschiehet«; als etwas, das einem immer wie zum ersten Mal »begegnet« auf jenem »sich selbst konstruierenden Weg«, der nach Hegel die Philosophie ist (I, 6).[243] Und als etwas schließlich, das allein schon dadurch, dass es einem geschieht und begegnet, »gelegen« kommt: »Was geschiehet, es sei alles gelegen dir! / Sei zur Freude gereimt, oder was könnte denn / Dich beleidigen Herz, was / Da begegnen, wohin du sollst?«[244]

Das »freye zufällige Geschehen« ist die Losung jenes »geheime[n] Materialismus«, der im Nach-Schluss der *Logik* »versteckt« ist und sich gerade dadurch bemerkbar macht, der »mit Händen zu greifen«, aber darum noch nicht und niemals begriffen ist. Was hier versteckt ist, sollte es auch bleiben, denn wenn es hervorgezerrt wird, zeigt es sich gerade nicht mehr. Um aber zu zeigen, dass hier etwas verborgen bleibt, muss am Ende doch die Ästhetik bemüht werden, in unserem Fall: die Literatur.[245] Hölderlin zeigt uns seine materialistische, seine ganz und gar irdische und von aller Transzendenz entblößte (und entblödete) Natur in der wilden »Verpflanzung« und alle hergebrachten Vorgaben überwuchernden Form der späten »freien Verse«.[246] Hegel zeigt uns *seine* im wörtlichen Sinn prosaisch: in der Art und Weise, in der in seiner philosophischen Prosa *erzählt* wird. Was hier aber noch »Erzählen« heißen kann, das wird nun abschließend zu klären sein.

XII Freye Sonate

Adornos nie vollendetes Buch über Beethoven ist vielleicht sein bestes; auch über Hegel. Hegel ist für Adornos Beethoven-Verständnis ebenso wichtig, wie Beethoven als Vergleichs- und Kontrastfolie erst Adornos Hegel-Bild vollends plastisch hervortreten lässt. Hier bedarf es allerdings einiger Schärfungen und Korrekturen.

Hält man sich vor Augen, wie radikal Adorno Beethovens Musik und Hegels Philosophie engführt – die »Konfrontation mit der Hegelschen ›Logik‹« soll für die »Interpretation Beethovens [...] keine Analogie, sondern die Sache selbst« sein –,[247] so muss es überraschen, dass Adorno wiederum die Phasen- und Werkstufeneinteilung, die für seine Beethoven-Interpretation so zentral ist, nie auf Hegel überträgt. Die Abfolge von frühem, »klassischem« und spätem (»letztem«) Beethoven stellt für Adorno das beste Exempel dafür dar, wie sich ein Künstler aus experimentellen, allzu oft aber auch noch epigonalen Anfängen zu einer »klassisch«-idealistischen Idee und Praxis von Formgebung durchringt, um diese schließlich souverän zu überwinden und hinter sich zu lassen. Der mittlere, »klassische« – schon Adorno schreibt dieses Wort immer in distanzierende Anführungszeichen, die ich im Zitat eigentlich verdoppeln müsste – Beethoven demonstriert, wie ein musikalischer Form-Gedanke auf sein »Material« (die sedimentierte Tradition von Tonalität, Themen- und Motivbildung, Kontrapunktik, musikalischer Formen- und Gattungslehre ...) so zugreift, dass diesem die Form nicht mehr äußerlich bleibt, sondern aus der Materialgestaltung selbst gleichsam wie neu hervorgebracht wird. Dieses Projekt idealistischen Formdenkens vollendet der »klassische« Beethoven, indem er gerade nach dem heterogensten Material greift und dieses in einer vollendeten Totalität integriert.

Die wahre und unvergleichliche Größe Beethovens liegt für Adorno nun aber darin, dass dieser den Prozess der Integration und Durchformung nicht nur auf die Spitze treibt und vollendet, sondern zugleich auch als ideologischen kritisiert: Das ist die Leistung des »letzten« Beethoven, dem die »Vorstellung der Totalität als einer schon geleisteten unerträglich« wird.[248] Der »Spätstil« Beethovens zeichnet sich dadurch aus, dass hier die Integration so weit getrieben wird, dass sie in Desintegration umschlägt.[249] Das musikalische Material tritt in seinem Eigengewicht hervor, das wiederum nur dadurch überhaupt als solches wahrnehmbar ist, weil es den Prozess der totalen Integration schon hinter sich gebracht hat. Die vollendete, »schon geleistete« Totalität der »klassischen« Formen wird als Schein durchschaut und abgeworfen.

Genau darin nun aber soll Beethoven denn auch Hegel übertreffen:

> »Beethovens Musik ist die Hegelsche Philosophie: sie ist aber zugleich wahrer als diese, d. h. es steckt in ihr die Überzeugung, daß die Selbstreproduktion der Gesellschaft als einer identischen nicht genug, ja falsch ist. Logische Identität als produzierte und ästhetische Formimmanenz werden von Beethoven gleichzeitig konstituiert und kritisiert.«[250]

Dreimal Hegel: ein Spiel. Adorno versucht also nie, seine systematisch grundierte Phaseneinteilung auf Hegel zu übertragen. Es ist, als ob Adorno sein eigenes klassizistisches Hegel-Bild so überzeugend fände, dass es für ihn hier gar keine Entwicklung geben kann: Hegel steigt für Adorno wie Pallas Athene in voller Rüstung aus Zeus' Haupt und ist und bleibt darin immer schon ganz er selbst.

Es gibt eine kurze Notiz, in der Adorno festhält, dass der Beethoven'sche »Spätstil [...] Hegel[s] subjektiver Logik« (als dem dritten Buch der *Logik*) »entspricht«. Diese Anmerkung bleibt allerdings folgenlos und wirkt in ihrem Umfeld – einer Notiz über die Klaviersonate *Les Adieux*, die ja gerade nicht zum Spätstil gehört – seltsam bezugslos.[251] Auch die Formulierung »entspricht« scheint ein wenig lax und klingt eher nach genau jenen Analogiebildungen, die Adorno für seinen Umgang mit Hegel und Beethoven eigentlich ablehnt. Versuchen wir also, das Spiel weiterzutreiben und probehalber das Adorno'sche Dreiphasen-Modell von Beethoven auf Hegel zu übertragen.[252]

Den frühen Hegel der *Differenzschrift* könnten wir dann etwa der *Sturmsonate* d-moll, op. 31.2 zuordnen, dem musikalischen Ausdruck des vielzitierten »neuen Weges«, den zu beschreiten Beethoven seinem Schüler Carl Czerny ankündigt und der sich in der »raffiniert inszenierte[n] Zweideutigkeit« des Kopfsatzes der Sonate – in der von Anfang an ausgestellten Unmöglichkeit, auch nur festzuhalten, was hier noch Einleitung und was schon Hauptsatz sei – geradezu paradigmatisch verkörpert;[253] oder im formal »überflüssigen« Rezitativ, das den Eintritt der Reprise aufschiebt – oder aber diese schon *ist*.[254] In der *Differenzschrift* nutzt Hegel das schulphilosophisch-barock anmutende Genre des Systemvergleichs – im vollen Titel der Schrift überdeutlich zum Ausdruck gebracht: *Differenz des Fichte'schen und Schelling'schen Systems der Philosophie in Beziehung auf Reinhold's Beyträge zur leichtern Übersicht des Zustands der Philosophie zu Anfang des neunzehnten Jahrhunderts* –, um das Programm seiner eigenen Systembildung der nächsten Jahre und Jahrzehnte zu formulieren. Die Maske des jugendlichen Schelling-Adepten, die Hegel hier noch überzieht, erlaubt nicht nur schülerhaften Witz im Umgang mit den philosophischen Größen der Zeit, sondern bereitet auch schon den Bruch mit Schelling vor, der sich einige Jahre später vollziehen wird.[255]

Den mittleren, »heroischen« Hegel der *Phänomenologie des Geistes* könnten wir dann vielleicht mit dem ersten *Rasumowsky-Quartett* gleichsetzen, dem F-Dur-Streichquartett op. 59.1. Der schon von seiner schieren Länge her unerhörte Kopfsatz sprengt in seiner »schwer zu überblickende[n] Faktur« alle gegebenen Konventionen; die Fülle an thematischen und motivischen Einfällen und Verarbeitungsformen lässt die Idee einer geordneten Dialektik von Haupt- und Seitenthema in der Sonatenhauptsatzform ganz in den Hintergrund treten. Gleichzeitig lässt sich aber eine übergreifende Integration beobachten, die darin liegt, dass *alle* thematischen Elemente letztlich ihre »Herkunft aus dem Hauptthemenkomplex« schwer verleugnen können.[256] Es ist genau diese Verwandtschaft – die Tatsache, dass der ganze Kopfsatz und darüber hinaus womöglich alle Sätze des Quartetts auf *einer* thematischen Idee beruhen[257] –, die im Verlauf des Stücks durch die umfangreiche motivisch-thematische Arbeit erst ganz herausgearbeitet wird. Und hier liegt denn auch die Parallele zur

Phänomenologie: Nicht nur die Geschichte der abendländischen Philosophie, sondern auch eine philosophisch begründete Analyse der eigenen Gegenwart – man denke an die Absätze zum »Terror« der Französischen Revolution oder das »Herr-Knecht«-Kapitel – werden hier präsentiert als Bildungs- und Entwicklungsroman der modernen Seele und Subjektivität. Indem diese von ihren rudimentärsten Anfängen in der bloß »sinnlichen Gewissheit« bis zum »absoluten Wissen« alle Erscheinungsformen durchläuft, schafft sie aus sich heraus die Einheit des Geistes, die Gegenstand des Buches ist und in dem sie selbst sich schließlich aufgehoben sehen wird.

Beim Spätwerk wird die Übertragung zwischen Beethoven und Hegel schwierig, und die Arbitrarität unseres Versuchs tritt spätestens hier überdeutlich vor Augen. Die *Rechtsphilosophie* und die beiden Berliner Fassungen der *Enzyklopädie* können wir vielleicht am ehesten mit der *Neunten Symphonie* vergleichen. Nicht wegen des dekorativen (»affirmativen, harmonistischen«) Pathos einer genuin »bürgerlichen Utopie«,[258] sondern weil die *Neunte* eigentlich gar »kein Spätwerk[,] sondern die Rekonstruktion des *klassischen* Beethoven« ist – auf der Höhe der Erfahrung und Materialbeherrschung allerdings, die erst der späte Beethoven erreicht hat.[259] Ebenso sind die *Rechtsphilosophie* und die späte *Enzyklopädie* keine genuinen Spätwerke, sondern die endlich (wenn auch nur zum *Gebrauch seiner Vorlesungen*) niedergeschriebenen Fassungen von (sozial)philosophischen Ideen und Thesen, die zu Hegels ersten gehören.

Vielleicht können wir schließlich die späten Aufsätze Hegels aus den *Jahrbüchern für wissenschaftliche Kritik* – die Solger-Rezension etwa oder vor allem den Essay »Über die englische Reformbill« – mit den *Bagatellen für Klavier* op. 126 vergleichen: Sie treten als kleine Formen beinahe beiläufig und wie zur Illustration der »großen« Werke auf, stellen diese in ihren (Form-)Prinzipien allerdings grundsätzlich infrage und ragen darin weit ins spätere 19. Jahrhundert und bis in unsere Gegenwart hinein.[260]

Späterer mittlerer Hegel. Wie gesagt: Die Übertragung ist ein Spiel, bei dem nur zu deutlich wird, dass schon die Drei-Phasen-Einteilung bei Beethoven etwas bisweilen Schematisches und Klapperndes hat. Interessanter als die Möglichkeit der eindeutigen Zuordnung einzelner Werke in bestimmte Phasen-Schubladen ist aber vielleicht das Problem der Übergänge, und hier zeigt Adorno ein besonders feines Gespür. Denn zwischen dem »klassischen«, mittleren Beethoven, der die Idee idealistischer Formgebung und Materialbeherrschung vervollkommnet, und dem späten, »letzten Beethoven«, der jede Formzumutung bereits wieder überwunden hat, schiebt Adorno die Stufe des »späten mittleren Beethoven«, dem er Werke zurechnet, die er offenbar ganz besonders liebt und deren Analyse ihm am anrührendsten und auch am witzigsten gerät. Wenn wir uns also fragen, zu welcher Phase des Beethoven'schen Schaffens die Hegel'sche *Logik* am ehesten passt, dann kann es eigentlich nur eine Antwort geben: Sie ist »später mittlerer Hegel«; oder pointiert: die *Wissenschaft der Logik* ist das *Erzherzog-Trio* der Philosophie.

Die Integrationsleistung des »klassischen« Beethoven bezieht sich für Adorno vor allem auf dessen Fähigkeit, die Zeit musikalisch zu gestalten – nicht musikalisches Geschehen *in* der Zeit, sondern *die Zeit selbst.* Das ist vor allem die Leistung der Symphonik, die Adorno mit einer »Integration« oder gar »Beherrschung der Zeit« in eins setzt,[261] und aus dieser Herrschaftsfunktion resultiert auch der bisweilen herrische (»pathetische« oder »auftrumpfende«) Gestus, der den Symphonien immer wieder abzuhören ist.[262]

Der »späte mittlere« Beethoven nötigt Adorno nun, das Theorem von der musikalischen Integration der Zeit zu differenzieren. Demnach müssen wir zwei Typen der musikalischen Organisation von Zeit unterscheiden: den »intensiven« und den »extensiven Typus«.[263] Der »klassische« Beethoven (der mittlere mittlere …) der großen Symphonien arbeitet zumeist im »intensiven Typus«; hier zielt die Komposition auf eine Konzentration von Zeit, auf die Integration der Dauer in jeden gegebenen Augenblick. Der »extensive Typus« hingegen findet sich tendenziell eher in der Kammermusik der frühen 1810er-Jahre, etwa in der letzten *Violinsonate Nr. 10* op. 96 oder dem *Erzherzog-Trio* op. 97. Hier wird Zeit nicht konzentriert, sondern

»freigegeben«; die Musik *lässt sich Zeit*.[264] Das wird rein äußerlich schon deutlich in der »Bevorzugung sehr *großer* Zeitflächen«, den »auffallend großen Längendimensionen«.[265] Die »Dehnung« bestimmt den »extensiven Typus« aber auch innerlich, in der musikalischen Substanz: Zwar können wir im »extensiven Typus« einen »Verzicht auf die symphonische Beherrschung der Zeit« beobachten, aber keineswegs einen Verzicht auf Beherrschung überhaupt: Nur haben wir es jetzt mit einer eher »geometrischen« als einer »dynamischen« zu tun.[266] Es werden komponierte Zeitabschnitte nebeneinandergesetzt, ohne dass die Anordnung zwingend als Spannungsverhältnis legitimiert werden muss. Adorno schreibt von einer »*Aufteilung* der ganzen [der dynamisch durchstrukturierten] Form«,[267] oder aphoristisch verdichtet: »Die Form schöpft Atem« – wohingegen wir beim »intensiven Typus« nur ein »atemloses Bei-sich-selber-Sein« der Form bezeugen können.[268]

Eine erste Parallele zum Sprachgestus, zum spezifischen Charakter der Hegel'schen Prosa der *Logik* lässt sich hier schon festhalten: Auch dort haben wir beobachtet, wie »Spannungen« – etwa das Verhältnis der Prädikation im Urteil – »auf lange Gruppen [Sätze und Perioden] verteilt und festgehalten« wurden, wodurch diese den »Charakter der Spannung« »verlieren«. Auch in Hegels Prosa haben wir einen »auflösenden Charakter der Dehnung« bemerkt.[269] Und wenn Adorno dann in Bezug auf das gedehnte musikalische Geschehen die Notiz anschließt: »Es nähert sich dem *Rezitativ*. Es wird eine Suspension des Fortgangs und der Einheit erzielt bei gleichzeitigem striktem *Festhalten* der thematischen Einheit (echt dialektisch)«,[270] dann kann ich das ohne viel Gewalt direkt auf meine Leseerfahrung mit Hegels Prosa übertragen.

Hegel als Erzähler. Eigentlich interessant wird die Übertragung von Adornos Konstruktion des »späten mittleren Beethoven« auf Hegel aber erst dadurch, dass er den »extensiven Typus« mit dem *epischen Erzählen* in Verbindung bringt. Die Musik des »späten mittleren Beethoven« besitzt für Adorno einen »epischen Charakter«. Das Epische ist dabei ein Modus der Rückschau, der gestaltenden Erinnerung:

»Die ganze Blickrichtung von Beethovens extensivem Typus ist die der Erinnerung: die Musik gewinnt ihren Sinn nicht, wie die ›klassische‹, in der kontrahierten Gegenwart, dem Augenblick, sondern erst als schon vergangene.«[271] In Beethovens epischem Stil konstituiert sich die Gegenwart erst im Moment der epischen Rückschau, und zugleich wird die erinnerte Vergangenheit durch den Akt der Erinnerung in der Gegenwart zurechtgerückt. Das Epische wirkt bei Beethoven als Erinnerung an die Vergangenheit und als deren sanfte Korrektur. Das bleibt – vielleicht unerwartet – bisweilen nicht ohne Witz. So legt Adorno einem Thema, das zunächst in klassisch-gerundeter Form seine Vollkommenheit ausgestellt hatte, nach seiner epischen Durcharbeitung und Dehnung die Erkenntnis in den Mund: »Eigentlich bin ich ja gar keine Totalität«.[272] Und im *Erzherzog-Trio*, wo im Kopfsatz auf eine eigentlich eher kurze und wenig spektakuläre Durchführung eine völlig überdimensionierte Rückführung folgt, lässt diese jene rückblickend viel bedeutender erscheinen, als sie im Augenblick ihres aktualen Erklingens tatsächlich war. Die Aufladung der Vergangenheit im Moment ihrer Erinnerung lässt den Hörer verblüfft ausrufen: »Wie viel muß doch, nach all dem, geschehen sein« …[273]

Apropos *Geschehen*: Ich hatte oben behauptet, dass der Ausdruck »Geschehen« in der *Logik* keinen eigenen begrifflichen Status erlangt. Das muss nun wenn nicht korrigiert, so doch ergänzt werden: »Geschehen« kommt in der *Logik* durchaus vor – aber nicht als Begriff, sondern gewissermaßen als Nicht- oder sogar als Antibegriff. »Geschehen« wird von Hegel mit dem *Erzählen* in Verbindung gebracht, wobei dieses für Hegel eine ungenügende, eine insuffiziente Tätigkeit des Geistes darstellt, die das Bemühen der Philosophie um begriffliche Erkenntnis unterläuft und vielleicht sogar sabotiert. In der Einleitung zum dritten Buch der *Logik* lesen wir:

> »Wenn es nicht um die *Wahrheit*, sondern nur um die *Historie* zu thun ist, wie es im Vorstellen und dem erscheinenden Denken zugehe, so kann man allerdings bey der Erzählung stehen bleiben, daß wir mit Gefühlen und Anschauungen anfangen, und der Verstand aus dem Mannichfaltigen derselben eine Allgemeinheit oder ein Abstractes herausziehe, und begreiflich jene Grundlage dazu

> nöthig habe, welche bey diesem Abstrahiren, noch in der ganzen Realität, mit welcher sie sich zuerst zeigte, dem Vorstellen stehen bleibe. Aber die Philosophie soll keine Erzählung dessen seyn, was geschieht, sondern eine Erkenntniß dessen, was *wahr* darin ist, und aus dem Wahren soll sie ferner das begreifen, was in der Erzählung als ein blosses Geschehen erscheint.« (III, 22)[274]

Meine These zu dieser Stelle wäre, dass die Gegenüberstellung von »Erzählung« und »Wahrheit« als eine ausschließende nicht funktioniert. Es kann Hegel hier nicht darum gehen, *das Erzählen überhaupt* als Verfahren zurückzuweisen, sondern *eine bestimmte Form* des Erzählens und eine daraus hervorgehende bestimmte Form von Geschichte, von »Historie«. Es wird ein Erzählen zurückgewiesen, das meint, »das natürliche Princip, oder der Anfang« der Philosophie seien im Handgreiflichen der »Anschauung« zu suchen, von dem ausgehend dann das Wahre durch bloße Abstraktion gewonnen werden könne: von der Anschauung über die Vorstellung zum Wahren (III, 21 f.).[275] Wir hatten demgegenüber gesehen, dass Hegel mit Bedacht einen anderen Anfang wählt, der kein erzählter und kein erzählerisch sonderlich tauglicher Anfang ist, sondern eine Entscheidung und eine Setzung.

Wenn nun also diese Form (und *nur* diese Form) des Erzählens zurückgewiesen wird, dann können wir weitergehend die Hypothese aufstellen, dass Hegel in der *Logik* trotzdem erzählt, aber anders. Und vielleicht lässt sich Hegels Erzählen in der *Logik* besser verstehen, wenn wir es mit dem »epischen Charakter« zusammenbringen, den Adorno am »späten mittleren Beethoven« präpariert, und folglich Hegels Erzählen auf den Prozess der Erinnerung beziehen, der auch seine Philosophie prägt.

Die Erinnerung bildet, so hatten wir bereits festgehalten, das »Wesen« der dialektischen Bewegung: »Das Sein als dies schlechthin erinnerte Sein ist das Wesen« (I, 274), heißt es etwa am Ende der *Seinslogik*, und am Beginn der *Wesenslogik* wird die »Wahrheit des Seyns« und der »Weg [d. i.: die Methode] des Wissens« überhaupt mit der Erinnerung verbunden: Die Erinnerung (in der Schreibweise der *Phänomenologie*: die »Er-innerung«) muss als »Insichgehen« dessen verstanden werden, was sich zuvor entäußert hat (II, #241). Und in Bezug auf die entgegengesetzten Pole der »wesentlichen Beziehung« heißt es in aphoristischer Kürze, ihre Erkenntnis sei nichts anderes als die »Erinnerung ihrer Entäußerung« (II, #298).

Am Ende der *Begriffslogik* schließlich, wo die Idee des Erkennens sich aufspaltet in die Ideen des Wahren und des Guten, ist zwar nicht von Erinnerung die Rede, wohl aber von ihrem Gegenteil, dem Vergessen: Die Idee des Guten muss demnach als beständige Erinnerung daran verstanden werden, dass die Entzweiung von Subjekt und Objekt bereits aufgehoben, als Aufgehobene aber wieder vergessen wurde (vgl. III, 234).

Die Erinnerung besetzt also die dritte Position, sie ist das, was im dritten dialektischen Schritt erreicht werden und was mehr als bloße Synthese, als bloße Wiederherstellung einer Einheit sein soll. Erinnerung ist Erinnerung einer Entäußerung, die als erinnerte eben immer auch ihre Äußerlichkeit bewahrt. Erinnerung als Rückkehr bedeutet, die Distanz zu wahren, die in der Bewegung der Rückkehr durchmessen wurde. Die komplexe Fügung von Überwindung und Bewahrung aber kann – und kann *nur* – im Prozess des Erzählens bearbeitet werden.[276]

Die Erinnerung *bewahrt* dabei nicht nur die Erinnerung an die Äußerlichkeit, sie stellt diese vielmehr immer wieder auch erst her: Auch die retroaktive Kraft zur Veränderung und Aufspaltung des Geschehenen teilt Hegel mit Beethoven. Der Schluss der *Logik* – und zumal der Schluss *nach* dem Schluss: die Coda mit der seltsam freigesetzten »– *Natur*« – sanktioniert das zunächst vage Gefühl, das im Verlauf der *Logik* überall mehr auf dem Spiel stand als das, was jeweils folgerichtig dialektisch durchgeführt und im Gang der Argumentation eingeholt wurde. Ambivalenzen, Äquivokationen, Ab-gründe des Textes werden so – vom Schluss her – nachträglich aktiviert und zeigen sich dann erst im Zurückblättern und Wiederlesen in ihrer ganzen Tragweite: War tatsächlich bereits ganz am Anfang der *Logik* von der »*Natur* des Anfangs« die Rede, und wie fügt sich diese »Natur« zur »– *Natur*« am Schluss, in den sich der Anfang ja zurückschlingen soll nach dem Bild des »Kreises von Kreisen« (I, 38; III, 252)? Und was hat es zu bedeuten, dass Hegel in seiner Zurückweisung des Erzählens mit dem »Geschehen« scheinbar beiläufig genau den Ausdruck verwendet, den er einige Jahre zuvor, in der *Phänomenologie*, in Form des »freyen zufälligen Geschehens« noch zum Inbegriff von Natur erhoben hatte? Und wenn die »absolute Idee« am Ende (in Adornos Rollenprosa) zugibt: »Eigentlich bin ich gar keine Totalität« – muss das dann heißen, dass sie *weniger* als eine ist, oder vielleicht doch mehr: eine Multiplizität von Totalitäten und Wirklichkeiten, so wie sie am Ende der *Wesenslogik* kurz aufscheint, um dann in der *Begriffslogik* wieder vergessen zu werden? – Die retrospektive Aktivierung von Ambivalenzen im Erzählen gibt so auch dem »Kreis von Kreisen« einen neuen Sinn: Man kann und muss mit dem Lesen immer wieder von vorn anfangen; der Sinn erschöpft sich nicht, er wird durch jede Deutung nur reicher.

Dem Erzählen, zumal dem literarischen Erzählen, eignet eine immanente teleologische Kraft: Es will zum Ende kommen, und vom Ende her legitimiert sich alles, was erzählt wurde – so jedenfalls hat es Georg Lukács in seinem großen Essay über die Frage »Erzählen oder beschreiben?« für das realistische Erzählen zusammengefasst.[277] Hegels Erzählen in der *Logik* kann davon ausgehend vielleicht als »post-realistisch« bezeichnet werden: Hegel ignoriert den Zug zum Ende nicht, aber er spielt damit; er spielt mit der Teleologie, die zugleich das ganze Buch unleugbar strukturiert. Natürlich kennt Hegel das Erzählen auf ein Ende hin – die »Philosophie der Weltgeschichte« ist zweifellos so strukturiert und vielleicht auch die *Phänomenologie*. Das phänomenologische Denken insgesamt ist am teleologischen Erzählen einer Geschichte – der »Geschichte einer Selbstaufklärung« der modernen Seele – orientiert; daran hat Christoph Menke erinnert. Die genealogische »Vor- oder Naturgeschichte« des Geistes könne demgegenüber aber nicht erzählt, sie müsse »rekonstruiert« werden.[278]

Nun findet aber in der Abfolge von *Phänomenologie* und *Logik* eine seltsame Verkehrung statt: Denn die *Phänomenologie* soll ja die Vorgeschichte der Logik sein.[279] Hier wird also die Vorgeschichte »erzählt«, wohingegen *die Geschichte selbst* (die *Logik*) eben gar keine Geschichte (keine »Historie«) mehr sein soll, sondern – als »Darstellung Gottes vor der Erschaffung der Natur« – die *ultimative* Vorgeschichte.

In der Verschachtelung von Geschichten und Vor-Geschichten wird deutlich, dass auch die Gegenüberstellung von Erzählung und Rekonstruktion vielleicht keine ausschließliche sein kann: In der *Logik* wird demnach rekonstruiert, dass und wie erzählt, und es wird erzählt, dass und wie rekonstruiert wird. Der Grund des Geistes, der diesen »von innen her« »durchragt und durchwirkt«,[280] wäre demnach also nicht so sehr als ein Rumoren dunkler Kräfte, sondern als die Unhintergehbarkeit des Erzählens selbst zu bestimmen; der Grund des Geistes ist die selbst »geistlose« Tatsache, dass der Geist sich und seine Geschichte erzählen muss und erzählen kann.

Als Erzählung von der Unausweichlichkeit des Erzählens ist die *Logik* eine genuin moderne (oder vielleicht sogar eine *post*moderne): eine Erzählung ohne Protagonistin, eine Erzählung ohne *histoire*. Erzählt wird in der *Logik* gleichsam auf paradigmatischer Ebene: Es werden Bezugsrahmen und Verknüpfungsmöglichkeiten entwickelt, irreversible *und* rekursive Ordnungen der Zeit, vorstellbare und intelligible Raumanordnungen. Die (syntaktische) Aktualisierung dieser Strukturen – ihr Auserzählen – ist nicht mehr Gegenstand der *Logik*.[281] Oder wenn eben doch bestimmte Aktualisierungen präsentiert werden – bestimmte rigide Formen einer »absoluten Notwendigkeit« etwa –, dann wird zugleich immer auch gezeigt, dass es sich eben nur um *eine* aktualisierte Möglichkeit handelt. Die *andere* Möglichkeit (sagen wir: die »absolute Zufälligkeit«) folgt unweigerlich auf dem Fuß und macht sich über die Ambitionen der ersten lustig: Die Brecht'sche Komödie beginnt von Neuem.

XIII Der Trost der Philosophie

»Ja, all das ist gewesen!« sagte er, beglückt, kindlich für sich lächelnd und sank in tiefen, jugendlichen Schlaf.[282]

Wait and see. Das »Werden zum Geiste in der Form des freyen zufälligen Geschehens« ist das Geistlose, das allen Geist auf den Weg bringt, das aber nie selbst in diesem aufgeht und das darum auch für die Möglichkeit (und, paradox, für die Notwendigkeit) einsteht, dass der Geist beständig anders wird und sich umbildet. Damit kann das »freye zufällige Geschehen« als korrespondierendes Gegenstück jenes »voir venir« verstanden werden, das Catherine Malabou ins Spiel gebracht hat, um *Hegels Zukunft* – um Hegels Offenheit der Zukunft gegenüber – herauszuarbeiten. »Voir venir« – in einer ersten englischen Übersetzung kurz und prägnant »wait and see«; in der Buchform heißt es umständlicher »to see (what is) coming« – meint die Haltung eines aufmerksamen, eines um- und zuversichtlichen Beobachtens dessen, was (mit dem Geist) *geschieht.* »Voir venir« ist Ausdruck der Sicherheit, *dass* etwas geschieht bei gleichzeitiger Offenheit und Unwissenheit darüber, *was* geschieht: *There's something happening here, what it is, ain't exactly clear.* In dieser Ambivalenz spricht »voir venir« jene »Spannung in der Hegel'schen Philosophie« an, die auch uns hier immer wieder beschäftigt hat: die »Spannung zwischen teleologischer Notwendigkeit und Überraschung«.[283]

Mit ihrer Lektüre zerstreut Malabou ein letztes Gerücht über Hegel, so wie es vor allem von Heidegger verbreitet wurde: dass die Hegel'sche Philosophie auf einem »vulgären« Zeitverständnis basiere, nach dem die »Abfolge« von Vergangenheit, Gegenwart und Zukunft nur als Kette (oder »Fluss«) prinzipiell gleichartiger, »nivellierter« »Jetzt-Punkte« zu verstehen sei.[284] Malabou zerstreut das Gerücht, indem sie ihm teilweise Recht gibt: Ja, es gibt bei Hegel die Vorstellung einer linearen, in sich gleichgültigen Zeitkette, die sich am Ende zyklisch in sich schließt und damit jede Zukunft immer schon vorweggenommen und abgeschlossen hat. Nach diesem Verständnis sind wir schon fertig mit der Zeit, bevor wir überhaupt anfangen müssen. Aber es gibt, so hebt Malabou hervor, auch ein Verständnis der Zeit bei Hegel – und einen schreibenden Umgang mit der Zeit –, der dieses abschließende und nivellierende Denken unterläuft. Diesem anderen Denken nach überschreitet die Erwartung des Endes dieses immer auch, weil das Ende, auf das wir warten, immer ein anderes ist als das, das tatsächlich eintrifft und geschieht. Das erwartete Ende ist als erwartetes schon gegenwärtig und damit immer zu früh für das Ende, das dann tatsächlich kommt, oder umgekehrt: das »in der Tat« geschehende Ende kommt immer zu spät. Das Ende, das erwartete wie das geschehende, ist jedenfalls »gar nicht so endgültig«, wie auch Butler festhält, und »wie wir die Zeit benennen, die das Ende überschreitet, ist unklar«.[285] – *Wait and see …*

Trost/Trust. Aus dem *Wait and See* des Hegel'schen Denkens und Schreibens kann ich einen Trost ziehen – oder aber das Gefühl des Trostes erklären, das ich beim Lesen der *Logik* verspürt habe: »Es ist noch immer anders gekommen«. Es ist tröstlich, dass überhaupt etwas geschieht, und es ist – angesichts unserer »finsteren« Zeitläufte zumal – tröstlich, dass das, was geschieht – was immer es ist –, all das, was ist – und was dauerhaft und alternativlos zu sein beansprucht –, anders werden lässt. Der Trost läge demnach – Kreis von Kreisen – schon in jenem *Werden* begründet, das ganz am Anfang der *Logik* die Blockade von Sein und Nichts durchbrochen und das damit den dialektischen Gang der Dinge und Gedanken überhaupt erst in Bewegung gesetzt hat.[286]

Der Trost des Werdens und des Anders-Werdens war uns schon bei Brecht begegnet, wo die »Veränderungen« hervorgehoben werden, auf die Acht zu geben uns die Dialektik anhalte. Dieser Trost des Anders-Werdens aber bedeutet – vielleicht paradox – immer auch eine Einwilligung in die Vergänglichkeit allen Seins im Werden: »Everything comes and goes, marked by lovers and styles of clothes;

things that you held high and told yourself were true – lost or changing as the days come down to you« (Joni Mitchell). Spätestens hier wird deutlich, dass der »optimistische« Trost der offenen Zukunft ergänzt werden muss durch einen »melancholischen« Trost der erinnerten Vergangenheit, den Trost einer Rück-Versicherung im bereits Geschehenen.

In einem mächtigen Buch mit dem mächtigen Titel *A Spirit of Trust* hat Robert Brandom »Trust« zum Zentralbegriff seiner Lektüre der *Phänomenologie* erhoben, und das Argument wird für mich noch stärker, wenn ich paronomastisch *Trust* als *Trost* ver-lese. *Trust* soll bei Brandom – darin den begrifflichen Übungen Malabous verwandt – eine Dimension der Zukünftigkeit ansprechen; eine »prospektive« Dimension, durch die jene retrospektive, selbstprüfende Tätigkeit des Geistes ergänzt wird, die Hegel in der *Phänomenologie* »das Verzeihen« oder »die Verzeihung« nennt. Erst im Zusammenspiel von Verzeihen und Vertrauen kann die Wirklichkeit des Geistes ganz erfasst und als wiederholt-versammelnde Erinnerung – als *recollection* – verstanden werden.[287] Durch die Mitwirkung des Vertrauens arbeitet die Erinnerung nicht nur *retro-spektiv*, sondern auch *retro-aktiv*: Sie blickt nicht nur zurück auf das, was geschehen ist, sondern sammelt dies allererst zusammen und entdeckt dann bereits in dem, was als abgeschlossen und endgültig gegeben erscheint, den Anteil unseres Tuns. Damit aktiviert sie im Geschehenen die Möglichkeit des Anders-Machens und der Veränderung. Selbst der Tod wird für Hegel erst dadurch zu etwas Wirklichem, dass wir ihn betrauern und in familiären Begräbnis-Riten als *wirklich geschehen* sanktionieren.[288]

Auch Brandom favorisiert das Anders-Werden in der Zukunft; sein ganzes Buch läuft gar auf die Vorbereitung einer neuen Epoche des Geistes, eines »Age of Trust«, hinaus.[289] Gleichwohl wird über die Konzepte von *trust* und *recollection* aber auch eine affirmative, eine bestätigende und bekräftigende Geste gegenüber dem eingeführt, was (uns) geschehen ist und was wir getan haben, und genau diese Geste umschreibt den Trost sehr gut, den mir das Lesen der *Logik* gespendet hat – das Lesen einer Prosa, die offenbar selbst Teil einer Praxis (und vielleicht sogar eines Ritus) der *recollection* ist. Es geht bei diesem

Trost ganz sicher *nicht* um eine *Rechtfertigung des Bestehenden* – etwas, das Hegel als »preußischem Staatsphilosophen« immer wieder vorgeworfen wurde –, sondern um die Geste einer *Billigung des Geschehenen*, die abwägt, ohne zu verurteilen: *Das, was ist, geht auch auf das zurück, was du getan hast; es war nicht die einzige Art, in der es getan werden konnte, dein Tun war immer auch von Zufällen und Zwängen bestimmt. Es ist nicht perfekt, wie es ist, deshalb kannst und musst du auch wieder darauf zurückkommen. Es wird nie endgültig erledigt sein, was du getan hast, aber einstweilen ist es gut so; es ist gut genug. Und nun: Mach weiter …*

> »Lieber! In dieser Ungewissheit schweb ich!
> Das ist mein Trost.«[290]

Ich weiß gar nicht, wie das gehen soll: sich einlassen … Trost ist für Hegel kein gutes Wort; er mag den Trost nicht. Schon eine seiner ersten Veröffentlichungen, die programmatische Einleitung »Über das Wesen der philosophischen Kritik überhaupt und ihr Verhältnis zum gegenwärtigen Zustand der Philosophie insbesondere«, mit der 1802 der erste Band des mit Schelling gemeinsam herausgegebenen *Kritischen Journals der Philosophie* eröffnet wurde, schließt mit einer Polemik gegen den Trost: In unserer Gegenwart werde die philosophische Kritik als ein »negatives Zerschlagen« aller bisherigen Gewissheiten angesehen; die Zeitgenossen richteten sich im rein Negativen ein. Wie dieses Sich-Einrichten aber aussehen kann, dafür fächert Hegel uns ein ganzes Panorama möglicher Haltungen auf, und im rastlosen Aufzählen – wir setzen ungefähr in der Mitte der Kaskade ein – wird schon seine Verachtung dieser Haltungen deutlich:

> »und wer mag, kann in der Kritik auch nichts weiter als das ewig sich wälzende Rad, das jeden Augenblick eine Gestalt, welche die Welle oben hinauf trug, hinunterzieht, erblicken; es sey, daß er auf der breiten Base [dem breiten Arsch …] des gesunden Menschenverstandes ruhend, seiner selbst sicher nur an diesem objectiven Schauspiel des Erscheinens und Verschwindens sich weidet, und

> aus ihm selbst sich noch mehr Trost und Befestigung für seine Entfernung von der Philosophie hohlt, indem er *a priori* durch Induction die Philosophie, an welcher das Beschränkte scheitert, auch für eine Beschränktheit ansieht; – oder daß er in inniger und neugieriger Theilnahme, das Kommen und Gehen der aufschießenden Formen, bewundernd und mit vieler Bemühung aufgreift, dann mit klugen Augen ihrem Verschwinden zusieht, und schwindelnd sich forttreiben läßt.«[291]

Es ist vielleicht müßig, in Hegels Suada alle angegriffenen Positionen im Einzelnen identifizieren zu wollen. Es geht gegen eine vermeintlich radikale Lesart des Kritizismus, die aus der negativen Zerschlagung der alten Gewissheiten die Formulierbarkeit positiver Gewissheiten überhaupt leugnet, und es geht sicher auch gegen die Romantik, die aus der Betrachtung des Werdens und Vergehens einen ästhetischen Kitzel zieht; selbst die spätere Polemik gegen die Romantik als »Schwindsucht des Geistes« klingt hier schon an.

Wichtiger als diese Identifikation ist für mich der Umstand, dass die bisherige Rekonstruktion dessen, was ich an der *Logik* tröstlich gefunden habe, doch sehr deutlich den von Hegel hier angegriffenen Positionen ähnelt. Und vielleicht hat Hegel mit seiner Polemik ja auch ein bisschen Recht – auch gegenüber meiner Lesart. Vielleicht ist meine tröstliche Lesart der *Logik*, vielleicht ist das Gefühl des Trosts überhaupt ja etwas hoffnungslos Romantisches und Melancholisches: *Everything comes and goes ...* – Zugleich möchte ich aber daran festhalten, dass das, was ich hier (mit Malabou und Brandom im Rücken) als Trost der *Logik* angedacht habe, auch über Hegels explizite Polemik gegen den Trost hinausweist: Hegel scheint ein so schlechtes Bild vom Trost zu haben, dass er den nicht verstehen kann, den seine eigene Philosophie spendet.

Die Grenzen von Hegels Trost-Verständnis werden schon in der Polemik deutlich. Denn zunächst fällt ja auf, dass alle angegriffenen Haltungen sich zum trostspendenden Prozess der Veränderung, der von der Kritik ausgelöst wird, nur passiv oder, wie Georg Lukács später schreiben wird: bloß kontemplativ verhalten. Das Werden und Vergehen wird ihnen zu einem »Schauspiel«, das von ihnen – zwar

»neugierig«, »bewundernd« und mitfühlend – immer bloß *betrachtet* wird. Wir aber haben gezeigt, dass die wirklich trostspendende Betrachtung der Veränderung, des Werdens und Vergehens immer mit einer aktiven und retro-aktiven Haltung verbunden sein muss. Auch Hinnahme und Akzeptanz ist eine Aktivität.

Wir sollen uns also aktiv und retro-aktiv zu unserer Wirklichkeit verhalten, um daraus den Trost zu ziehen, dass diese veränderlich ist und gar nicht anders denn als veränderlich gedacht werden kann. Diese Aktivität, zu der wir angehalten werden, ist allerdings eine solche, die selbst gleichsam zwischen Aktivität und Passivität schwebt oder oszilliert und die damit die nur allzu eindeutige Wertung der Polarität von Aktivität (= guter Trost) und Passivität (= schlechter Trost) einklammert oder unterläuft. Für diese besondere Aktivität jenseits oder unterhalb des einfachen Aktivismus (und der ästhetischen Kontemplation) benutzt Hegel selbst einen Ausdruck, der schon im zitierten frühen Programmtext auftaucht und der dann später, in der *Logik*, zu so etwas wie einem geheimen Zentralbegriff avancieren wird. Die Tätigkeit, die ich meine, ist das *Sich-Einlassen*.

In der zitierten »Einleitung« heißt es, dass wir uns in einen »Kampf« und »Streit« gegen die aufgeführten Positionen der Passivität und Kontemplation »einlassen« müssen: Denn wirkliche Kritik ist »Polemik und Partheysache«.[292] *Sich einlassen*, das bedeutet hier: sich dem Konflikt stellen; Stellung beziehen; Einseitigkeit zulassen, um überhaupt erst in den Gang einer Auseinandersetzung hineinzukommen. Wer sich auf den Prozess der Kritik einlässt, der praktiziert diese nicht mehr als äußerliche Betrachtung einer äußerlich bleibenden Sache, der ist vielmehr immer schon in Kontakt, in Kollision mit ihr gekommen, *hat sich infiziert*: Die echte Kritikerin lässt sich von der Sache selbst mitreißen.

In der *Logik* ruft Hegel uns schon in der Einleitung dazu auf, uns »auf das Dialektische einzulassen« (I, 24); erst wenn wir dazu bereit sind, wird die Methode unseres Denkens sich von allen bloß äußerlichen Einteilungen und Definitionen zu lösen in der Lage sein. Wann immer es dann in der Folge darum geht, einer Sache bis in ihren Grund nachzugehen, ihr in all ihren Verwicklungen zu folgen und sie im Denken zu verflüssigen, ist der Aufruf, sich auf diese Sache – auf den »Inhalt«, das »Denken«, die »Bestimmungen und Unterscheidungen«, das »Begreifen des Begriffs« – *einzulassen* (oder besser noch: »näher einzulassen«), nicht fern.[293] Und umgekehrt weiß Hegel, dass es »das einzig consequente Mittel *gegen* die Vernunft ist, sich mit ihr gar nicht einzulassen.« (III, 141)

Hegel hat keine Ethik geschrieben, es gibt keine Hegel'sche Moralphilosophie – so hatten wir gesagt. Aber es gibt doch einen kategorischen Imperativ des Hegel'schen Denkens, und dieser lautet in aller Kürze: *Du sollst dich einlassen!* Du sollst dich nicht raushalten, dich nicht mit der äußerlichen Betrachtung einer Sache begnügen. Wer auf Distanz bleibt, der wird nie etwas verstehen, geschweige denn ändern. Du sollst dich streitbar für oder gegen die Sache einsetzen, die du erkennen willst: *Voir (inter)venir.*

Das führt schließlich zurück zum Trost und zum *trust.* Der Aufruf, sich auf eine Sache einzulassen, basiert – in all seiner polemischen Färbung – auf dem elementaren Zutrauen, dass die Sache etwas ist, auf das wir uns überhaupt einlassen *können.* Der Imperativ beruht auf dem Vertrauen in unsere grundsätzliche Vertrautheit mit der Sache, so fremd sie uns zunächst auch erscheinen mag. In diesem Sinn wäre *trust* als Zutrauen zu verstehen, als *Zutrauen zum Objekt* – und damit als das genaue Gegenteil jener »Angst vor dem Objekt«, die Hegel bei Kant diagnostiziert hat. Es gibt keine absolute, unüberbrückbare Kluft zwischen mir und der Welt, ich kann etwas über die Welt wissen, ich kann in die Welt intervenieren, ich kann sie verstehen und ändern.

Das Zutrauen zum Objekt basiert dabei auf einem ebenso elementaren Zutrauen zur Sprache: Ich kann etwas über die Welt sagen, ich kann die Welt, die Dinge, ich kann auch andere Menschen – kurz: ich kann die *Sache selbst* – mit meinen Worten treffen, ich kann sie ansprechen, festhalten und verändern.[294] Ich weiß etwas vom Objekt, weil ich mich mit ihm eingelassen, weil ich Erfahrungen mit ihm gemacht habe und davon erzählen kann.

Das Zutrauen zu Objekt und Sprache mag banal erscheinen; in Zeiten eines verallgemeinerten (und damit konformistisch gewordenen) Misstrauens gegen Erfahrung und Sprache – *wir bewegen uns immer nur in der Blase und dem Spiegelkabinett unserer Konstruktionen; der Anspruch auf Benennung und Veränderung ist so arbiträr wie das Zeichen und damit nichtig* – muss diese Banalität aber vielleicht erst einmal und immer wieder bedacht werden.

Das Zutrauen zu Objekt und Sprache ist auch nicht harmlos. Sicher, viele der aufregenderen Hegel-Lektüren der letzten Jahre haben Affekte, Haltungen und Leidenschaften in den Blick genommen, die allesamt *extrem* und *extrem negativ* konnotiert sind: Fatalismus, Trauma, Verzweiflung.[295] Gegen diese starken Gefühle muss mein Versuch, in der *Logik* ausgerechnet einen Trost (und ausgerechnet in der *Logik* einen Trost) zu finden, zunächst sicher naiv wirken. Überhaupt Trost zu suchen oder zu benötigen, wird (mir) schon als Schwäche ausgelegt werden können – nicht zuletzt, so hatten wir gesehen, von Hegel selbst. Aber auch die genannten und untersuchten negativen Affekte führen *in letzter Instanz* zu einer positiven Umkehrung: *mit dem Schlimmsten zu enden*, das ist immer auch ein Trick (»Aber es ist eine Komödie!«), um aus dem Schlimmsten wieder herauszukommen.[296] Auch auf die Spirale des Negativen müssen wir uns erst einmal einlassen können, was auf dem Vertrauen beruht, dass sie uns *irgendwann einmal* wieder auf der positiven Seite herausschleudert. Vielleicht müssen wir zwischen faulem und schwachem Trost zu unterscheiden lernen.[297]

Ich habe oben geschrieben, dass die Möglichkeit, *sich einzulassen*, auf dem Zutrauen (zu Objekt und Sprache) »basiert«. Das ist richtig und nicht richtig zugleich, denn sich einzulassen ist immer eine Denkbewegung (und Handlungsoption) auf radikal ungesicherter Grundlage. Sich einzulassen, das hat auch kein sicheres, es hat vielleicht überhaupt kein Ziel jenseits seiner selbst. *Worauf* (oder: *mit wem!*) *hast du dich da bloß wieder eingelassen* – das ist ein Ausruf und eine Frage zugleich, die sich nie endgültig wird beantworten lassen.

Die umschriebene Denk- und Lebensbewegung zwischen Abgrund und Ziellosigkeit findet ihren Niederschlag in Hegels Prosa, in deren beständigem Vorwärtsdrängen, Zurückkommen und Wiederbeginnen. Hegels Schreibweise zeigt uns, wie wir mit etwas zurechtkommen können, mit dem wir nicht fertig werden. Dass dabei, wenigstens provisorisch, überhaupt etwas herauskommt, hängt von der Ernsthaftigkeit ab, mit der wir uns auf die Bewegung einlassen: Es kommt auf den Versuch an. Und das ist es auch, was die *Logik* uns lehrt und worin das Lesen der *Logik* uns einübt: in das Vertrauen, dass der Versuch sich lohnt.

Anmerkungen

1 Bertolt Brecht, »An die Nachgeborenen«, in: Ders., *Gedichte 2. Große kommentierte Berliner und Frankfurter Ausgabe*, Bd. 12, Berlin/Weimar/Frankfurt a. M.: Aufbau/Suhrkamp 1988, S. 85–87, hier S. 85 u. 86.

2 Vgl. Christoph Menke, *Autonomie und Befreiung. Studien zu Hegel*, Berlin: Suhrkamp 2018; Frank Ruda, *Hegels Pöbel. Eine Untersuchung der »Grundlinien der Philosophie des Rechts«*, Konstanz: Konstanz University Press 2012; Thomas Khurana/Christoph Menke (Hg.), *Paradoxien der Autonomie. Freiheit und Gesetz I*, Berlin: August 2011. Zur politischen Aktualität der *Phänomenologie des Geistes*: Rebecca Comay, *Die Geburt der Trauer. Hegel und die Französische Revolution*, Konstanz: Konstanz University Press 2018.

3 Vgl. Nica Bobka/Dirk Braunstein, »Die Lehrveranstaltungen Theodor W. Adornos. Eine kommentierte Übersicht«. IfS Working Paper Nr. 8, hg v. Institut für Sozialforschung Frankfurt am Main, Juli 2015: {www.ifs.uni-frankfurt.de/wp-content/uploads/IfS-WP8-Bobka-Braunstein.pdf} (letzter Zugriff am 15. 8. 2020).

4 Vgl. Frank Engster/Jan Hoff, *Die Neue Marx-Lektüre im internationalen Kontext*, Berlin 2012 (Philosophische Gespräche 28, Helle Panke e. V.).

5 Hans-Jürgen Krahl, »Bemerkungen zum Verhältnis von Kapital und Hegelscher Wesenslogik«, in: Oskar Negt (Hg.), *Aktualität und Folgen der Philosophie Hegels*, Frankfurt a. M.: Suhrkamp 1970, S. 137–150.

6 Hans Mayer, *Ein Deutscher auf Widerruf. Erinnerungen*, Band 1, Frankfurt a. M.: Suhrkamp 1988, S. 294.

7 Vgl. ebd., S. 236–243. Zur theoretischen Praxis des Collège vgl. Rosa Eidelpes, *Entgrenzung der Mimesis. Georges Bataille – Roger Caillois – Michel Leiris*, Berlin: Kadmos 2018.

8 Den Nullpunkt der »reinen Leere«, von dem jedes Wissen ausgehen muss, muss Hegel in seiner *Logik* erst mühsam erreichen – um ihn dann als »Anfang« zu setzen. Vgl. dazu das Kapitel VI: »Leer-Werden. Bericht vom Anfang«.

9 Bertolt Brecht, *Flüchtlingsgespräche*, in: Ders., *Prosa 3. Große kommentierte Berliner und Frankfurter Ausgabe*, Bd. 18, Berlin/Weimar/Frankfurt a. M.: Aufbau/Suhrkamp 1995, S. 195–327.

10 Ebd., S. 259–265.

11 Ebd., S. 262.

12 Ebd., S. 199 f.

13 Ebd., S. 262 f.

14 Ebd., S. 263.

15 Gerhard Gamm, *Der Deutsche Idealismus. Eine Einführung in die Philosophie von Fichte, Hegel und Schelling*, Stuttgart: Reclam 2015, S. 158.

16 Meine Lesart der *Logik* als Komödie ist, neben Brecht, von Alenka Zupančičs Analyse der »Bewegung der Komödie« inspiriert: Der Gang der Dialektik als Selbstentfaltung der Sache selbst, das ist eine komische Bewegung, nicht zuletzt weil sie sich über »Stolpern, Unterbrechungen, Punktierungen, Diskontinuitäten, alle Arten von Fixierungen und leidenschaftlichen Bindungen« vollzieht; vgl. Alenka Zupančič, *Der Geist der Komödie*, Berlin: Merve 2014, hier S. 9.

17 Brecht, *Flüchtlingsgespräche*, S. 263.

18 Gamm, *Der Deutsche Idealismus,* S. 158. – Bevor wir das Lachen über Brechts alte Paare zu leicht nehmen, können wir uns mit Judith Butler fragen, wie die Paare überhaupt zu solchen geworden sind – wenn nicht durch eine tiefe Liebe. In einem sehr schönen Text zu einem Fragment des jungen Hegel über die Liebe zeigt Butler, dass die Paar-Form bei Hegel eine notwendige Verkennung und Verzerrung impliziert. Diese folgt daraus, dass im Paar jede*r für den oder die Andere(n) immer auch die strukturelle »Verdopplung« (so Hegel wörtlich) des Lebens in der Liebe (und umgekehrt) verkörpern – und an dieser Rolle dann zwangsläufig scheitern muss. Wenn ich für die Andere das Leben selbst sein soll, aber das gleichzeitig nur in Form und Gestalt eines endlichen, sterblichen Lebendigen sein kann, dann ist die Verfehlung vorhersehbar. Die Liebe kann der notwendigen Enttäuschung durch rhetorische Trugschlüsse und Übertreibungen zu entgehen, oder sie kann die Ent-täuschung positiv zu wenden versuchen: als Einsicht in eine Struktur, nach der wir im Getrennten ein Ganzes suchen – in der Geliebten die Liebe und das Leben selbst –, das aber gerade dadurch nur als Gesuchtes und nie als Präsenz zu haben ist. Diese Erkenntnis gibt den alten Paaren Brechts ihre Würde zurück; ihre Komik ist die des sich selbst durchschauenden Lebens. Judith Butler, »To Sense What Is Living in the Other: Hegel's Early Love / Fühlen, was im anderen lebendig ist: Hegels frühe Liebe«, dOCUMENTA 13. 100 Notes – 100 Thoughts, Nr. 66, Ostfildern: Hatje Cantz 2012, S. 29. Zur »Verdopplung« siehe G. W. F. Hegel, »Entwürfe über Liebe und Religion«, in: Ders., *Werke*, Bd. 1: *Frühe Schriften*, Frankfurt a. M.: Suhrkamp 1986, S. 239–254, S. 246.

19 Brecht, *Flüchtlingsgespräche*, S. 262.

20 Ebd., S. 263.

21 Ebd., S. 264. Brecht hat die *Logik* im dänischen Exil 1937 zum ersten Mal studiert. Zu Brechts »humoristischer« Lesart Hegels vgl. Frank D. Wagner,

Hegel und Brecht. Zur Dialektik der Freiheit, Würzburg: Königshausen & Neumann 2015, S. 207–212. Von einer glücklichen, aber (oder weil?) »unerwiderten Liebe des armen B. B.« zur Dialektik hingegen geht aus Frank Engster, Rezension zu: Frank D. Wagner, *Hegel und Brecht*, in: *Brecht Yearbook/Brecht Jahrbuch* Nr. 41, New York: Camden House. 2017, S. 291–296.

22 So Hans Mayer über Brechts *Flüchtlingsgespräche*; Hans Mayer, *Brecht*, Frankfurt a. M.: Suhrkamp 1996, S. 197.

23 Georges Bataille, »Hegel, der Tod und das Opfer«, in: Ders., *Hegel, der Mensch und die Geschichte. Die Hegel-Essays*, hg. u. mit einem Nachwort v. Rita Bischof, Berlin: Matthes & Seitz Berlin 2018, S. 31–67, hier S. 50.

24 G. W. F. Hegel, *Wissenschaft der Logik. Erster Band: Die objektive Logik. Erstes Buch: Das Sein*, Philosophische Bibliothek Bd. 375, Hamburg: Meiner 1999, S. 18. Die Zitierweise im Folgenden ist kompliziert: Das erste Buch der *Logik* zitiere ich nach der eben aufgeführten Ausgabe, weil hier die erste Auflage von 1812 wiedergegeben ist und nicht die von Hegel stark überarbeitete zweite Auflage von 1831. Das zweite und das dritte Buch zitiere ich nach G. W. F. Hegel, *Hauptwerke in sechs Bänden. Band 3: Wissenschaft der Logik. Erster Band: Die objektive Logik. Zweites Buch: Die Lehre vom Wesen* und *Band 4: Wissenschaft der Logik. Zweiter Band: Die subjektive Logik oder die Lehre vom Begriff*, Hamburg: Meiner 2018. Seitenzahlen werden im Fließtext mit römischer Ziffer für den Band (I, II oder III) und arabischer Seitenzahl angegeben. Die Seitenzahlen des zweiten Bandes werden zudem mit einer Raute (#) versehen, weil die *Hauptwerke in sechs Bänden* mit den historisch-kritischen *Gesammelten Werken* seitenidentisch sind, sich dadurch bei der Paginierung des Bandes 3 der *Hauptwerke* hier aber eine Inkongruenz ergibt, die durch die Raute gelöst wird. Aus der überarbeiteten Fassung des ersten Bandes von 1831 wird nach den *Hauptwerken* zitiert, dann mit Asteriskus (I, xxx*).

25 Hegels Philosophie als immanente Ideologie der preußischen Deutungs- und Entscheidungseliten der Reformzeit wird überzeugend rekonstruiert bei Albrecht Koschorke, *Hegel und wir*, Berlin: Suhrkamp 2015, S. 35–46. Mit Koschorkes Überlegungen zu Hegel als einem Erzähler der Moderne trete ich im Folgenden immer wieder in einen Dialog; einen leicht sich verfehlenden Dialog freilich, weil die *Logik* bei Koschorke keine größere Rolle spielt.

26 Noch im »Vorbericht«, der den dritten Band der *Logik* einleitet, entschuldigt Hegel dessen spätes Erscheinen damit, dass die »Amts-Verhältnisse und andere persönliche Umstände […] nur eine zerstreute Arbeit in einer Wissenschaft gestatten, welche einer unzerstreuten und ungetheilten Anstrengung bedarf und würdig ist« (III, 6).

27 Vgl. Gunter Wenz, *Hegels Freund und Schillers Beistand: Friedrich Immanuel Niethammer (1766–1848)*, Göttingen: Vandenhoeck & Ruprecht 2008.

28 Dass die Nürnberger Zeit von Hegel selbst und in der bisherigen Biographik Hegels »zu Unrecht stiefmütterlich behandelt« werde, wird festgehalten bei Klaus Vieweg, *Hegel. Philosoph der Freiheit*, München: Beck 2019, S. 328. Die beste Einschätzung von Hegels und Niethammers pädagogischen und bildungspolitischen Reformbemühungen bieten die Abschnitte »The Politics of Neo-Humanism« und »Modernizing Education in Nuremberg« bei Terry Pinkard, *Hegel. A Biography*, Cambridge: Cambridge University Press 2000, S. 266–288. Hegels Gymnasialreden finden sich in: G. W. F. Hegel, *Werke*, Bd. 4: *Nürnberger und Heidelberger Schriften*, Frankfurt a. M.: Suhrkamp 2003, S. 305–376.

29 Eine ähnliche Einschätzung von Hegels Lage in den 1810er-Jahren findet sich bei Fredric Jameson, *Valences of the Dialectic*, London/New York: Verso 2010, S. 75.

30 Hölderlin, der dritte im Bund der Stiftgenossen, hat seine dichterische Laufbahn 1806 schon abgeschlossen und lebt weitgehend verstummt und der Welt abhanden gekommen im Tübinger Turm.

31 G. W. F. Hegel, *Phänomenologie des Geistes*, Hamburg: Meiner 2018 (= *Hauptwerke in sechs Bänden*, Bd. 2), S. 24.

32 Bei diesem Satz, dieser Datierung können wir heute nicht *nicht* an Eckart Försters monumentale und trefflich betitelte Studie *Die 25 Jahre der Philosophie* denken. Für Förster erstreckt sich das titelgebende Vierteljahrhundert von 1781 (dem Jahr des Erscheinens der ersten Auflage der *Kritik der reinen Vernunft*) bis 1806, als Hegel »den Hörern seiner Vorlesung über die Geschichte der Philosophie deren Ende verkündete« (Eckart Förster, *Die 25 Jahre der Philosophie. Eine systematische Rekonstruktion*, Frankfurt a. M.: Klostermann 2012, S. 7), oder, im Rhythmus der großen Werke: Von der *Kritik der reinen Vernunft* zur *Phänomenologie des Geistes*. Die Datierung aus Hegels Vorrede der *Logik* passt indes zu der Försters, sie verschiebt den Zeitraum zugleich aber auch: Der Beginn der 25 Jahre liegt nun beim Erscheinen der *zweiten*, stark überarbeiteten Auflage der KdrV 1786 – die Ausgabe, die von den Idealisten auch tatsächlich gelesen wurde; die erste Auflage kannten Fichte, Schelling und Hegel gar nicht (vgl. Förster, *25 Jahre*, S. 25) –, das Ende beim Erscheinen des ersten Bandes der *Logik* 1812. Damit ist freilich aber auch eine systematische Verschiebung verbunden: Denn Hegel hat mit dem Übergang von der *Phänomenologie* zur *Logik* auch den Anspruch aufgegeben, die Philosophie zu beschließen. Die *Logik* versteht sich eher als *Anfang* oder *Einleitung* der »philosophischen« oder der »Wissenschaft des Geistes«, in die sie am Ende überleitet (und die in der *Enzyklopädie* verwirklicht wird); oder wir verstehen die *Logik* als Verabgründigung jeder Vorstellung, die Philosophie überhaupt begründen und abschließen zu können; vgl. dazu das Kapitel XI des vorliegenden Buches.

33 Walter Jaeschke bietet die »pikante« Lesart, dass Hegel an dieser Stelle einerseits betonen möchte, dass die Metaphysik »nicht eines natürlichen Todes gestorben« und dass sie andererseits »›mit Stil‹, also stilvoll« zu Tode gebracht worden sei; Walter Jaeschke, *Hegels Philosophie*, Hamburg: Meiner 2020, S. 104.

34 Werther schreibt an Wilhelm: »Sieh, und was mich verdrüßt, ist, dass Albert nicht so beglückt zu sein scheinet, als er – hoffte – als ich – zu sein glaubte – wenn – Ich mache nicht gern Gedankenstriche, aber hier kann ich mich nicht anders ausdrucken – und mich dünkt deutlich genug.« (Johann Wolfgang Goethe, *Die Leiden des jungen Werthers.* Erste Fassung von 1774, Stuttgart: Reclam 2010, S. 132). – Zum Gedankenstrich bei Hegel vgl. Rebecca Comay/Frank Ruda, *The Dash – The other side of absolute knowing*, Cambridge, MA/London: MIT Press 2018.

35 Friedrich Hölderlin, *Brod und Wein*, in: Ders., *Sämtliche Werke, Briefe und Dokumente in zeitlicher Folge* [= Bremer Ausgabe], Bd. 9: *Oden, Elegien I, Gesangentwürfe*, hg. v. D. E. Sattler, München: Luchterhand 2004, S. 240–245, hier S. 244.

36 Heinrich von Kleist, Brief an Wilhelmine von Zenge vom 22. 3. 1801, in: Ders., *Sämtliche Werke und Briefe*, hg. v. Helmut Sembdner, München: dtv 1994, Bd. 2, S. 634.

37 Vgl. dazu Theodor W. Adorno, »Erfahrungsgehalt«, in: Ders., *Drei Studien zu Hegel*, Frankfurt a. M.: Suhrkamp 1966, S. 67–104, hier S. 75 f.

38 Vgl. dazu Slavoj Žižek, *Psychoanalyse und die Philosophie des deutschen Idealismus. Bände I und II*, Wien/Berlin: Turia + Kant 2008, S. 38 f.

39 Rüdiger Bubner hat die Entwicklung des gesamten nach-kantischen Idealismus unter das Vorzeichen »produktiver Mißverständnisse« gestellt; vgl. R. Bubner, *Geschichte der Philosophie in Text und Darstellung: Deutscher Idealismus*, Stuttgart: Reclam 2004, S. 113. Auch Terry Pinkards wunderbar einfach erscheinende und darum so produktive Formel von »Kants Problem und Hegels Lösung« muss im skizzierten Sinn verkompliziert werden: Denn »Kants Problem« ist hier eben nur das, was Hegel in Kant als Problem identifiziert. Vgl. Terry Pinkard, »Das Paradox der Autonomie: Kants Problem und Hegels Lösung«, in: Khurana/Menke, *Paradoxien*, S. 25–59.

40 G. W. F. Hegel, *Briefe von und an Hegel*, in vier Bänden hg. v. Johannes Hoffmeister, Philosophische Bibliothek 235, Hamburg: Meiner 1952, hier Bd. 1, S. 314.

41 Hegel, *Briefe*, Bd. 1, S. 314 f.

42 Ebd., S. 315.

43 Den psychoanalytisch anmutenden Begriff der Durcharbeitung beziehe ich von Hegel selbst: Im Abschnitt über die Idee heißt es, dass in dieser deren Inhalt »vollkommen durchgearbeitet« sei (III, 175); die Durcharbeitung, die

die Idee leistet, besteht – Freud lässt grüßen – wiederum in der Wiederholung und Er-Innerung der zuvor schon entfalteten Inhalte.

44 Vgl. dazu Žižek, *Psychoanalyse*, S. 27 f.

45 Adorno, »Erfahrungsgehalt«, S. 70 f.

46 Ich habe nach zwanzig Jahren nachgeschlagen. In Erinnerung hatte ich die Formulierung »der letzte Theoretiker des Buches und der erste Theoretiker der Schrift«; diese gefällt mir eigentlich immer noch besser; Jacques Derrida, *Die Grammatologie*, Frankfurt a.M.: Suhrkamp 1996, S. 48. Eine ähnliche Lektürehaltung nimmt Karin de Boer ein, wenn sie bei Hegel den Widerstreit einer »tragischen« und einer »dialektischen« Konzeption des Denkens wahrnimmt. Die tragische Konzeption beharrt auf einer radikalen Negativität, die nicht »aufgehoben« werden kann, wohingegen der »dialektische« Hegel die tragische Negativität positiv nutzbar macht. Vgl. Karin de Boer, *On Hegel. The Sway of the Negative*, Houndsville, Basinstoke: Palgrave Macmillan 2010.

47 Hans-Georg Gadamer schreibt sehr schön von einer »logischen Trunkenheit«, die einen beim Lesen Hegels (und Platons) erfasst: »Auch dort [bei Platon] ist es so, daß es dem Denken sozusagen passiert, daß jeder Begriff nach dem nächsten ruft und nicht auf sich allein besteht, sondern sich mit anderen verbindet, daß am Ende Gegenteiliges herauskommt«; Hans-Georg Gadamer, »Die Idee der Hegelschen Dialektik«, in: Ders., *Gesammelte Werke*, Bd. 3: *Hegel Husserl Heidegger*, Tübingen: Mohr Siebeck 1987, S. 65–86, S. 71.

48 Zum vermeintlichen Anti-Hegelianismus des »französischen Denkens« seit den 1960er-Jahren vgl. Katja Diefenbach, *Spekulativer Materialismus. Spinoza in der postmarxistischen Philosophie*, Wien/Berlin: Turia + Kant 2018. Zugespitzt könnte man sagen: In der französischen postmarxistischen (-strukturalistischen) Philosophie steht Spinoza für ein Denken, das zugleich auch das eines nicht-reduktionistischen Hegel wäre. Vgl. dazu auch Gregor Moder, *Hegel und Spinoza. Negativität in der gegenwärtigen Philosophie*, Wien/Berlin: Turia + Kant 2013.

49 Theodor W. Adorno, »Schöne Stellen«, in: Ders., *Gesammelte Schriften*, Bd. 18: *Musikalische Schriften V*, Frankfurt a.M.: Suhrkamp 2003, S. 695–718, hier S. 695.

50 Ebd.

51 Ebd., S. 696.

52 Ebd., S. 697.

53 Ebd., S. 698.

54 Ebd.

55 Ebd., S. 706.

56 Ebd., S. 701.

57 Ebd., S. 706.

58 Hegel, *Phänomenologie*, S. 192.

59 G. W. F. Hegel, *Jenenser Systementwürfe III: Naturphilosophie und Philosophie des Geistes*, Philosophische Bibliothek 333, Hamburg: Meiner 1987, S. 190.

60 Adorno, »Schöne Stellen«, S. 707.

61 Ebd.

62 Theodor W. Adorno, *Beethoven. Philosophie der Musik*, Frankfurt a. M.: Suhrkamp 2004, S. 36.

63 Vgl. Adorno, *Beethoven*, S. 245 f., S. 247; Adorno, »Schöne Stellen«, S. 708.

64 Vgl. Adorno, *Beethoven*, S. 36; Adorno, »Schöne Stellen«, S. 708.

65 Adorno, »Schöne Stellen«, S. 707.

66 Ebd., S. 700.

67 Georg Lukács, *Die Seele und die Formen*, Neuwied/Berlin: Luchterhand 1971, S. 24.

68 Theodor W. Adorno, »Skoteinos oder Wie zu lesen sei«, in: Ders., *Drei Studien zu Hegel*, Frankfurt a. M.: Suhrkamp 1966, S. 105–165, hier S. 138.

69 Ebd., S. 141.

70 Ebd., S. 159.

71 Zum Programm einer »plastischen Lektüre« vgl. Catherine Malabou, »Dialektik und Dekonstruktion: ein neues ›Moment‹«, in: Ulrich Johannes Schneider (Hg.), *Der französische Hegel*, Berlin: Akademie-Verlag 2007, S. 155–162, hier S. 155. Ausgeführt wird das Programm in Catherine Malabou, *The Future of Hegel. Plasticity, Temporality and Dialectic*, London/New York: Routledge 2005.

72 Jean-Luc Nancy, »Die Unruhe des Negativen«, in: Ders., *Hegel. Die spekulative Anmerkung. Die Unruhe des Negativen*, Zürich: Diaphanes 2011, S. 165–239. Eine prägnante und originelle Einführung in die Hegel-Lesart Nancys bietet Fana Schiefen, *Öffnung des Christentums? Eine fundamentaltheologische Auseinandersetzung mit der Dekonstruktion des Christentums nach Jean-Luc Nancy*, Regensburg: Friedrich Pustet 2017, S. 61–66.

73 Butler, »To sense«, S. 21 f.

74 Den Ausdruck entlehne ich einem Vortrag von Renate Lachmann: »Die (seltsame) Logik der Triaden«. Festvortrag zur Eröffnung der zweiten Förderphase des Graduiertenkollegs *Die Figur des Dritten*, Universität Konstanz, 9. Mai 2006.

75 Ein schönes Detail, auf das ich hier leider nicht eingehen kann, ist die Verbalform im Titel – nicht: *Die Idee der Erkenntnis*, sondern *Die Idee des Erkennens*. Die Substanz muss immer auch als Subjekt verstanden werden, Erkenntnis ist immer *in the making*: der praxeologische Hegel bleibt zu erkunden.

76 Letzterer Unterabschnitt hat dann wieder, fast ostentativ triadisch, drei Un-

terabschnitte: »1. Die Definition«, »2. Die Eintheilung« und 3. »Der Lehrsatz« – alles Dinge übrigens, die wir in der *Logik* gerade nicht finden.

77 Zur Hegel'schen »Maschine« vgl. Adorno, »Skoteinos«, S. 112.

78 Vgl. dazu Rachel Aumiller, »Twice Two: Hegel's Comic Redoubling of Being and Nothing«, in: *Problemi International* 2 (2018), S. 253–278.

79 Vgl. Comay/Ruda, *Dash*, S. 19 ff.: »Hyperformalism and the hyperempiricism of the detail«.

80 Dass viele Hegelianer nach Hegel ein Problem damit hatten, wenn der Meister selbst nicht ordentlich (nicht kahl) genug konstruiert hat, zeigt sich an den Debatten um Hegels *Vorlesungen zur Philosophie der Weltgeschichte*, die er in den 1820er-Jahren mehrfach in Berlin vorgetragen hat und die dann erstmals 1837 von Eduard Gans publiziert worden sind. In diesen teilt Hegel die Weltgeschichte – skandalöserweise – in vier Hauptepochen ein, nicht in drei: die »orientalische Welt«, die »griechischen Welt«, die »römische Welt« und die »germanische Welt«. Wie müssen wir dies verstehen? Der Post-Hegelianer August von Cieszkowski referiert die Debatten um diese Irregularität im ersten Absatz seiner *Prolegomena zur Historiosophie* von 1838 ausführlich. Die einen, so Cieszkowski, sehen in der Vierteilung den Beweis dafür, dass Hegels Geist »keine gezwungene apriorische Construction aufstelle[]« und keinem »pedantischen Schematismus« folge, »sondern dem freien Laufe der Wirklichkeit zu huldigen wußte«, also ganz der Sache selbst folge. Das ist für Cieszkowski dann aber doch zu viel der Freiheit. Für ihn zeigt sich in der Abweichung von der »trichotomischen Architektur« des Ganzen doch eher ein Zurückfallen Hegels hinter den eigenen Systemanspruch: »Die logischen Gesetze, welche er uns zuerst offenbarte, spiegeln sich in seiner Philosophie der Geschichte nicht in genügender Klarheit ab, mit einem Worte, Hegel hat es nicht bis zum Begriff der *organischen* und *ideellen Ganzheit* der Geschichte, bis zu ihrer speculativen Gliederung und vollendeten Architektonik gebracht«; August von Cieszkowski, *Prolegomena zur Historiosophie*, Hamburg: Meiner 1981, S. 3–7.

81 Es ist ein seltsam Ding um die Ironie: Wenn wir die Stelle nun wörtlich ernstnehmen, dann in einem höheren, ironischen Sinn, der wiederum für meine Lektüre der eigentliche ist.

82 Vgl. dazu Andreas Arndt, *Unmittelbarkeit*, Berlin: Eule der Minerva 2013, besonders S. 47–62.

83 Auch dieses Argument referiert Cieszkowski, wiederum im Hinblick auf die geschichtsphilosophischen Debatten nach Hegel: »Der wichtigste Grund aber, der für diese Eintheilung Hegel's gegeben werden kann, wäre das Herrschen der *Tetrachotomie* in der Natur und im Aeusserlichen überhaupt, wo das zweite Moment sich wieder in sich entzweit, und dadurch die Totalität als eine Vierheit erscheint.« Das allerdings scheint Cieszkowski nicht wirk-

lich zu überzeugen: »Hierauf ist die Antwort sehr leicht; denn die Weltgeschichte ist doch keine Naturstufe, und dieser höchste Process des Geistes kann keineswegs das Geschick der Aeusserlichkeit theilen« (Cieszkowski, *Prolegomena*, S. 4). Vielleicht ist diese Antwort aber zu leicht; denn warum die Entzweiung des zweiten Moments auf Naturprozesse beschränkt bleiben soll, fällt selbst wieder aus Cieszkowskis eigenem, »organischen« Totalitätsanspruch heraus. Das »ingeniöse und hochgemute Buch Cieszkowskis« – so Rüdiger Bubner – bleibt als Fanal der post-hegelianischen Umwälzungen unbedingt lesenswert (R. Bubner, »Einleitung« zu Cieszkowski, *Prolegomena*, S. VII–XIX, hier S. XIX).

84 Vgl. Aumiller, »Twice«, S. 270 f.

85 Jacques Derrida, »Der Facteur der Wahrheit«, in: Ders., *Die Postkarte von Sokrates bis an Freud und jenseits. 2. Lieferung*, Berlin: Brinkmann & Bose 1987, S. 183–281, hier S. 211 und S. 208.

86 Ebd., S. 207. Derrida merkt hier an, dass diese Art der Fixierung eines Inhalts »wie stets« als Merkmal des Formalismus angesehen werden muss.

87 Vgl. die Abschnitte »Blödigkeit« und »Hegel als Erzähler« in den Kapiteln XI und XII.

88 Zur grundlegenden Rolle des Gerüchts für die Theoriebildung des Post- und Anti-Hegelianismus vgl. Eva Geulen, *Das Ende der Kunst. Lesarten eines Gerüchts nach Hegel*, Frankfurt a. M.: Suhrkamp 2002.

89 Adorno, »Skoteinos«, S. 161.

90 Die Funktionen von Bestimmung und Auflösung entsprechen den beiden »entgegengesetzten Strebensrichtungen«, von denen »alles menschliche Bewußtsein [...] bedingt ist« und »die miteinander in Konflikt liegen: eine, die über alles Endliche hinaus ins Unendliche geht, eine andere, die auf Begrenzung und Bestimmung geht«. So umschreibt Eckart Förster die Ausgangslage des Idealismus, wie sie sich 1794/95 für den Fichte-Hörer und Hegel-Freund Hölderlin darstellt; Förster, *25 Jahre*, S. 278.

91 Wir hören hier schon Heidegger vortönen: »Die Grenze ist nicht das, wobei etwas aufhört, sondern, wie die Griechen es erkannten, die Grenze ist jenes, von woher etwas *sein Wesen beginnt*.« Martin Heidegger, »Bauen Wohnen Denken«, in: Ders., *Vorträge und Aufsätze*, Stuttgart: Neske 1954, S. 139–156, hier S. 149.

92 Der kurze Abschnitt zur Veränderung ist voll von schönen und forcierten Formulierungen: »Die Veränderung fällt zunächst nur in die Beschaffenheit; die Bestimmung ist die der Beziehung auf Anderes entnommene Grenze; die Beschaffenheit dagegen die dem Anderen offene Seite oder die Seite, in der das Andere als Anderes ist.« Später heißt es: »das Etwas ist noch vorhanden und gibt nur die eine seiner Seiten preis« (I, 83).

93 Die von Hegel immer wieder gesuchte Auseinandersetzung mit der »schlech-

ten Unendlichkeit« (und die Heimsuchung Hegels durch diese) wird überzeugend gedeutet als Selbst-Dekonstruktion der Hegel'schen Philosophie bei Peter-Ulrich Philipsen, »Nichts als Kontexte. Dekonstruktion als schlechte Unendlichkeit«, in: Andreas Arndt/Christian Iber (Hg.), *Hegels Seinslogik. Interpretationen und Perspektiven*, Berlin: Akademie-Verlag 2000, S. 186–201. Eine problemgeschichtliche Rekonstruktion der »schlechten Unendlichkeit« im Deutschen Idealismus bietet Daniel Unger, *Schlechte Unendlichkeit. Zu einer Schlüsselfigur und ihrer Kritik in der Philosophie des Deutschen Idealismus*, Freiburg/München: Alber 2015; zur *Logik* S. 100–128.

94 Es gibt das Schema, die *Phänomenologie des Geistes* als das wilde, ungeordnete, eben: romantische Werk Hegels anzusehen, die *Logik* hingegen als das durchstrukturierte, systematische (langweilige?). Eine ironisch-karikierte Variante dieser Gegenüberstellung findet sich im Nachwort von Robert B. Brandom, *A Spirit of Trust. A Reading of Hegel's »Phenomenology«*, Cambridge/London: Harvard University Press 2019, S. 764. Ich versuche, diese Gegenüberstellung in meiner Lesart zu perforieren.

95 Der Abschnitt zur »Rückkehr der Unendlichkeit in sich« ist derjenige, den Hegel für die zweite Auflage am stärksten überarbeitet und ausbaut; in dieser wird er der Intention des Ganzen – Umkehrung der »falschen« Negativität – gemäß schließlich »Die affirmative Unendlichkeit« heißen. An der Sache, so wie ich sie rekonstruiere, ändert das nicht viel. Den neuen Titel würde ich der Behauptungsrhetorik zuschlagen, die den ganzen Abschnitt prägt.

96 Spät, in der Rezension zu »Solgers nachgelassene Schriften und Briefwechsel«, die 1828 in den *Jahrbüchern für wissenschaftliche Kritik* erschienen ist, hat Hegel seinen Frieden mit den Romantikern gemacht – jedenfalls mit denjenigen unter ihnen, die es geschafft haben, sich selbst aus ihrer Flucht ins erschwindelte Unendliche zurückzurufen. Es ist namentlich Ludwig Tieck, der mit Friedrich Raumer die Solger-Ausgabe besorgt hat, dem Hegel sich widmet. Nachdem Tieck lange Zeit jeder echten Auseinandersetzung mit der Philosophie ausgewichen sei, weil ihm – so zeigen die Briefe an Solger, die er nun selbst ediert – nur die Mystik Jacob Böhmes *tief* genug erschienen sei, habe er es schließlich geschafft, sich von seiner alten »Hypochondrie« zu »heilen«, und zwar – so Hegel befriedigt – durch eine »Rückkehr zur Arbeit«, durch die »zurückgekehrte Fähigkeit zur Arbeit« – denn erst die Arbeit verleiht dem leeren Sehnen Substanz und Wirklichkeit; G. W. F. Hegel, »Solger-Rezension«, in: Ders., *Berliner Schriften (1818–1831)*, Hamburg: Meiner 1997, S. 174–241, hier S. 197 f. Die Stellen zu Tieck sind, wie die ganze Rezension, fast rührend zu lesen, weil Hegel hier über dem Nachlass des gemeinsamen Freundes Solger einem Mann die Hand reicht, den er nie leiden konnte, dem er nun aber attestieren muss, dem Verstorbenen einen echten Freundschaftsdienst erwiesen zu haben – durch harte und gute editorische Arbeit. Der

Geist des toten Freundes – der nun erst ein wirklich gemeinsamer genannt werden kann – wird so aus der Unendlichkeit zurückgerufen.

97 Vgl. Quentin Meillassoux, *Nach der Endlichkeit. Versuch über die Notwendigkeit der Kontingenz*, Zürich/Berlin: Diaphanes 2008, der abermals kritisch auf Kant zurückkommt, und Alain Badiou, *Das Sein und das Ereignis*, Zürich/Berlin: Diaphanes 2008, vor allem die »Meditation 15: Hegel«, S. 185–195. Badiou sieht die beiden Passagen zum Unendlichen, die ich in diesem Kapitel mit den römischen Ziffern I und II markiere (und deren zweite im nächsten Absatz beginnt), aber er verkennt, dass »Etwas« und »Eins« nicht ein und dasselbe sind, sondern jeweils verschieden »gesetzte« Ansatzpunkte, um auf verschiedene Weisen zu dem einen, »wahren« Unendlichen zu gelangen (was im Fall des »Etwas« eben scheitert). Badiou behauptet, dass die Logik der Passage (oder der Explikation) bei Hegel immer ein und dieselbe sei: »Man kann ohne Übertreibung sagen, dass der ganze Hegel darauf beruht, dass das ›Noch‹ dem ›Schon‹ immanent ist – dass alles, was ist, schon noch ist *[est déjà encore]*« (S. 186). Diese eine Logik führe demnach in eine »ontologische Sackgasse« (S. 185) bzw. wird nie aus dieser herausgekommen sein. Badious subtile Analyse der »sehr subtilen Analytik« Hegels verbleibt also im Raum der Prämisse, dass Hegel ein (oder *der*) Philosoph der Identität sei – was ich gerade bestreite. Die Konfrontation »Badiou *Contra* Hegel« wird, auf der Basis einer subtraktiven Ontologie, durchgerechnet bei Tzuchien Tho, »The Good, the Bad, and the Indeterminate: Hegel and Badiou on the Dialectics of the Infinite«, in: Jom Vernon/Antonio Calcagno (Hg.), *Badiou and Hegel. Infinity, Dialectics, Subjectivity*, Lanhan u. a.: Lexington 2015, S. 35–57. Der Status des Einen bei Hegel ist im Übrigen auch einer der Punkte, über die Badiou und Nancy uneins sind; vgl. Alain Badiou/Jean-Luc Nancy, *Deutsche Philosophie. Ein Dialog*, Berlin: Matthes & Seitz Berlin 2017, v. a. S. 33–40.

98 Für Karin de Boer stellen Hegels extensive Versuche, das »wahrhaft Unendliche« zu erreichen, die besten Beispiele für seine spekulative Methode dar. Zugleich aber manifestiere sich in den immer wieder scheiternden Versuchen und den immer neuen Anläufen die Insistenz des Tragischen in der *Logik*. Vgl. de Boer, *Sway*, S. 88–97.

99 »Wer war dieser ziemlich unbekannte Herr von Nieß? Ich habe vor, noch vor dem Ende dieses Perioden den Leser zu überraschen durch die Nachricht, daß zwischen ihm und dem Dichter Theudobach, von welchem er das Briefchen mitgebracht, eine so innige Freundschaft bestand, daß sie beide nicht bloß Eine Seele in zwei Körpern, sondern gar nur in Einem Körper ausmachten, kurz Eine Person.« Jean Paul, *Dr. Katzenbergers Badereise*, Stuttgart: Reclam 2018, S. 21.

100 Wobei Hegel die bedenkenswerte Kritik anfügt, dass der »Leibnizische Idea-

lismus« die Vielheit der Monade nur »unmittelbar als eine gegebene auf[-nimmt]« und nicht deren Genese aus der Repulsion nachvollziehen könne. Vielheit kann für Hegel nie einfach nur unmittelbar gegeben sein, sondern allenfalls in »vermittelter Unmittelbarkeit«: als durch Repulsion und Attraktion produzierte.

101 Zur Einfaltung des Politischen in die logischen Beziehungen vgl. das VIII. Kapitel des vorliegenden Buches: »*Urtheil und Seyn* des Politischen«.

102 Badiou fasst zusammen: »Ist das wesentliche Moment des qualitativen Etwas *die Verinnerlichung der Alterität* (in der die Grenze zur Schranke wird), so ist das wesentliche Moment des quantitativen Etwas die *Veräußerlichung der Identität*« (Badiou, *Sein*, S. 193).

103 Goethe übrigens schätzte, wie Heinrich Eberhard Gottlob Paulus überliefert, Hegels »mathematische[] und physikalische[] Vorkenntnisse« durchaus höher ein als die Schellings – das will etwas heißen. Vgl. Günther Nicolin (Hg.), *Hegel in Berichten seiner Zeitgenossen*, Hamburg: Meiner 1970, S. 79. Vgl. dazu Förster, *25 Jahre*, S. 288 f.

104 Dass Hegel der mathematischen Lösung und Auflösung gegenüber durchaus auch eine Distanz wahrt, wird in den drastischen Worten der »Anmerkung 2« deutlich, die sich an den Abschnitt zur »Zahl« anschließt. Hier wendet sich Hegel gegen die Tendenz der »neueren Zeit«, »das Rechnen als gleichbedeutend mit dem Denken« anzunehmen (I, 150). Weiter heißt es: »Die Gedanken, das Lebendigste, Beweglichste, nur im Beziehen Begriffene, werden in diesem Element des Außersichseins [dem Element der Zahl] zu toten, bewegungslosen Bestimmungen. Je reicher an Bestimmtheit und Beziehung die Gedanken werden, desto verworrener einerseits und desto willkürlicher und sinnleerer andererseits wird ihre Darstellung in Zahlen.« Und schließlich: »Es [das Denken] bewegt sich im Element seines Gegenteils, der Beziehungslosigkeit; sein Geschäft ist die Arbeit der Verrücktheit« (I, 152). Die Übersetzung in Zahlen muss folglich als ein Mittel zum Zweck der weiteren Auflockerung und Verflüssigung des Denkens genutzt werden; als Selbstzweck verkehrt sie sich in ihr Gegenteil. – Kein Wunder, dass Badiou hier interveniert: für ihn zeigt die »voluminöse Anmerkung«, dass Hegel »daran scheitert, die Zahl zu fassen« (Badiou, *Sein*, S. 194).

105 Bei der schönen folgenden Formulierung: »Oder der Progreß ins Unendliche ist nur die *Aufgabe* des Unendlichen, nicht die Erreichung desselben« (I, 165) und bei der semantischen Polyvalenz der Auf-gabe können wir hier weiter leider kein Verweilen haben.

106 Wie etwa – von weither kommende Assoziation – bei Walter Benjamin, der im Kunstwerk-Aufsatz behauptet, der Faschismus sehe »sein Heil darin, die Massen zu ihrem Ausdruck (aber beileibe nicht zu ihrem Recht) kommen zu lassen«; Walter Benjamin, »Das Kunstwerk im Zeitalter seiner technischen

Reproduzierbarkeit«, in: Ders., *Gesammelte Werke*, Bd. 1.II: *Abhandlungen*, Frankfurt a. M.: Suhrkamp 1991, S. 431–469, hier S. 467.

107 Förster versteht *Auflösung* in diesem Sinn auch als *Präzisierung*; vgl. Förster, *25 Jahre*, S. 294. – Darüber hinaus wird »Auflösung« von Hegel auch im chemischen Sinn, als Auflösung chemischer Verbindung verwendet, etwa in der Anmerkung über die »chemischen Stoffe«, die dem Absatz über die »Wahlverwandtschaften« folgt (I, 251 ff.), wo dann aber auch von der »Unauflösbarkeit« bestimmter Salze die Rede ist.

108 In der Umwertung der »schlechten Unendlichkeit« zum ersten Ausdruck der »wahren« sieht auch Badiou einen »Geniestreich Hegels« (oder vielleicht doch nur, wie er maliziös nachschiebt, einen »Ausdruck höchsten Talents«). Dieser besteht, in Badious Worten, in der Anerkennung, »dass die wahrhafte Unendlichkeit die ›Präsenz‹ der schlechten Unendlichkeit darstelle. Dass das Schlecht-Unendliche *wirklich* sei, davon kann seine Schlechtigkeit nicht zeugen«. Die »wahre Unendlichkeit« ist nichts anderes als die »Präsenz des Widerholungsprozesses« (Badiou, *Sein*, S. 190).

109 Zum »Aufheben« als »bon mot« vgl. Jean-Luc Nancy, »Die spekulative Anmerkung. Ein *bon mot* Hegels«, in: Ders., *Hegel. Die spekulative Anmerkung. Die Unruhe des Negativen*, Zürich: Diaphanes 2011, S. 13–163; Fredric Jameson fordert unumwunden einen »Hegel without *Aufhebung*«, um die Dialektik überhaupt zu retten; Jameson, *Valences*, S. 73–123.

110 Auflösung im Sinn einer Aufdeckung und Befragung von Voraussetzungen bezeichnet auch den Umgang Hegels mit den zentralen Begriffen Kants, dem des »Dings an sich« und dem der »Erscheinung«. Im Zentrum der *Wesenslogik* finden wir daher zwei Unterabschnitte mit den schönen Überschriften »Die Auflösung des Dings« – was für ein Romantitel! – und »Auflösung der Erscheinung«. Weiter nachzugehen wäre der Frage, warum im zweiten Fall der bestimmte Artikel fehlt.

111 Judith Butler, *Subjects of Desire. Hegelian Reflections in Twentieth-Century France*, New York: Columbia University Press 2012, S. 10, Fn. 11 (S. 239). Die »Unendlichkeit«, mit der die *Phänomenologie* ausklingt (oder ausschäumt) ist bekanntlich eine geliehene; sie steht in einem Schiller-Zitat: »aus dem Kelche dieses Geisterreiches / schäumt ihm seine Unendlichkeit«; Hegel, *Phänomenologie*, S. 434.

112 Das ist nicht ganz richtig: In der Vorrede zur zweiten, überarbeiteten Auflage kommt das Begehren als Begriff tatsächlich sehr prominent vor – allerdings in anderer Hinsicht, als wir dies hier ausführen können. Vgl. I, 11*/12*; hier firmiert Begehren als »stofflicher« Gegenbegriff zum selbstbezüglichen Denken. Ich möchte hingegen das Begehren im Denken, in den objektiven Denkformen aufspüren. – Butler deutet in ihrer auf die *Phänomenologie* konzentrierten Lektüre an, dass die gleichen Figuren auch in der *Logik*, der

Rechtsphilosophie und den Vorlesungen »reiteriert« werden; Butler, *Subjects*, S. 10.

113 Vgl. dazu Koschorke, *Hegel*, Kap. I.6: »Systemische Schließung, rekursive Struktur«, S. 93–101.

114 Jean-Luc Nancy schreibt: »Fraglos erfahren wir alle das Gewicht des Denkens. Bald ist es die Schwere, bald die Gewichtigkeit eines ›Denkens‹ [...], die uns mit einem Druck, einer spürbaren Neigung, einer berührbaren Beugung affiziert – sogar mit dem Geräusch eines Aufpralls (und sei es nur das Geräusch unseres Kopfes, der in unsere Hände stürzt). Aber die Erfahrung bleibt Grenze, wie jede Erfahrung, die diesen Namen verdient. Sie findet statt, aber nicht als Vereinnahmung dessen, was sie darstellt: Ich komme dem Gewicht des Denkens nicht näher, ebensowenig wie dem Denken des Gewichts«; Jean-Luc Nancy, *Das Gewicht eines Denkens*, Düsseldorf/Bonn: Parerga 1995, S. 18.

115 Es ist bemerkenswert, dass in dem in jeder Hinsicht beachtlichen »dialogischen Kommentar« zur *Logik* von Pirmin Stekeler das »Nichtanalysierbare« unkommentiert bleibt. Zum »ganz Leeren« hält der Kommentar fest, dass Hegel damit »jetzt fast zu viel« sage in Anbetracht der angestrebten »Reinheit des Anfangs«. Vgl. Pirmin Stekeler, *Hegels Wissenschaft der Logik. Ein dialogischer Kommentar*, Hamburg: Meiner 2020, S. 271.

116 Eine vergleichbare – und darum doch ganz andere – Geste vollzieht Derrida in seiner Rechtstheorie. Hier führt er die Dekonstruktion des Rechts (um die es ihm zu tun ist) auf ein X, ein »Undekonstruierbares« zurück, das *es gibt* und das er »Gerechtigkeit« nennt (statt »Sein«): »Überall, wo man das X der Gerechtigkeit ersetzen, festsetzen kann, sollte man sagen: Die Dekonstruktion ist in dem Maße / dort als unmögliche möglich, in dem / wo *es X (Undekonstruierbares) gibt*; sie ist also in dem Maße / dort möglich, in dem / wo *es gibt* (dies ist das Undekonstruierbare)«; Jacques Derrida, *Gesetzeskraft. Der »mystische Grund der Autorität«*, Frankfurt a. M.: Suhrkamp 1996, S. 31.

117 Comay/Ruda, *Dash*, v. a. das von Ruda verfasste Kapitel »Hegel's first words«, S. 87–105. Ruda betont, dass der entscheidende Schritt schon vor dem Gedankenstrich getan wird: in der Spezifikation und Anreicherung des Seins als »reines Sein« durch die Wiederholung (S. 95).

118 Anton Friedrich Koch liest das Syntagma »Sein, reines Sein –« eher als »eine[] Art Ausruf oder Anruf« denn als Satz; Anton Friedrich Koch, »Sein – Nichts – Werden«, in: Andreas Arndt/Christian Iber (Hg.), *Hegels Seinslogik. Interpretationen und Perspektiven*, Berlin: Akademie-Verlag 2000, S. 140–157, hier S. 141. Bei Stekeler heißt es, das Sein werde durch die bewusste Formulierung *»aufgerufen«* (Stekeler, *Kommentar*, S. 289). Ein gestisches Moment des Anfangs macht auch Heinz Eidam stark: den »unhörbaren, nur als Pause,

als Stockung im Fluss der Argumentation wahrnehmbaren Gedankenstrich«, der allein schon aus der *Logik* eine »Logik der Freiheit« mache; Heinz Eidam, »Der Anfang der *Logik*«, in: Wolfdietrich Schmied-Kowarzik/Heinz Eidam (Hg.), *Anfänge bei Hegel*, Kassel: Kassel University Press 2008, S. 51–62, hier S. 61.

119 Die Zeitlichkeit des »immer schon« wird auch ins Spiel gebracht bei Gadamer, »Idee«, S. 78.

120 Hegel, *Phänomenologie*, S. 319.

121 Hans Magnus Enzensberger, *Die Furie des Verschwindens. Gedichte*, Frankfurt a. M.: Suhrkamp 1980, S. 86.

122 Gadamers Interpretation des Anfangs der *Logik* geht ebenfalls von der Doppelung des Anfangs aus, setzt allerdings den reflektierten Anfang ganz zurück und konzentriert sich auf den vollzogenen (Gadamer, »Idee«, S. 75 ff.); meine Interpretation geht von der Differenz beider Anfänge aus.

123 G. W. F. Hegel, *Briefe*, Bd. 1, S. 317. Detailliert nachgewiesen ist Hegels Böhme-Rezeption und -Interpretation bei Cecilia Muratori, *The First German Philosopher: The Mysticism of Jakob Böhme as Interpreted by Hegel*, Dordrecht u. a.: Springer 2016. Es geht hier allerdings ausschließlich um explizite (und konstative) Bezüge; die Interpretation mystischer Text-Praktiken fehlt.

124 Durs Grünbein, *Vom Schnee oder Descartes in Deutschland*, Frankfurt a. M.: Suhrkamp 2003, S. 31–33 und S. 14.

125 Carl Joseph Hieronymus Windischmann, *Die Philosophie im Fortgang der Weltgeschichte. Teil 1: Die Grundlagen der Philosophie im Morgenland. Erste Abtheilung: Sina*, Bonn: Thormann 1827. Vgl. dazu Heinrich Detering, *Bertolt Brecht und Laotse*, Göttingen: Wallstein 2008, S. 23. Hegel kannte Taoismus und Buddhismus, lehnte sie in seiner Religionsphilosophie aber explizit als entwicklungsfeindlich ab. Vgl. dazu Byung-Chul Han, *Philosophie des Zen-Buddhismus*, Stuttgart: Reclam 2002, S. 11–18. Das muss kein Widerspruch zu dem bedeuten, was ich hier ausführe; es ist einfach das Spiel von *practice and preach*.

126 Vgl. Jan Philipp Reemtsma, »Ein paar Bemerkungen hernach«, in: Laotzi, *Daodejing*. Eine Übertragung von Jan Philipp Reemtsma, München: Beck 2017, S. 97–124, hier S. 102.

127 Ebd., S. 102 und 106 f. Neben den hier aufgeführten weist Reemtsma auch kurz auf eine »mystische« Parallele zwischen »Hegels Sollenskritik« und der »Moralkritik Laozis« hin (S. 107).

128 Ebd., S. 106 f.

129 Bertolt Brecht, *Buch der Wendungen*, in: Ders., *Große kommentierte Berliner und Frankfurter Ausgabe*, Bd. 18: Prosa 3, Berlin/Weimar/Frankfurt a. M.: Aufbau/Suhrkamp 1995, S. 45–194, hier S. 98.

130 Eine Reformulierung der *kenosis*-Komplexes im Hinblick auf aktuelle Theo-

riedebatten findet sich bei Alex Dubilet, *The Self-Emptying Subject. Kenosis and Immanence, Medieval and Modern*, New York: Fordham University Press 2018. Die Referenzautoren hier sind Meister Eckhart, Hegel und Bataille. Dubilet bietet auch eine Lesart der *imiitatio Christi* als Selbst-Transformation des Subjekts, als Entleerung des souveränen Subjekts (S. 11 ff.).

131 Vgl. dazu den Aufsatz »Die Souveränität« in: Georges Bataille, *Die psychologische Struktur des Faschismus. Die Souveränität*, München: Matthes & Seitz 1997, S. 45–86.

132 Vgl. Dieter Henrich, »Hölderlin über Urteil und Sein. Eine Studie zur Entwicklungsgeschichte des Idealismus«, in: *Hölderlin-Jahrbuch* 14 (1965/66), S. 73–96.

133 Die Freundschaft zwischen Hölderlin und Hegel begann im Tübinger Stift und erlebte ihren Höhepunkt in der gemeinsamen Frankfurter Zeit 1797–1801. Vgl. dazu immer noch zuverlässig: Pierre Bertaux, *Friedrich Hölderlin. Eine Biographie*, Frankfurt a. M.: Insel 2000, am schönsten die S. 475–485: »Die Freundschaft mit Hegel hat eine ganz andere Bedeutung. Sie ist wohl in Hölderlins Leben die bedeutendste gewesen – bedeutend für beide, ohne daß je zu unterscheiden wäre, wer der Gebende, wer der Empfangende war« (S. 475 f.). Über das Gedicht »Eleusis«, das Hegel für seinen Freund geschrieben und ihm in einem Brief zugesandt hat, heißt es dort: »Wem auch der Brief in die Hände fällt – dem Bankier Gontard [Hölderlins Frankfurter Arbeitgeber], der Polizei oder der Hölderlin-Forschung –, jeder wird das ›Gedicht‹ für eine philosophische Abhandlung halten; nicht so Hölderlin« (S. 479). Für ihn ist es eine revolutionäre und eine poetische Manifestation ihres Bundes.

134 Adorno, »Skoteinos«, S. 108.

135 Hegel, *Briefe*, Bd. 1, S. 25.

136 Vgl. dazu Michael Franz, »Theoretische Schriften«, in: Johann Kreuzer (Hg.), *Hölderlin Handbuch. Leben – Werk – Wirkung*, Stuttgart: Metzler 2002/2011, S. 224–246, zu »Seyn, Urtheil, Modalitat« – so der nach aktueller Editionslage korrekte Titel des Notats – S. 228–232.

137 Hölderlin, »Seyn Urtheil Möglichkeit«, in: Ders., *Bremer Ausgabe*, Bd. 4, S. 163 f. Ich zitiere den Text nach der Bremer Ausgabe, behalte aber die Reihenfolge der Abschnitte bei, die in der Stuttgarter Ausgabe vorgegeben ist und die auch der Deutungsgeschichte zu Grunde liegt.

138 Vgl. dazu Violetta L. Waibel, »Kant, Fichte, Schelling (Voraussetzungen, Quellen, Kontexte)«, in: Johann Kreuzer (Hg.), *Hölderlin Handbuch. Leben – Werk – Wirkung*, Stuttgart: Metzler 2002/2011, S. 90–106, hier S. 98.

139 Pinkard, *Hegel*, S. 82.

140 Ebd., S. 676.

141 Zu den subversiven Sprachspielen der »Brüder« vgl. Jacques D'Hondt, *Ver-*

borgene Quellen des Hegelschen Denkens, Berlin: Akademie-Verlag 1972, besonders das Kapitel »Allianzen« mit den Abschnitten »Eleusis« und »Die Söhne der Erde«, S. 193–285. Mit der DDR ist nicht nur die Nötigung zum Sprechen im und aus dem Verborgenen untergegangen, sondern offenbar auch der Wille, ein solches Sprechen zu untersuchen. Die Hegel-Studien D'Hondts wurden im freien Westen jedenfalls nie wieder aufgelegt; das sagt dann auch schon fast alles über die wirkliche Transparenz unserer Gesellschaft.

142 Zur theoretisch-terminologischen Anlehnung Hegels an Hölderlin vgl. Walter Jaeschke (Hg.), *Hegel-Handbuch. Leben – Werk – Schule.* 3. Auflage, Stuttgart: Metzler 2016, S. 225.

143 Die dritte Position ist hier doppelt besetzt: Es folgt noch das »Urtheil des Begriffs«, das aber als Resümee des Vermittlungsgeschehens zwischen Begriff und Urteil schon mit einem Bein im letzten Kapitel, dem über den Schluss steht.

144 Wir sollten hier – und heute – vorsichtig sein, schon den Verweis auf die Gattung als »Biologismus« oder als »Naturalisierung« zu geißeln: »Sobald das eigentliche Menschsein in Frage gestellt wird, stellt sich ein fast biologischer Anspruch auf Zugehörigkeit zur Gattung Mensch ein. Er dient in der Folge dazu, über die Grenzen dieser Gattung nachzudenken, über das, was sie von ›der Natur‹ trennt, über ihre Beziehungen zu dieser Natur, über eine gewisse Vereinzelung der Gattung also, vor allem aber dazu, eine klare Ansicht von ihrer unteilbaren Einheit zu gewinnen«; Robert Antelme, *Das Menschengeschlecht*, Frankfurt a. M.: Fischer 2001, S. 10.

145 Vgl. dazu Patrick Eiden-Offe, *Die Poesie der Klasse. Romantischer Antikapitalismus und die Erfindung des Proletariats*, Berlin: Matthes & Seitz Berlin 2017, S. 127–135.

146 Heiner Müller, *Germania 3 Gespenster am toten Mann*, in: Ders., *Werke*, Bd. 5: *Die Stücke 3*, Frankfurt a. M.: Suhrkamp 2002, S. 253–297, hier S. 269 f.

147 Ludwig Wittgenstein, *Philosophische Untersuchungen*, Frankfurt a. M.: Suhrkamp 2003, S. 38.

148 Der Begriff der Prosa und der Gegensatz von Prosa und Poesie sind vielfach kulturtheoretisch überdeterminiert – und Hegel selbst trägt daran keine geringe Schuld. Seit seiner Rede von der »Prosa der Welt« oder der »Prosa der Verhältnisse« ist es möglich, über Prosa nachzudenken, ohne sich mit Prosa als Schreibweise überhaupt auseinanderzusetzen. Das hat sich in den letzten Jahren wieder geändert, nicht zuletzt durch eine genuin literaturwissenschaftliche Prosaforschung. Vgl. vor allem Ralf Simon, *Die Idee der Prosa. Zur Ästhetikgeschichte von Baumgarten bis Hegel mit einem Schwerpunkt bei Jean Paul*, Paderborn: Fink 2013, und den Band *Prosa schreiben. Literatur – Geschichte – Recht*, hg. v. Inka Mülder-Bach, Jens Kersten und Martin Zim-

mermann (Paderborn: Fink 2019). Eine instruktive Analyse der »philosophischen Prosa« Friedrich Schillers in rhetorischer, genealogischer und stilkritischer Hinsicht bietet Alice Stašková, »Schillers philosophische Prosa und die Sprachen der Karlsschule«, in: Peter-André Alt/Marcel Lepper (Hg.), *Schillers Europa*, Berlin/Boston: de Gruyter 2017, S. 74–87.

149 Ernst Bloch, *Subjekt-Objekt. Erläuterungen zu Hegel*, Frankfurt a. M.: Suhrkamp 1985, S. 18 f.

150 Medium ist hier zu verstehen als Milieu, in dem sich die Prozesse vollziehen, vielleicht als Medium im Sinne Luhmanns, in dem dann Formen sich bilden und wieder auflösen. Eine instruktive Übertragung in den Bereich der Musiktheorie bietet Johannes Kreidler, »Luhmanns Medium-Form-Unterscheidung als Theorie der Satzmodelle«, in: *Zeitschrift der Gesellschaft für Musiktheorie* (ZGMTH) 4/1–2 (2007), S. 135–141.

151 Zum »süddeutschen Erbgut« der Hegel'schen philosophischen Sprache vgl. Bloch, *Subjekt-Objekt*, S. 19 f.

152 Hans Heinz Holz, »Das Wesen metaphorischen Sprechens« [1955], in: Ders., *Speculum Mundi. Schriften zur Theorie der Metapher, spekulativen Dialektik und Sprachphilosophie*, Bielefeld: Aisthesis 2017, S. 9–31, besonders S. 10 und 16. Der Ausdruck der Mitteilung spricht bei Hegel all das an, was später bei Bataille und Blanchot »Kommunikation« und »Kommunikation der Wesen« heißen wird; vgl. Georges Bataille, *Die innere Erfahrung nebst Methode der Meditation und Postkriptum 1953 (Atheologische Summe I)*, München: Matthes & Seitz 1999, S. 131. Auch Walter Benjamin hat ähnlich versatil wie Hegel mit den Begriffen der Mitteilung und des Mitteilbaren hantiert.

153 Holz, *Wesen*, S. 15.

154 Ebd., S. 10.

155 Ebd., S. 11.

156 Adorno hat mit bewunderungswürdiger Offenheit zugegeben, dass er die Unterscheidung zwischen Grund und Ursache, so wie sie im Abschnitt über das »Causalitätsverhältniß« (II, #396–#407) vorgestellt wird, nicht verstanden hat (Adorno, »Skoteinos«, S. 107). An die Großzügigkeit dieses Bekenntnisses kann ich mich hier nur anschließen.

157 Heidegger hat das Wortspiel um Grund und Ab-grund dankbar aufgenommen, und damit zugleich etwas Wesentliches getroffen: dass bei Hegel nämlich der Gedanke der Negativität keine vorläufige, sondern eine endgültig verabgründende Funktion hat; vgl. Martin Heidegger, *Hegel: 1. Die Negativität 2. Erläuterung der »Einleitung« zu Hegels »Phänomenologie des Geistes«*, in: Ders., *Gesamtausgabe*, Bd. 68, Frankfurt a. M.: Klostermann 2009.

158 Mit dem sicheren Grund »unten« wird auch die Metapher des Denkens als Gang und die »Weg-Metapher« fraglich, die für Hegels Denken grund-legend ist; vgl. dazu Hans Heinz Holz, »Drei Fragmente zur Weg-Metapher«,

in: Ders., *Speculum Mundi. Schriften zur Theorie der Metapher, spekulativen Dialektik und Sprachphilosophie*, Bielefeld: Aisthesis 2017, S. 141–154.

159 Oder mit Beckett: »Say bones. No bones but say bones. Say ground. No ground but say ground.« Und später: »As on with equal plod they go. No ground. Plod as on void«. Samuel Beckett, *Worstward Ho*, in: Ders., *Company/Ill seen ill said/Worstward Ho/Stirrings Still*, London: Faber & Faber 2009, S. 79–103, hier S. 82 und S. 86.

160 Goethe überträgt dies auch auf das Verhältnis von geschriebener und gesprochener Sprache bei Hegel selbst. Nach einem Treffen mit Hegel bei dem gemeinsamen Freund Zelter schreibt er in einem Brief: »[W]as bei gedruckten Mitteilungen eines solchen Mannes uns unklar und abstrus erscheint, weil wir solches nicht unmittelbar unserem Bedürfnis aneignen können, das wird im lebendigen Gespräch alsobald unser Eigentum, weil wir gewahr werden, daß wir in den Grundgedanken und Gesinnungen mit ihm übereinstimmen und man also in beiderseitigem Entwickeln und Aufschließen sich gar wohl annähern und vereinigen könnte«; Goethe an K. L. v. Knebel, 14. November 1827, in: Nicolin, *Zeitgenossen*, S. 358.

161 So lautet einer bekannten Anekdote gemäß ein Rat, den der Psychoanalytiker Lacan seinen Seminarteilnehmer*innen mit auf ihren Weg gegeben hat. Auch Brecht war übrigens Fan von Kreuzworträtseln – aus sprachphilosophischen Gründen, versteht sich.

162 Über das Lesen des philosophischen Gegen-Sinns von Hegels »spekulativen Worten« heißt es bei Comay/Ruda, *Dash*, S. 56: »To read speculatively is to take up what is contingent as if it were necessary – to discern rational connection in what would otherwise present itself as nonsensical concatenation.«

163 Adorno, »Skoteinos«, S. 108.

164 Giorgio Agamben, *Die Idee der Prosa*, München: Hanser 1987, S. 18.

165 Ebd., S. 20.

166 Hölderlin, *Brod und Wein*, S. 241.

167 Simon, *Prosa*, S. 21.

168 Ebd., S. 15.

169 Agamben, *Idee*, S. 21.

170 Adorno, »Skoteinos«, S. 158 f.

171 Klaus Heinrich, »Orpheus / Antiorpheus / Prorsa. Dankrede zur Verleihung des Sigmund-Freud-Preises für wissenschaftliche Prosa«, in: Ders., *dämonen beschwören, katastrophen auslachen. Reden und kleine Schriften* 3, Frankfurt a. M./Basel: Stroemfeld 2013, S. 43–50, hier S. 44.

172 Für Heinrich zielt wissenschaftliche Prosa als Mittel der Aufklärung nicht geradewegs auf Verständlichkeit, sondern auf Verständigung: auf »Verständigung zwischen unversöhnlich widerstreitenden Instanzen« (Heinrich,

»Orpheus«, S. 48). Das Stilideal der Verständlichkeit wurde für die Prosa zunächst in der Verwaltung erhoben und durchgesetzt; vgl. dazu Juliane Vogel, »Zeremoniell und Effizienz. Stilreformen in Preußen und Österreich«, in: Inka Mülder-Bach/Jens Kersten/Martin Zimmermann (Hg.), *Prosa schreiben. Literatur – Geschichte – Recht*, Paderborn: Fink 2019, S. 39–53.

173 Dazu Ernst Bloch in aller wünschenswerten Fasslichkeit: »Dunkles, das exakt als solches ausgedrückt wird, ist ein ganz Anderes wie Klares, das dunkel ausgedrückt ist; das Erste ist wie Greco und Gewitterlicht, das Zweite Stümperei« (Bloch, *Subjekt-Objekt*, S. 20). Wobei auch bei Bloch dunkel bleibt, ob er El oder Juliette Gréco meint … Zur Dunkelheit Hegels vgl. auch Adorno, »Skoteinos« (hier vor allem schon der Titel!).

174 Die Formulierung findet sich im Entwurf zu einem philosophischen Brief vom Februar 1796; Bremer Ausgabe, Bd. 5, S. 14. Der Idee der »höheren Aufklärung« bei Hölderlin folgt rigoros Jürgen Link, *Hölderlin – Rousseau: Inventive Rückkehr*, Opladen/Wiesbaden: Westdeutscher Verlag 1999.

175 So das »Abendlied«, geschrieben von Hanns Dieter Hüsch, bei uns gehört und gesungen in der Version von Blumfeld. Danke!

176 Bei diesem Verständnis der Idee, das Hegel gemeinsam mit Kant bekämpft, können wir uns an dessen berühmte Streitschrift »Über den Gemeinspruch: das mag in der Theorie richtig sein, taugt aber nicht für die Praxis« erinnert fühlen; der Bezug auf Kant bleibt im ganzen letzten Abschnitt der Logik virulent bzw. wird es erst wieder, nachdem Kant in der Zwischenzeit, in der *Wesenslogik* etwa, schon ad acta gelegt worden war.

177 Vgl. dazu Gadamer, »Idee«, S. 66, und Comay/Ruda, *Dash*, S. 29. Bei der Zählung fällt allerdings die *Differenzschrift* unter den Tisch.

178 Vgl. den Abschnitt »Was heißt Etwas denken?«.

179 Vgl. Comay/Ruda, *Dash*, S. 17 f., sowie Alenka Zupančič, *Was ist Sex? Psychoanalyse und Ontologie*. Wien/Berlin: Turia + Kant 2019. Die »These vom immer problematischen und (ontologisch) unsicheren Charakter der Sexualität« (S. 18) beinhaltet oder enthüllt nach Zupančič den immer problematischen und ontologisch unsicheren Status des Seins selbst.

180 So wenig wie sich »Frau« und »Mann«, so wenig wie sich die *Phänomenologie* und die *Logik* ineinander fügen …

181 Comay/Ruda, *Dash*, S. 16.

182 Gesprächspartner ist hier vor allem Robert Brandom und sicher auch das, was als »Brandom's socialism« diskutiert wird; vgl. Comay/Ruda, *Dash*, S. 16 f.

183 Ebd., S. 17 und S. 28. Mit Hans Peter Duerr könnte man sagen: Es geht darum, aus Malinowskis berühmtem Satz »you cant't fuck them all« die epistemologische Konsequenz zu ziehen.

184 Ludwig Siep beschreibt die Bewegung von Vergessen und Wiedererinnerung

als »Aufhebung einer Selbsttäuschung«, wobei das Vergessen für ihn nie vollständig sein kann: Die bereits erlangte, dann aber wieder vergessene »Zweck- bzw. Freiheitsverwirklichung« müsse vielmehr »untilgbare Spuren« hinterlassen, eine »Spur der Freiheit«, die sich etwa in »allgemeinen Freiheitsinstitutionen« manifestiere. Diese »Spur«, die von der *Logik* in die *Rechtsphilosophie* führt, kann ich hier nicht weiterverfolgen; es wäre aber sicher reizvoll, das Verhältnis von Institution und Vergessen einmal systematisch zu untersuchen. Ludwig Siep, »Die Lehre vom Begriff. Dritter Abschnitt. Die Idee«, in: Michael Quante/Nadine Mooren (Hg.), *Kommentar zu Hegels Wissenschaft der Logik*, Hamburg: Meiner 2018, S. 651–790, hier S. 727 f.

185 Die Rhythmik von Vergessen und Wiedererinnern verdeutlicht, dass das »absolute Wissen« oder die »absolute Idee« nicht als synchrone Ko-Präsenz des Objekts im Subjekt gedacht werden können, sondern nur als konstitutives Intervall, als »Anachronismus«: »Verständnis kommt unweigerlich zu spät, um etwas zu bewirken, wenn auch nur, weil sich der Einsatz bereits geändert hat. Absolutes Wissen ist die Darlegung dieser Verspätung. Sein Mandat ist es, die strukturelle Dissonanz der Erfahrung explizit zu machen«; Comay, *Trauer*, S. 17.

186 Klaus Heinrich, »Musik und Religion. Ein Rundfunkessay mit Tonbeispielen«, in: Ders., *dämonen beschwören, katastrophen auslachen. Reden und kleine Schriften* 3, Frankfurt a. M./Basel: Stroemfeld 2013, S. 21–41, hier S. 29. Es geht um das Streichquartett *Fragmente – Stille. An Diotima* von Luigi Nono.

187 Heidegger hat das Ab-solute bei Hegel in den Umkreis anderer Begriffe gestellt, die sich in der Vorsilbe selbst negieren: Ab-bau, Ab-sage, Ab-grund. Das Ab-solute kann demnach als paradoxe Affirmation rückhaltloser Negativität gelten; vgl. Heidegger, *Hegel*, S. 13 ff.

188 Auch Becketts Prosa stellt im Kern eine Komödie (eine Komödie des Paars sogar) dar, so hat Badiou gezeigt: »Die Zurschaustellung der grenzenlosen Ressourcen eines Paars, selbst wenn es gealtert, monoton, fast haßerfüllt ist, die verbale Erfassung von allen Konsequenzen der Dualität: das sind die theatralischen Operationen Becketts.« In diesem Sinn steht Beckett für Badiou »als einziger großer Schriftsteller in diesem Jahrhundert […] in einer breiten Tradition des komischen Theaters«, die »eine mächtige Liebe zur menschlichen Hartnäckigkeit, zum Begehren, das nicht totzukriegen ist, zur Menschheit, die auf ihre Gerissenheit und ihre Dickköpfigkeit reduziert ist«, artikuliere; Alain Badiou, *Beckett*, Zürich/Berlin: Diaphanes 2008, S. 62 f.

189 Georg Büchner, *Woyzeck*, in: Ders., *Dichtungen*, hg. v. Henri Poschmann u. Mitarbeit v. Rosemarie Poschmann, Frankfurt a. M.: Deutscher Klassiker Verlag 2006, S. 145–219, hier S. 158.

190 Theodor W. Adorno, *Ästhetische Theorie*, Frankfurt a. M.: Suhrkamp 1990, S. 221.

191 Eckart Förster hat die Philosophie überhaupt mit Hegel und Goethe als »Methode des *Uebergehens und Entstehens einer Form aus der anderen*« und Lehre von den »Alternativen zu den Übergängen« und von den *alternativen Übergängen* konzipiert (Förster, *25 Jahre*, S. 369). Der Essay-Band zu Försters Werk trägt denn auch den passenden Titel *Übergänge – diskursiv oder intuitiv?* (hg. von Johannes Haag/Markus Wild, Frankfurt a. M.: Klostermann 2013).

192 Zur Deutungsgeschichte vgl. Jaeschke (Hg.), *Hegel-Handbuch*, S. 232.

193 G. W. F. Hegel, *Enzyklopädie der philosophischen Wissenschaften im Grundrisse* [1817], hg. v. Hermann Glockner [Jubiläumsausgabe, Bd. 6], Stuttgart: Frommann-Holzboog 1988, S. 51.

194 Hegel, *Enzyklopädie 1817*, S. 144. Die »Rede vom Entschluss und vom Sich-Entlassen« kann, im Sinne einer rationalen Theologie, auch als Versuch einer »Entmythologisierung von Schöpfungsvorstellungen« verstanden werden; zu dieser Interpretation vgl. Siep, *Idee*, S. 766 f.

195 G. W. F. Hegel, *Grundlinien der Philosophie des Rechts. Naturrecht und Staatswissenschaft im Grundrisse. Zum Gebrauch für seine Vorlesungen*, Hamburg: Meiner 2018 (= Hauptwerke in sechs Bänden, Bd. 5). Zum Verhältnis von emphatisch verstandenem »book« (als eigenständiger Veröffentlichung) – »Hegel wrote only two books« – und »textbook« (als Materialsammlung zum Gebrauch in der universitären Lehre) vgl. Comay/Ruda, *Dash*, S. 29 f.

196 Das Problem des gespaltenen Schlusses der *Logik* im Hinblick auf das Verhältnis von *Logik* und System und weitergehend von System und Einzel- oder Erfahrungswissenschaften wird stringent formuliert bei Siep, *Idee*, S. 767–769 und besonders S. 779–790. Siep sieht das Problem des gespaltenen Schlusses sehr deutlich, aber er harmonisiert das Verhältnis von Schluss und Nach-Schluss auch wieder (so S. 767: der »Uebergang« des Nach-Schlusses »darf« demnach nicht als Beweis einer »›Defizienz‹ des Endes der *Logik*« gelesen werden, soll aber doch den Anschluss der »Philosophie der Natur« erfordern). Weil Siep keinen ungeschlichteten Widerstreit zwischen *Logik* und System annehmen will, muss er deren Verhältnis in einer »holistischen« Groß-Konzeption vereinen, die dann wiederum nur noch historischen Wert haben soll: »Vielleicht muss man sich eingestehen, dass wir eine holistische Philosophie, die zwischen einer theologischen Welterklärung, den Wissenschaften und einer teleologischen, fortschrittlichen Kulturgeschichte ›systematisch‹ vermittelt, nicht mehr haben können, aber auch nicht mehr brauchen« (Siep, *Idee*, S. 790).

197 Vgl. dazu die idiosynkratische Medienkunde von Roland Reuß, *Die perfekte Lesemaschine. Zur Ergonomie des Buches*, Göttingen: Wallstein 2014. Beson-

ders aufschlussreich – auch wenn ein Verweis auf den Anfang der *Logik*, anders als auf den von »Urtheil und Seyn«, fehlt – ist der Eintrag zum »Gedankenstrich« (S. 38 f.).

198 Hegel, *Phänomenologie*, S. 434.

199 Ebd., S. 433.

200 Eine ähnliche Lektüre-Operation nimmt Catherine Malabou mit den Hegel'schen Begriffen des Plastischen bzw. der Plastizität vor; vgl. Malabou, *Future*, besonders der Abschnitt »The promise of plasticity«. Das Vorgehen besteht darin, »to take up a concept *(plasticity)*, which has a defined and delimited role in the philosophy of Hegel, only to transform it into the sort of comprehensive concept that can ›crasp‹ *(saisir)* the whole« (S. 5).

201 Vgl. Friedrich Engels, *Herrn Eugen Dührings Umwälzung der Wissenschaft*, in: Karl Marx/Friedrich Engels, *Werke*, Bd. 20, Berlin: Dietz 1962, S. 32–135, hier S. 106: »Hegel war der erste, der das Verhältnis von Freiheit und Notwendigkeit richtig darstellte. Für ihn ist die Freiheit die Einsicht in die Notwendigkeit. ›Blind ist die Notwendigkeit nur, *insofern dieselbe nicht begriffen wird.*‹ Nicht in der geträumten Unabhängigkeit von den Naturgesetzen liegt die Freiheit, sondern in der Erkenntnis dieser Gesetze, und in der damit gegebnen Möglichkeit, sie planmäßig zu bestimmten Zwecken wirken zu lassen.« Das Hegel-Zitat stammt aus einem »mündlichen Zusatz« zu § 147 der letzten Berliner *Enzyklopädie*.

202 Vgl. dazu den Abschnitt »Triadische Sphären« im vierten Kapitel des vorliegenden Buches.

203 Die parallele Stelle in der »Sphäre des Seins«, in der *Seinslogik*, ist der Abschnitt über das »Maaß« und dessen Schluss, der Absatz über »Das Maaßlose«. Die folgenden Überlegungen könnte ich auch an diesem Abschnitt durchführen, ich unterlasse dies aber auch deshalb, weil über diese Abschnitte mein Freund Frank Engster bereits alles und noch viel mehr längst gedacht und aufgeschrieben hat. Ich könnte das von ihm Vorgedachte an dieser Stelle nur epigonal nachbeten. Der Dissens, der uns bei Hegel trotz alledem trennt (und verbindet), wird vielleicht an anderer Stelle einmal auszutragen sein. Vgl. Frank Engster, *Das Geld als Maß, Mittel und Methode. Das Rechnen mit der Identität der Zeit*, Berlin: Neofelis 2014.

204 »Denn die Kindheit, wodurch einige Romanschreiber das Spätleben zu motivieren glauben, braucht ja selber wieder motiviert zu werden. Gestaltet der nackte Geist sich seine Gehirn-Organe? Oder destillieren letzte durch Helm und Kolben sich ihren besonderen Geist ab?« – so fragt Jean Paul im ersten, dem »Ur- und Belehnkapitel«, seines Romans *Der Komet*. Dem drohenden *Progressus ad infinitum* entgeht der Romanschreiber nur, indem er seinen Helden »mit einem Allmachtschlage das ganze Wunder seines Daseins« zuteilwerden lässt. Der Philosoph bedarf *anderer* Allmachtschläge. Jean Paul,

Der Komet, in: Ders., *Werke in zwölf Bänden*, Bd. 11/12: *Späte erzählende Schriften*, München: Hanser 1975, S. 563–1036, hier S. 584. Der Roman erschien 1820, zwei Jahre, nachdem Hegel für Jean Paul an der Heidelberger Universität die Verleihung der Ehrendoktor-Würde erwirkt hat.

205 Friedrich Hölderlin, »Das untergehende Vaterland«, in: Ders., *Bremer Ausgabe*, Bd. 8, S. 119–125. Der Titel »Vom Werden im Vergehen« stammt von früheren, unkritischeren Herausgebern, er passt aber trotzdem gut.

206 Vgl. Alain Badiou, *Logiken der Welten. Das Sein und das Ereignis* 2, Zürich/Berlin: Diaphanes 2010. Badiou bezeichnet denn auch die Bücher II bis IV dieses, seines zweiten Hauptwerks – vielleicht ironisch – als »Große Logik«. Das kurze Kapitel zu Hegel (S. 161–172) bleibt allerdings ein bisschen enttäuschend, weil Badiou sich hier darauf beschränkt, Hegel als Philosoph der Identität zum Gegenbild seiner eigenen Philosophie zu stilisieren.

207 Comay/Ruda, *Dash*, S. 4.

208 Vgl. Kapitel VI dieses Buches.

209 Hans Heinz Holz, *Einheit und Widerspruch. Problemgeschichte der Dialektik in der Neuzeit*. Bd. III: *Die Ausarbeitung der Dialektik*, Stuttgart/Weimar: Metzler 1997, S. 158.

210 Wobei dann »Leben« hier explizit *nicht* im Sinn der *Idee* des Lebens verstanden sein soll, wie sie in der *Begriffslogik* als Zwischenstufe zwischen Objektivität und Erkenntnis firmiert. Zur Doppeldeutigkeit des »Lebens« zwischen Natur und Lebenswelt vgl. Birgit Sandkaulen, »Der Begriff des Lebens in der Klassischen deutschen Philosophie – eine naturphilosophische oder lebensweltliche Frage?«, in: *Deutsche Zeitschrift für Philosophie* 67.6 (2019), S. 911–929.

211 Menke, *Autonomie*, S. 84.

212 Vgl. ebd., S. 91.

213 Ebd., S. 84.

214 Ebd., S. 114.

215 Ebd., S. 115, meine Hervorhebung.

216 Ebd.

217 Ebd., S. 111.

218 Ebd., S. 115 f.

219 Menke fasst das äußerliche Verhältnis dann wieder dialektisch als »konstitutive Äußerlichkeit« (Menke, *Autonomie*, S. 114); das ändert aber nichts daran, dass sein Konzept der Genealogie den Hegel'schen Rahmen sprengt, *und das ja auch will*. Ich versuche demgegenüber – zunächst nur in heuristischer Absicht –, brav im Rahmen zu bleiben.

220 Holz, *Einheit*, S. 129.

221 G. W. F. Hegel, »Philosophische Enzyklopädie für die Oberklasse (1808 ff.)«, in: Ders., *Werke*, Bd. 4: *Nürnberger und Heidelberger Schriften 1808–1817*, Frankfurt a. M.: Suhrkamp 1986, S. 9–69, hier S. 33.

222 Holz, *Einheit*, S. 142 und S. 149.

223 Ebd., S. 130 f. und S. 148.

224 Ebd., S. 143.

225 Ebd., S. 152.

226 Zur »Andersheit des Lebens als Produkt des Geistes« vgl. Menke, *Autonomie*, S. 114.

227 W. I. Lenin, »Zur Kritik der Hegelschen ›Wissenschaft der Logik‹. 1914 Bern«, in: Ders., *Aus dem philosophischen Nachlass. Exzerpte und Randglossen*, Berlin: Dietz 1961, S. 1–164, hier S. 158 f.

228 Holz, *Einheit*, S. 122, 141, 392.

229 Ebd., S. 141.

230 Ebd., S. 142.

231 Ebd., S. 155 und S. 152.

232 In einer anderen Theoriesprache – und ich will den Bruch, der sich hier zur Hegel'schen auftut, gar nicht kaschieren – heißt es zur Funktionsweise der Heterogenese: »Die Betonung wird nicht mehr auf *das* Sein gelegt, als allgemeines ontologisches Äquivalent, das genauso wie andere Äquivalente (das Kapital, die Energie, die Information, der Signifikant) den Prozess umhüllt, schließt und desingularisiert, sondern auf die Seinsweise, die Machination, um Existierendes herzustellen, die Erzeugungspraktiken von Heterogenität und Komplexität«; Félix Guattari, *Chaosmose*, Wien/Berlin: Turia + Kant 2014, S. 138.

233 G. W. F. Hegel, *Enzyklopädie der philosophischen Wissenschaften* [1830], Hamburg: Meiner 2018 (= *Hauptwerke in sechs Bänden*, Bd. 6), § 250, S. 240.

234 Link, *Hölderlin*, S. 65–85.

235 Das Absolute firmiert in Schellings Naturphilosophie dabei als »absolute Produktivität« der *natura naturans*, wohingegen die Naturwissenschaften nur verschiedene Aspekte der *natura naturata* fassen können; die *natura naturans* erschließt sich nur der »intellektuellen Anschauung«, keiner begrifflichen Erkenntnis. Eine literarisch gut lesbare, in ihrer aphoristisch verdichteten Systematik philosophisch aber schwer zu durchschauende Einführung bietet Friedrich Wilhelm Joseph Schelling, *Aphorismen über die Naturphilosophie*, hg. v. Fabian Mauch, Hamburg: Meiner 2018. Die *Aphorismen* sind mit einer »Einleitung« erstmals 1805 bis 1807 in den *Jahrbüchern der Medicin als Wissenschaft* erschienen. Eine gute Rekonstruktion und Kritik der Schelling'schen Naturphilosophie bietet das Kapitel »*Spiritus sive natura*« in: Förster, *25 Jahre*, S. 233–251.

236 Dieses Programm entspricht, so macht Terry Pinkards Rekonstruktion deutlich, wiederum der Schelling'schen Naturphilosophie, die auch deshalb gerade unter Naturwissenschaftlern so populär war, weil sie für alle, auch die neuesten Erkenntnisse der Einzelwissenschaften einen Platz in ihrem Sys-

tem bot; vgl. Terry Pinkard, »From Schelling's Naturalism to Hegel's Naturalism«, in: Johannes Haag/Markus Wild (Hg.), *Übergänge – diskursiv oder intuitiv? Essays zu Eckart Försters »Die 25 Jahre der Philosophie«*, Frankfurt a. M.: Klostermann 2013, S. 275–288, S. 280 f. Dass Schelling allerdings den Zusammenhang der Wissenschaftsgebiete, der nur der »intellektuellen Anschauung« zugänglich sein soll, ganz anders fasst als Hegel – der das Konzept einer »intellektuellen Anschauung« seit seinem Bruch mit Schelling 1805/06 streng ablehnt –, wird schon in der Sprache deutlich, die Schelling gebraucht, um den Zusammenhang auszudrücken – eine Sprache, die explizit »poetisch« sein will (und ist) und die sich auch darin von Hegels Prosa scharf unterscheidet. Vgl. Schelling, *Aphorismen*, S. 8.

237 In ihrem bewunderungswürdigen Buch über den Gedankenstrich bei Hegel rennen – das ist mein einziger Einwand – Rebecca Comay und Frank Ruda beständig gegen die »Naturalisierung« als Feind an: Natur selbst wird bei ihnen schließlich zu einen Synonym für vollendete Naturalisierung, die noch nicht wieder kritisch verflüssigt worden ist. Darin bewahrt sich die alte metaphysische Asymmetrie von Natur und Kultur, die Hegel – so meine These – gerade umkehrt und verschiebt. Bei Comay und Ruda führt der falsche Begriff von Natur auch zu einer falschen Interpretation des Schlusses der *Logik*, der auf seine Funktion der Überleitung zum »objektiven«, verdinglichten Natur-Begriff der *Enzyklopädie* zurechtgestutzt wird. Die Autor*innen verteidigen heroisch die Freiheit der *Logik* gegen den Bürokratismus der *Enzyklopädie* – sie geben diese Freiheit aber dort preis, wo sie sich am weitesten vorwagt: bei der »*[dash!]* Natur«; vgl. Comay/Ruda, *Dash*, S. 34 und S. 51.

238 Link, *Hölderlin*, S. 257.

239 Menke, *Autonomie*, S. 101–103 und S. 114. Die Aussetzung der Teleologie in einer »Teleiose«, einem »prozesshaften Telos« beschreibt Moder, *Hegel*, S. 115–121.

240 Das alles hat auch sozialphilosophische Konsequenzen: Die kritische Geste *par excellence* seit Hegel, Marx und Lukács bestand darin, die Verdinglichung sozialer Formen als Herstellung einer »zweiten Natur« anzugreifen. Mit der »Naturalisierung« sollte demnach zugleich eine Entfremdung des Sozialen einhergehen: Das Soziale werde sich selbst zur Natur und entziehe sich so seiner sozialen Gestalt- und Veränderbarkeit. Natur firmiert dabei als Inbegriff von Invarianz – als Gegenteil jenes Anders-Werden-Könnens und beständigen Anders-Werdens, das wir gerade für Hölderlins und Hegels Natur-Begriff herausgearbeitet haben. Gegen diese »alte« Form von Kritik an der »zweiten Natur« wurde in Frankfurt in den letzten Jahren eine *Heterogenese der zweiten Natur* propagiert, die nicht mehr auf deren Ersetzung durch eine durchgängig bewusste, rational durchformte Sozialität abzielt, sondern auf eine Transformation der zweiten Natur durch andere, abwei-

chende Praktiken und Übungen einer anderen, abweichenden, dann vielleicht: *dritten, vierten, n+1ten Natur*; vgl. dazu Christoph Menke, »Zweite Natur. Der schwerste Punkt«, in: Menke, *Autonomie*, S. 119–148; Thomas Khurana, »Politics of Second Nature. On the Democratic Dimension of Ethical Life«, in: Pirmin Stekeler-Weithofer/Benno Zabel (Hg.), *Philosophie der Republik*, Tübingen: Mohr Siebeck 2018, S. 422–436; sowie, besonders instruktiv, weil produktiv irritierend, Daniel Loick, »Gegenhegemoniale Gewöhnung. Modelle zur Transformation der zweiten Natur«, in: Thomas Khurana/Dirk Quadflieg/Francesca Raimondi/Juliane Rebentisch/Dirk Setton (Hg.), *Negativität – Kunst, Recht, Politik*, Berlin: Suhrkamp 2018, S. 311–328. Ich verstehe meine Interpretation der Natur im Nach-Schluss der *Logik* als eine Parallelaktion zu diesen Bemühungen.

241 Hegel, *Enzyklopädie 1830*, § 250, S. 240.

242 Deshalb, wegen der fehlenden Nötigung zur Rechtfertigung noch des Widrigen und Falschen, ist diese Haltung auch nicht einfach »unkritisch« oder »affirmativ« – Weisheit des *Wu-wei*. Vgl. Alfred Döblin, *Die drei Sprünge des Wang-lun. Chinesischer Roman*, Frankfurt a. M.: Fischer 2008, S. 478, wo der rastlose Aufrührer Wang-lun vor der letzten Schlacht gegen die Truppen des Kaisers spricht: »Ich habe einen Wink bekommen und soll ihn annehmen. Ich schlage dem Schicksal nicht ins Gesicht; aber glaube mir, Gelbe Glocke: Entschlüsse helfen dem Menschen nichts, wenn er unruhig ist. Man bezwingt mit Entschlüssen nichts in sich. Es muß alles von selber kommen.«

243 Die skizzierte Haltung, Perspektive und Praxis der Hinnahme dessen, »was geschehet«, entspricht in vielem dem, was Louis Althusser in seiner späten, »aleatorischen« Philosophie angedacht hat; das kann ich hier nicht mehr ausführen. Einen »aleatorischen Materialismus« der Begegnung sieht Althusser – seinem eigenen, teilweise bornierten Anti-Hegelianismus der früheren Jahre zum Trotz – auch in Hegels *Logik* vorgebahnt: »Inzwischen weiß ich, dass Hegel bereits zuvor das außergewöhnliche Bild des ›*ganz allein wandernden Wegs*‹ geprägt hatte, welcher sich im Voranschreiten seinen eigenen Pfad durch Wälder und Felder bahnt. So viele ›Begegnungen‹!« In der Anmerkung heißt es, dass sich eine »entsprechende Stelle bei Hegel [...] nicht lokalisieren« ließe. Das ist auch kein Wunder, denn der »ganz allein wandernde Weg« ist eben der »sich selbst konstruierende«, der im Hin und Her der Übersetzung dann doch verloren gegangen zu sein scheint; Louis Althusser, *Materialismus der Begegnung. Späte Schriften*, Zürich: Diaphanes 2010, S. 116 und S. 126. Eine feinfühlige »hegelianische« Lektüre von Althussers später Aleatorik findet sich im Kapitel »Das *clinamen*« bei Moder, *Hegel und Spinoza*, S. 168–177.

244 Hölderlin, »Blödigkeit«, in: Hölderlin, *Bremer Ausgabe*, Bd. 10, S. 235. Die

»Blödigkeit« aus der Semantik der Zeit geborgen und zum sozial- und begriffshistorischen Leitkonzept erhoben wird bei Georg Stanitzek, *Blödigkeit. Beschreibungen des Individuums im 18. Jahrhundert*, Tübingen: Niemeyer 1989. Eine ausführliche Exegese von Hölderlins Ode findet sich hier auf den S. 243–275.

245 Holz, *Einheit*, S. 142: »Der Hegelsche Naturbegriff hat jene Dimension der ästhetischen Anschauung bewahrt, die von Leonardo da Vinci angesprochen wurde: ›Die Natur hat so viel Freude am Wechsel und verfügt über eine solche Fülle, dass man selbst unter den Bäumen derselben Art nicht eine Pflanze findet, die einer andere annähernd gleicht, nicht nur die Bäume, sondern ihre Äste, Blätter und Früchte sind niemals alle gleich.‹« Holz zitiert nach Leonardo da Vinci, *Sämtliche Gemälde und die Schriften zur Malerei*, hg. v. André Chastel, München: Schirmer/Mosel 1990, o. S.

246 Vgl. dazu den Aphorismus »Dem folgt deutscher Gesang« in Theodor W. Adorno, *Minima Moralia. Reflexionen aus dem beschädigten Leben*, Frankfurt a. M.: Suhrkamp 1991, S. 296 f.; sowie Patrick Eiden-Offe, »›Eigenes‹ und ›Lebendiges‹: Hölderlins ›deutscher Gesang‹ um 1800«, in: Claude Haas/Daniel Weidner (Hg.), *Über Wissenschaft reden. Studien zu Sprachgebrauch, Darstellung und Adressierung in der deutschsprachigen Wissenschaftsprosa um 1800*, Berlin: de Gruyter 2020, S. 235–263, besonders S. 252–260.

247 Theodor W. Adorno, *Beethoven. Philosophie der Musik*, Frankfurt a. M.: Suhrkamp 2004, S. 31.

248 Ebd., S. 36.

249 Vgl. Adornos Aufsatz »Spätstil Beethovens« von 1934, wieder abgedruckt in Adorno, *Beethoven*, S. 180–184.

250 Adorno, *Beethoven*, S. 36.

251 Ebd., S. 250.

252 Freimütig vorweg muss ich zugeben, dass mir der antianalogische Affekt von Adornos Beethoven-Hegel-Parallele nicht ganz geheuer ist. Dass Beethovens Musik Hegels Philosophie *sein*, und nicht nur *wie* diese sein soll, leuchtet mir nicht ein. Aufnehmen kann ich freilich den Impuls einer heuristischen Gleichsetzung, deren Erkenntniseffekt dann vielleicht doch wiederum eher in dem liegt, was wir jeweils einzeln und gesondert für Beethoven wie für Hegel damit zu Tage fördern.

253 Hans Joachim Hinrichsen, *Beethoven. Die Klaviersonaten*. Kassel: Bärenreiter 2013, S. 211 f.; zit. nach Martin Geck, *Beethoven. Der Schöpfer und sein Universum*, München: Siedler 2017, S. 85. Für Walter Werbeck »fehlt [im Kopfsatz] ein richtiges Hauptthema wie ein richtiges Seitenthema«; Walter Werbeck, »Die Klaviersonaten«, in: Sven Hiemke (Hg.), *Beethoven-Handbuch*, Kassel/Stuttgart: Bärenreiter/Metzler 2009, S. 319–403, hier S. 368.

254 Zum *Sturm*-Rezitativ vgl. Geck, *Beethoven*, S. 84–87. Das formal »überflüs-

sige« Rezitativ im Kopfsatz entspricht der Erweiterung des Seitensatz-Themas im *Adagio*: einer von Adornos liebsten »schönen Stellen«; vgl. Adorno, *Beethoven*, S. 247 und S. 261. Nach Martin Geck sieht Jürgen Link die *Sturm*-Sonate »im zwanglosen Vergleich« als Äquivalent jenes neuen Wegs an, den auch Hölderlin ungefähr zeitgleich mit *Patmos* betreten hat; Geck und Link haben ein gemeinsames Seminar zu »Beethoven und Hölderlin« angeboten (Geck, *Beethoven*, S. 232).

255 Hegels Witz zeigt sich etwa, wenn er, nach allem Aufhebens, das Fichte über seine drei »absolut ersten Grundsätze« gemacht hat, diesen bloß eine gewisse »Unbequemlichkeit« attestiert oder wenn er die »Ansicht der Fichte'schen und Schelling'schen Philosophie« des zeitgenössisch hochgeschätzten Postkantianers Carl Leonhard Reinhold mit einem Satz abfertigt: »Was *jene Ansicht* betrifft, so hat Reinhold fürs Erste die Differenz beyder als Systeme übersehen, und sie fürs andere nicht als Philosophieen genommen«; Georg Wilhelm Friedrich Hegel, *Differenz des Fichte'schen und Schelling'schen Systems der Philosophie*, in: Ders., *Jenaer kritische Schriften*, Hamburg: Meiner 2018 (= *Hauptwerke in sechs Bänden*, Bd. 1), S. 1–92, hier S. 37 und S. 77.

256 Jürgen Heydrich, »Die Streichquartette«, in: Sven Hiemke (Hg.), *Beethoven-Handbuch*, Kassel/Stuttgart: Bärenreiter/Metzler 2009, S. 173–218, hier S. 187 f.

257 Vgl. dazu die (bei Heydrich paraphrasierte) These Gerd Indorfs, »dass das gesamte *F-Dur-Quartett* wesentlich vom präexistenten Material des Schlusssatzes her konzipiert wurde«; Heydrich, »Streichquartette«, S. 189, mit Verweis auf Gerd Indorf, *Beethovens Streichquartette. Kulturgeschichtliche Aspekte und Werkinterpretationen*, Freiburg i. Br.: Rombach 2004, S. 266.

258 Adorno, *Beethoven*, S. 47 und 59 f.

259 Ebd., S. 146.

260 Zum system-sprengenden Charakter des Textes »Über die englische Reformbill« vgl. Franz Rosenzweig, *Hegel und der Staat*, hg. v. Frank Lachmann. Mit einem Nachwort v. Axel Honneth, Berlin: Suhrkamp 2010 [1920], der angesichts der aufbrechenden »sozialen Frage« einen »hamletische[n] Zug« an Hegels politischer Urteilskraft wahrnimmt, der diesem »sonst fremd« gewesen sei (S. 519). Zu den *Bagatellen* vgl. Adorno, *Beethoven*, S. 189–192. Der letzte Satz der Notiz über die Coda der sechsten Bagatelle lautet: »Dann zerbrechen die Prestotakte die lyrische Schale. Aus den mächtigen Händen gibt der Meister Stückwerk frei. Seine Form selber tendiert zum Fragment.«

261 Ebd., S. 134.

262 Ebd., S. 172.

263 Zur Typenlehre vgl. ebd., S. 134; als »Typus« kann der »extensive« dann auch quer zur Phaseneinteilung liegen; so gehört auch der Kopfsatz des F-Dur-

Quartetts – Paradestück des »klassischen« Beethoven – schon zum »extensiven Typus«.

264 Ebd., S. 136 und S. 141.

265 Ebd., S. 136 f.

266 Ebd.

267 Ebd., S. 136.

268 Ebd., S. 139.

269 Ebd.

270 Ebd.

271 Ebd., S. 143.

272 Ebd., S. 139.

273 Ebd., S. 143.

274 In einer Beilage zur *Logik*, die Randnotizen Hegels zum Logik-Buch seines Intimfeindes Fries wiedergibt, heißt es: »leeres Erzählen, ohne philosophische Präcision, sehr salopper Vortrag in einem Auditorium« (III, 312). Damit bringt Hegel noch eine mediale Komponente ins Spiel, die ich hier nicht nachverfolgen kann: »Erzählen« ist für Hegel offenbar etwas eher Mündliches, wohingegen die Wahrheit auf die »Präcision« der Schrift angewiesen ist. Das wäre auch auf das Verhältnis der genuinen Bücher Hegels zu seinem Vorlesungen anzuwenden.

275 Aus dem gleichen Grund weist Hegel auch die »naturhistorische[] Beschreibung der Erscheinungen des Denkens« als Weg zur Erkenntnis des Wahren zurück (III, 28).

276 Zur narrativen Bearbeitung von »Doppelkonditionierungen« vgl. Albrecht Koschorke, *Wahrheit und Erfindung. Grundzüge einer Allgemeinen Erzähltheorie*, Frankfurt a. M.: Fischer 2013, S. 368–383.

277 Georg Lukács, »Erzählen oder beschreiben?«, in: Ders., *Werke*, Bd. 4: *Essays über Realismus*, Neuwied/Berlin: Luchterhand 1971, S. 197–242.

278 Menke, *Autonomie*, S. 83 f.

279 Auch die Version von erzählter »Historie«, die Hegel am Anfang der *Begriffslogik* zurückweist, erinnert nicht von ungefähr an die Geschichte der *Phänomenologie*. Hegel distanziert sich in der *Logik* also auch vor einer Reduktion der *Logik* auf die phänomenologische Erzählweise.

280 Menke, *Autonomie*, S. 103.

281 Meine Beschreibung des paradigmatischen Erzählens der *Logik* ist angelehnt an die des *Nouveau Roman* bei Gilles Deleuze, »Woran erkennt man den Strukturalismus?«, in: Ders., *Die einsame Insel. Texte und Gespräche 1953–1974*, Frankfurt a. M.: Suhrkamp 2003, S. 248–281, besonders S. 249–253.

282 Leo Tolstoi, *Krieg und Frieden*, München: Hanser 2010, Erstes Buch, S. 274.

283 Vgl. Malabou, *Future*, S. 13. Eine erste englische Übersetzung der Einleitung erschien in *Hypatia. A Journal for Feminist Philosophy*, 15.4 (Herbst 2000),

S. 196–220. Übersetzerin ist in beiden Fällen Lisabeth During. Die abweichende Übersetzung von »voir venir« findet sich hier auf S. 209.

284 Vgl. dazu § 82 von Martin Heidegger, *Sein und Zeit*, Tübingen: Niemeyer 2001, S. 428–436. Ich kann die Auseinandersetzung um Hegels Zeit- und Heideggers Missverständnis dessen hier nicht aufnehmen. Derrida hat Heideggers berühmte Fußnote zu Hegel und Aristoteles in seinem Aufsatz »Ousia und gramme. Notiz über eine Fußnote in *Sein und Zeit*« zerlegt (in: Jacques Derrida, *Randgänge der Philosophie*, Wien: Passagen 1988, S. 57–92); in seinem Vorwort zu Malabous Buch zeigt er, wie dieses die Debatte neu ausrichtet; vgl. Jacques Derrida, »A time for farewells: Heidegger (read by) Hegel (read by) Malabou«, in: Malabou, *Future*, S. vii–xlvii.

285 Butler, »To sense«, S. 24. Maurice Blanchot ist derjenige, der das Warten und die Zeit nach dem Ende am ausdauerndsten beschrieben hat: »Wie lange hatte er schon zu warten begonnen? Seit er sich für das Warten freigemacht hatte, indem er den Wunsch nach bestimmtem Dingen verlor und sogar den Wunsch nach dem Ende der Dinge. Warten beginnt, wenn nichts mehr da ist, worauf man wartet, nicht einmal mehr das Ende des Wartens selbst. Warten weiß nicht und zerstört, worauf es wartet. Warten wartet auf nichts.« »Vergessen, warten. Warten, das sammelt, streut aus; Vergessen, das ausstreut, sammelt. Warten, vergessen.« Maurice Blanchot, *Warten Vergessen*, Frankfurt a. M.: Suhrkamp 1964, S. 39 und S. 49.

286 Gadamer betont die Bewegung, die erst durch das Werden in der *Logik* »in Gang« komme; dabei ist es für Gadamer zentral, dass das Werden bei Hegel wörtlich »hervorbricht«, denn alle »Vorstellungen von Vermittlung und Übergang« seien hier zu harmlos und darum »fernzuhalten«; Gadamer, »Idee«, S. 76. Butler, die bei ihm in Heidelberg Hegel studiert hat, weist eigens noch einmal auf Gadamers Emphase des Werdens hin; vgl. Butler, *Subjects*, S. 10, Fn. 12 (S. 239).

287 Das Wiederholungsmoment, das dem englischen Wort »recollection« eingeschrieben ist, wird im Titel einer deutschsprachigen Aufsatzsammlung Brandoms als *Wiedererinnerter Idealismus* angesprochen; vgl. Robert B. Brandom, *Wiedererinnerter Idealismus*, Berlin: Suhrkamp 2014.

288 Vgl. Brandom, *Spirit*, S. 624 f.

289 Das neue Zeitalter wird dabei als ein »postmodern neo-heroisches« ausgeschrieben: »The postmodern neoheroic form of practical normativity replaces (normatively) blind fate with something we do for reasons. What *happens* is given the form of something *done*. Immediacy, contingency, particularity, and their recalcitrance to conceptualization are not done away with. But they now take their proper place«; Brandom, *Spirit*, S. 756. Wenn das mit dem »Habermasian Hegel« gemeint ist, dessen Heraufkunft Fredric Jameson in den letzten Jahrzehnten beobachtet hat, dann kann ich damit gut

leben. Damit habe ich mich dann – wenigstens für Jameson – aber auch vom wahren marxistischen Hegel verabschiedet; auch damit werde ich zurechtkommen müssen. Vgl. Fredric Jameson, *The Hegel Variations. On the »Phenomenology of Spirit«*, London/New York: Verso 2017, S. 54. Dazu Comay/Ruda, *Dash*, S. 15. Seinen »Habermasian Hegel« erklärt Brandom in dem Aufsatz »Zur Versöhnung zweier Helden: Habermas und Hegel«, in: Philip Hogh/Stefan Deines (Hg.), *Sprache und Kritische Theorie*, Frankfurt a. M.: Campus 2016, S. 253–274. Eine kritische Würdigung der Adäquatheit von »Brandoms Hegel« zu diesem selbst findet sich bei Robert B. Pippin, »Brandoms Hegel«, in: Ders., *Die Aktualität des Deutschen Idealismus*, Berlin: Suhrkamp 2016, S. 245–289.

290 Goethe, *Werther*, S. 61.

291 G. W. F. Hegel, »Über das Wesen der philosophischen Kritik überhaupt und ihr Verhältnis zum gegenwärtigen Zustand der Philosophie insbesondere«, in: Ders., *Jenaer kritische Schriften*, Hamburg: Meiner 2018 (= *Hauptwerke in sechs Bänden*, Bd. 1), S. 117–128, hier S. 127.

292 Ebd.

293 Vgl. I, 46, 88, 127, 188, II, #382, #386; III, 19, 33, 39. Zwei exemplarische Sätze, um die summarische Behauptung zu illustrieren – der erste aus der *Wesenslogik*: »Die formelle Möglichkeit ist die Reflexion-in-sich nur als die abstracte Identität, daß Etwas sich nicht in sich widerspreche. Insofern man sich aber auf die Bestimmungen, Umstände, Bedingungen einer Sache einläßt, um daraus ihre Möglichkeiten zu erkennen, bleibt man nicht bey der formellen stehen, sondern betrachtet ihre reale Möglichkeit.« (II, #386); der zweite aus der *Begriffslogik*: »Wenn bey der blossen *Vorstellung* des Ich stehen geblieben wird, wie sie unsrem gewöhnlichen Bewußtseyn vorschwebt, so ist Ich nur das einfache *Ding*, welches auch *Seele* genannt wird, dem der Begriff als ein Besitz oder Eigenschaft *inhärirt*. Diese Vorstellung, welche sich nicht damit einläßt, weder Ich noch den Begriff zu begreifen, kann nicht dazu dienen, das Begreifen des Begriffs zu erleichtern oder näher zu bringen.« (III, 19)

294 Das Zutrauen zum Objekt ergänzt Brandoms Verständnis von *trust*: Für diesen ist das Vertrauen immer eines in die anderen, die anderen Menschen, mit denen ich über die Sprache eine Verständigungs- und Anerkennungsgemeinschaft bilde, eine Gemeinschaft der *recollection*. Mit der Kehre von der Bewusstseinsphilosophie der *Phänomenologie* zur Philosophie der selbstbewegten objektiven Formen in der *Logik* verschiebt sich auch der Bezugspunkt des Ver- oder Zutrauens: Wir Menschen können nun, erst einmal aus dem Fokus des Interesses de-zentriert, zu den Objekten selbst Zutrauen fassen. Oder anders: In der *Logik* wird mit dem Denken auch das Vertrauen de-anthropomorphisiert.

295 Vgl. Frank Ruda, *Gegen-Freiheit. Komik und Fatalismus*, Konstanz: Konstanz University Press 2018, besonders das Kapitel IV: »Mit dem Schlimmsten enden: Hegel und der absolute Fatalismus«, S. 199–253; Comay, *Trauer*, passim; Katrin Pahl, »The Way of Despair«, in: Slavoj Žižek/Clayton Crockett/Cretson Davis (Hg.) *Hegel and the Infinite. Religion, Politics, and Dialectic*, New York: Columbia University Press 2011, S. 141–157; der Band bietet ansonsten noch *perversity, restlessness, weakness, madness* und *shitting* als affektuöse Bezugspunkte Hegels. Eine systematische Rekonstruktion findet sich bei Katrin Pahl, *Tropes of Transport. Hegel and Emotion*, Chicago: Northwestern University Press 2012.

296 Das »Bild des Cartoon-Charakters« fortschreibend, »der über eine Klippe rennt« und erst dann, noch fortlaufend, merkt, dass er schon längst keinen Boden mehr unter den Füßen hat, notiert Frank Ruda: »Der absolute Fatalismus, das absolute Wissen ist systematisch dort verortet, wo der Blick sich nach unten wendet, den Abgrund sieht und das Subjekt zu fallen beginnt. Dieser Fall, ein Fall, *ist genau die Vorbedingung dafür, wieder mit dem Rennen zu beginnen*, selbst wenn vielleicht weiterhin kein Grund unter den eigenen Füßen ist«; Ruda, *Gegen-Freiheit*, S. 253, meine Hervorhebung. Badiou hat gezeigt, dass bei Beckett das »schlechte« Sehen und Sagen Voraussetzung dafür ist, überhaupt all das sehen und sagen zu können, was sich der herrschenden Ordnung des Seh- und Sagbaren entzieht; oder mit Beckett selbst: »With worsening words. Worsening stare. For the nothing to be seen. At the nothing to be seen. Dimly seen« (Beckett, *Worstward*, S. 92).

297 Ein Vorschlag zur Güte: Der faule Trost lenkt ab von der Wahrheit, der schwache Trost ist deren Symptom.

Literaturverzeichnis

Adorno, Theodor W., *Drei Studien zu Hegel*, Frankfurt a. M.: Suhrkamp 1966.

Adorno, Theodor W., *Ästhetische Theorie*, Frankfurt a. M.: Suhrkamp 1990.

Adorno, Theodor W., *Minima Moralia. Reflexionen aus dem beschädigten Leben*, Frankfurt a. M.: Suhrkamp 1991.

Adorno, Theodor W., »Schöne Stellen«, in: Ders., *Musikalische Schriften V. Gesammelte Schriften* Bd. 18, Frankfurt a. M.: Suhrkamp 2003, S. 695–718.

Adorno, Theodor W., *Beethoven. Philosophie der Musik*, Frankfurt a. M.: Suhrkamp 2004.

Agamben, Giorgio, *Die Idee der Prosa*, München: Hanser 1987.

Althusser, Louis, *Materialismus der Begegnung. Späte Schriften*, Zürich: Diaphanes 2010.

Antelme, Robert, *Das Menschengeschlecht*, Frankfurt a. M.: Fischer 2001.

Arndt, Andreas, *Unmittelbarkeit*, Berlin: Eule der Minerva 2013.

Aumiller, Rachel, »Twice Two: Hegel's Comic Redoubling of Being and Nothing«, in: *Problemi International* 2 (2018), S. 253–278.

Badiou, Alain, *Beckett. Das Begehren ist nicht totzukriegen*, Zürich/Berlin: Diaphanes 2008.

Badiou, Alain, *Das Sein und das Ereignis*, Zürich/Berlin: Diaphanes 2008.

Badiou, Alain, *Logiken der Welten. Das Sein und das Ereignis* 2, Zürich/Berlin: Diaphanes 2010.

Badiou, Alain/Jean-Luc Nancy, *Deutsche Philosophie. Ein Dialog*, Berlin: Matthes & Seitz Berlin 2017.

Bataille, Georges, *Die psychologische Struktur des Faschismus. Die Souveränität*, München: Matthes & Seitz 1997.

Bataille, Georges, *Die innere Erfahrung nebst Methode der Meditation und Postskriptum 1953 (Atheologische Summe I)*, München: Matthes & Seitz 1999.

Bataille, Georges, »Hegel, der Tod und das Opfer«, in: Ders., *Hegel, der Mensch und die Geschichte. Die Hegel-Essays*, hg. u. mit einem Nachwort v. Rita Bischof, Berlin: Matthes & Seitz Berlin 2018, S. 31–67.

Beckett, Samuel, *Worstward Ho*, in: Ders., *Company/Ill seen ill said/Worstward Ho/Stirrings Still*, London: Faber & Faber 2009, S. 79–103.

Benjamin, Walter, »Das Kunstwerk im Zeitalter seiner technischen Reproduzierbarkeit«, in: Ders., *Gesammelte Werke*, Bd. 1.II: *Abhandlungen*, Frankfurt a. M.: Suhrkamp 1991, S. 431–469.

Bertaux, Pierre, *Friedrich Hölderlin. Eine Biographie*, Frankfurt a. M.: Insel 2000.

Blanchot, Maurice, *Warten Vergessen*, Frankfurt a. M.: Suhrkamp 1964.

Bloch, Ernst, *Subjekt-Objekt. Erläuterungen zu Hegel*, Frankfurt a. M.: Suhrkamp 1985.

Bobka, Nica/Dirk Braunstein, »Die Lehrveranstaltungen Theodor W. Adornos. Eine kommentierte Übersicht«. IfSWorking Paper Nr. 8, hg v. Institut für Sozialforschung Frankfurt am Main, Juli 2015: http://www.ifs.uni-frankfurt.de/wp-content/uploads/IfS-WP8-Bobka-Braunstein.pdf

Brandom, Robert B., *Wiedererinnerter Idealismus*, Berlin: Suhrkamp 2014.

Brandom, Robert B., »Zur Versöhnung zweier Helden: Habermas und Hegel«, in: Philip Hogh/Stefan Deines (Hg.), *Sprache und Kritische Theorie*, Frankfurt a. M.: Campus 2016, S. 253–274.

Brandom, Robert B., *A Spirit of Trust. A Reading of Hegel's »Phenomenology«*, Cambridge/London: Harvard University Press 2019.

Brecht, Bertolt, »An die Nachgeborenen«, in: Ders., *Gedichte 2. Große kommentierte Berliner und Frankfurter Ausgabe*, Bd. 12, Berlin/Weimar/Frankfurt a. M.: Aufbau/Suhrkamp 1988, S. 85–87.

Brecht, Bertolt, »Flüchtlingsgespräche«, in: Ders., *Prosa 3. Große kommentierte Berliner und Frankfurter Ausgabe*, Bd. 18, Berlin/Weimar/Frankfurt a. M.: Aufbau/Suhrkamp 1995, S. 195–327.

Brecht, Bertolt, *Buch der Wendungen*, in: Ders., *Große kommentierte Berliner und Frankfurter Ausgabe*, Bd. 18: Prosa 3, Berlin/Weimar/Frankfurt a. M.: Aufbau/Suhrkamp 1995, S. 45–194.

Bubner, Rüdiger »Einleitung« zu August von Cieszkowski, *Prolegomena zur Historiosophie*, Hamburg: Meiner 1981, S. VII–XIX.

Bubner, Rüdiger, *Geschichte der Philosophie in Text und Darstellung: Deutscher Idealismus*, Stuttgart: Reclam 2004.

Büchner, Georg, *Woyzeck*, in: Ders., *Dichtungen*, hg. v. Henri Poschmann u. Mitarbeit v. Rosemarie Poschmann, Frankfurt a. M.: Deutscher Klassiker Verlag 2006, S. 145–219.

Butler, Judith, »To Sense What Is Living in the Other: Hegel's Early Love / Fühlen, was im anderen lebendig ist: Hegels frühe Liebe«, dOCUMENTA 13. 100 Notes – 100 Thoughts, Nr. 66, Ostfildern: Hatje Cantz 2012.

Butler, Judith, *Subjects of Desire. Hegelian Reflections in Twentieth-Century France*, New York: Columbia University Press 2012.

Cieszkowski, August von, *Prolegomena zur Historiosophie*, Hamburg: Meiner 1981.

Comay, Rebecca, *Die Geburt der Trauer. Hegel und die Französische Revolution*, Konstanz: Konstanz University Press 2018.

Comay, Rebecca/Frank Ruda, *The Dash – The other side of absolute knowing*, Cambridge, MA/London: MIT Press 2018.

de Boer, Karin, *On Hegel. The Sway of the Negative*, Houndsville, Basinstoke: Palgrave Macmillan 2010.

Deleuze, Gilles, »Woran erkennt man den Strukturalismus?«, in: Ders., *Die einsame Insel. Texte und Gespräche 1953–1974*, Frankfurt a. M.: Suhrkamp 2003, S. 248–281.

Derrida, Jacques, »A time for farewells: Heidegger (read by) Hegel (read by) Malabou«, in: Malabou, Future, S. vii–xlvii.

Derrida, Jacques, »Der Facteur der Wahrheit«, in: Ders., *Die Postkarte von Sokrates bis an Freud und jenseits. 2. Lieferung*, Berlin: Brinkmann & Bose 1987.

Derrida, Jacques, »Ousia und gramme. Notiz über eine Fußnote in *Sein und Zeit*«, in: Ders., *Randgänge der Philosophie*, Wien: Passagen 1988, S. 57–92.

Derrida, Jacques, *Die Grammatologie*, Frankfurt a. M.: Suhrkamp 1996.

Derrida, Jacques, *Gesetzeskraft. Der »mystische Grund der Autorität«*, Frankfurt a. M.: Suhrkamp 1996.

Detering, Heinrich, *Bertolt Brecht und Laotse*, Göttingen: Wallstein 2008.

D'Hondt, Jacques, *Verborgene Quellen des Hegelschen Denkens*, Berlin: Akademie-Verlag 1972.

Diefenbach, Katja, *Spekulativer Materialismus. Spinoza in der postmarxistischen Philosophie*, Wien/Berlin: Turia + Kant 2018.

Döblin, Alfred, *Die drei Sprünge des Wang-lun. Chinesischer Roman*, Frankfurt a. M.: Fischer 2008.

Dubilet, Alex, *The Self-Emptying Subject. Kenosis and Immanence, Medieval and Modern*, New York: Fordham University Press 2018.

Eidam, Heinz, »Der Anfang der *Logik*«, in: Wolfdietrich Schmied-Kowarzik/ Heinz Eidam (Hg.), *Anfänge bei Hegel*, Kassel: Kassel University Press 2008, S. 51–62.

Eidelpes, Rosa, *Entgrenzung der Mimesis. Georges Bataille – Roger Caillois – Michel Leiris*, Berlin: Kadmos 2018.

Eiden-Offe, Patrick, *Die Poesie der Klasse. Romantischer Antikapitalismus und die Erfindung des Proletariats*, Berlin: Matthes & Seitz Berlin 2017.

Eiden-Offe, Patrick, »›Eigenes‹ und ›Lebendiges‹: Hölderlins ›deutscher Gesang‹ um 1800«, in: Claude Haas und Daniel Weidner (Hg.), *Über Wissenschaft reden. Studien zu Sprachgebrauch, Darstellung und Adressierung in der deutschsprachigen Wissenschaftsprosa um 1800*, Berlin: de Gruyter 2020, S. 235–263.

Engels, Friedrich, *Herrn Eugen Dührings Umwälzung der Wissenschaft*, in: Karl Marx/Friedrich Engels, *Werke*, Bd. 20, Berlin: Dietz 1962, S. 32–135.

Engster, Frank, *Das Geld als Maß, Mittel und Methode. Das Rechnen mit der Identität der Zeit*, Berlin: Neofelis 2014.

Engster, Frank, Rezension zu: Frank D. Wagner, *Hegel und Brecht*, in: *Brecht Yearbook / Brecht Jahrbuch* Nr. 41, New York: Camden House 2017, S. 291–296.

Engster, Frank/Jan Hoff, *Die Neue Marx-Lektüre im internationalen Kontext*, Berlin 2012 (Philosophische Gespräche 28, Helle Panke e. V.).

Enzensberger, Hans Magnus, *Die Furie des Verschwindens. Gedichte*, Frankfurt a. M.: Suhrkamp 1980.

Förster, Eckart, *Die 25 Jahre der Philosophie. Eine systematische Rekonstruktion*, Frankfurt a. M.: Klostermann 2012.

Franz, Michael, »Theoretische Schriften«, in: Johann Kreuzer (Hg.), *Hölderlin Handbuch. Leben – Werk – Wirkung*, Stuttgart: Metzler 2002/2011, S. 224–246.

Gadamer, Hans-Georg, »Die Idee der Hegelschen Dialektik«, in: Ders., *Gesammelte Werke*, Bd. 3: *Hegel Husserl Heidegger*, Tübingen: Mohr Siebeck 1987, S. 65–86.

Gamm, Gerhard, *Der Deutsche Idealismus. Eine Einführung in die Philosophie von Fichte, Hegel und Schelling*, Stuttgart: Reclam 2015.

Geck, Martin, *Beethoven. Der Schöpfer und sein Universum*, München: Siedler 2017.

Geulen, Eva, *Das Ende der Kunst. Lesarten eines Gerüchts nach Hegel*, Frankfurt a. M.: Suhrkamp 2002.

Goethe, Johann Wolfgang, *Die Leiden des jungen Werthers*. Erste Fassung von 1774, Stuttgart: Reclam 2010.

Grünbein, Durs, *Vom Schnee oder Descartes in Deutschland*, Frankfurt a. M.: Suhrkamp 2003.

Guattari, Félix, *Chaosmose*, Wien/Berlin: Turia + Kant 2014.

Han, Byung-Chul, *Philosophie des Zen-Buddhismus*, Stuttgart: Reclam 2002.

Hegel, G. W. F., *Briefe von und an Hegel*, in vier Bänden hg. v. Johannes Hoffmeister, Philosophische Bibliothek 235, Hamburg: Meiner 1952.

Hegel, G. W. F., *Werke*, Bd. 1: *Frühe Schriften*, Frankfurt a. M.: Suhrkamp 1986.

Hegel, G. W. F., *Jenenser Systementwürfe III: Naturphilosophie und Philosophie des Geistes*, Philosophische Bibliothek Bd. 333, Hamburg: Meiner 1987.

Hegel, G. W. F., *Enzyklopädie der philosophischen Wissenschaften im Grundrisse* [1817], Stuttgart: Frommann-Holzboog 1988.

Hegel, G. W. F., *Berliner Schriften (1818–1831)*, Philosophische Bibliothek Bd. 504, Hamburg: Meiner 1997.

Hegel, G. W. F., *Wissenschaft der Logik. Erster Band: Die objektive Logik. Erstes Buch: Das Sein*, Philosophische Bibliothek Bd. 375, Hamburg: Meiner 1999.

Hegel, G. W. F., *Werke, Bd.* 4: *Nürnberger und Heidelberger Schriften.*, Frankfurt a. M.: Suhrkamp 2003.

Hegel, G. W. F., *Hauptwerke in sechs Bänden*, Hamburg: Meiner 2018.

Heidegger, Martin, »Bauen Wohnen Denken«, in: Ders., *Vorträge und Aufsätze*, Stuttgart: Neske 1954, S. 139–156.

Heidegger, Martin, *Sein und Zeit*, Tübingen: Niemeyer 2001.

Heidegger, Martin, *Hegel: 1. Die Negativität 2. Erläuterung der »Einleitung« zu*

Hegels »Phänomenologie des Geistes«. Gesamtausgabe Bd. 68, Frankfurt a. M.: Klostermann 2009.

Heinrich, Klaus, *dämonen beschwören, katastrophen auslachen. Reden und kleine Schriften 3*, Frankfurt a. M./Basel: Stroemfeld 2013.

Henrich, Dieter, »Hölderlin über Urteil und Sein. Eine Studie zur Entwicklungsgeschichte des Idealismus«, in: *Hölderlin-Jahrbuch 1965/66*, S. 73–96.

Heydrich, Jürgen, »Die Streichquartette«, in: Hiemke (Hg.), *Beethoven-Handbuch*, Kassel/Stuttgart: Barenreiter/Metzler 2009, S. 173–218.

Hinrichsen, Hans Joachim, *Beethoven. Die Klaviersonaten*. Kassel: Bärenreiter 2013.

Hölderlin, Friedrich, *Sämtliche Werke. Kritische Textausgabe*, hg. v. D. E. Sattler, Darmstadt/Neuwied: Luchterhand 1979 [= Bremer Ausgabe].

Holz, Hans Heinz, *Einheit und Widerspruch. Problemgeschichte der Dialektik in der Neuzeit*. Bd. III: *Die Ausarbeitung der Dialektik*, Stuttgart/Weimar: Metzler 1997.

Holz, Hans Heinz, »Das Wesen metaphorischen Sprechens« [1955], in: Ders., *Speculum Mundi. Schriften zur Theorie der Metapher, spekulativen Dialektik und Sprachphilosophie*, Bielefeld: Aisthesis 2017, S. 9–31.

Holz, Hans Heinz, »Drei Fragmente zur Weg-Metapher«, in: Holz, *Speculum*, S. 141–154.

Indorf, Gerd, *Beethovens Streichquartette. Kulturgeschichtliche Aspekte und Werkinterpretationen*, Freiburg i. Br.: Rombach 2004.

Jaeschke, Walter (Hg.), *Hegel-Handbuch. Leben – Werk – Schule*. 3. Auflage, Stuttgart: Metzler 2016.

Jaeschke, Walter, *Hegels Philosophie*, Hamburg: Meiner 2020.

Jameson, Fredric, *Valences of the Dialectic*, London/New York: Verso 2010.

Jameson, Fredric, *The Hegel Variations. On the »Phenomenoly of Spirit«*, London/New York: Verso 2017.

Jean Paul, *Der Komet*, in: Ders., *Werke in zwölf Bänden*, Bd. 11/12: *Späte erzählende Schriften*, München: Hanser 1975, S. 563–1036.

Jean Paul, *Dr. Katzenbergers Badereise*, Stuttgart: Reclam 2018.

Khurana, Thomas, »Politics of Second Nature. On the Democratic Dimension of Ethical Life«, in: Pirmin Stekeler-Weithofer, Benno Zabel (Hg.), *Philosophie der Republik*, Tübingen: Mohr Siebeck 2018, S. 422–436.

Khurana, Thomas/Christoph Menke (Hg.), *Paradoxien der Autonomie. Freiheit und Gesetz I*, Berlin: August 2011.

Kleist, Heinrich von, *Sämtliche Werke und Briefe*, hg. v. Helmut Sembdner, München: dtv 1994.

Koch, Anton Friedrich, »Sein – Nichts – Werden«, in: Andreas Arndt/Christian Iber (Hg.), *Hegels Seinslogik. Interpretationen und Perspektiven*, Berlin: Akademie-Verlag 2000, S. 140–157.

Koschorke, Albrecht, *Wahrheit und Erfindung. Grundzüge einer Allgemeinen Erzähltheorie*, Frankfurt a. M.: Fischer 2013.

Koschorke, Albrecht, *Hegel und wir*, Berlin: Suhrkamp 2015.

Krahl, Hans-Jürgen, »Bemerkungen zum Verhältnis von Kapital und Hegelscher Wesenslogik«, in: Oskar Negt (Hg.), *Aktualität und Folgen der Philosophie Hegels*, Frankfurt a. M.: Suhrkamp 1970, S. 137–150.

Kreidler, Johannes, »Luhmanns Medium-Form-Unterscheidung als Theorie der Satzmodelle«, in: *Zeitschrift der Gesellschaft für Musiktheorie* (ZGMTH) 4/1–2 (2007), S. 135–141.

Lachmann, Renate, »Die (seltsame) Logik der Triaden«. Festvortrag zur Eröffnung der zweiten Förderphase des Graduiertenkollegs *Die Figur des Dritten*, Universität Konstanz, 9. Mai 2006.

Laotzi, *Daodejing*. Eine Übertragung von Jan Philipp Reemtsma, München: Beck 2017.

Lenin, W. I., »Zur Kritik der Hegelschen ›Wissenschaft der Logik‹. 1914 Bern«, in: Ders., *Aus dem philosophischen Nachlass. Exzerpte und Randglossen*, Berlin: Dietz 1961, S. 1–164.

Link, Jürgen, *Hölderlin – Rousseau: Inventive Rückkehr*, Opladen/Wiesbaden: Westdeutscher Verlag 1999.

Loick, Daniel, »Gegenhegemoniale Gewöhnung. Modelle zur Transformation der zweiten Natur«, in: Thomas Khurana/Dirk Quadflieg/Francesca Raimondi/Juliane Rebentisch/Dirk Setton (Hg.), *Negativität – Kunst, Recht, Politik*, Berlin: Suhrkamp 2018, S. 311–328.

Lukács, Georg, *Die Seele und die Formen*, Neuwied/Berlin: Luchterhand 1971.

Lukács, Georg, »Erzählen oder beschreiben?«, in: Ders., *Werke*, Bd. 4: *Essays über Realismus*, Neuwied/Berlin: Luchterhand 1971, S. 197–242.

Malabou, Catherine, *The Future of Hegel. Plasticity, Temporality and Dialectic*, London/New York: Routledge 2005.

Malabou, Catherine, »Dialektik und Dekonstruktion: ein neues ›Moment‹«, in: Ulrich Johannes Schneider (Hg.), *Der französische Hegel*, Berlin: Akademie-Verlag 2007, S. 155–162.

Mayer, Hans, *Ein Deutscher auf Widerruf. Erinnerungen*, Band 1, Frankfurt a. M.: Suhrkamp 1988.

Mayer, Hans, *Brecht*, Frankfurt a. M.: Suhrkamp 1996.

Meillassoux, Quentin, *Nach der Endlichkeit. Versuch über die Notwendigkeit der Kontingenz*, Zürich/Berlin: Diaphanes 2008.

Menke, Christoph, *Autonomie und Befreiung. Studien zu Hegel*, Berlin: Suhrkamp 2018.

Moder, Gregor, *Hegel und Spinoza. Negativität in der gegenwärtigen Philosophie*, Wien/Berlin: Turia + Kant 2013.

Mülder-Bach, Inka/Jens Kersten/Martin Zimmermann (Hg.), *Prosa schreiben. Literatur – Geschichte – Recht*, Paderborn: Fink 2019.

Müller, Heiner, *Germania 3 Gespenster am toten Mann*, in: Ders., *Werke*, Bd. 5: *Die Stücke 3*, Frankfurt a. M.: Suhrkamp 2002, S. 253–297.

Muratori, Cecilia, *The First German Philosopher: The Mysticism of Jakob Böhme as Interpreted by Hegel*, Dordrecht u. a.: Springer 2016.

Nancy, Jean-Luc, *Das Gewicht eines Denkens*, Düsseldorf/Bonn: Parerga 1995.

Nancy, Jean-Luc, *Hegel. Die spekulative Anmerkung. Die Unruhe des Negativen*, Zürich: Diaphanes 2011.

Pahl, Katrin, »The Way of Despair«, in: Slavoj Žižek/Clayton Crockett/Cretson Davis (Hg.), *Hegel and the Infinite. Religion, Politics, and Dialectic*, New York: Columbia University Press 2011, S. 141–157.

Pahl, Katrin, *Tropes of Transport. Hegel and Emotion*, Chicago: Northwestern University Press 2012.

Philipsen, Peter-Ulrich, »Nichts als Kontexte. Dekonstruktion als schlechte Unendlichkeit«, in: Andreas Arndt/Christian Iber (Hg.), *Hegels Seinslogik. Interpretationen und Perspektiven*, Berlin: Akademie-Verlag 2000, S. 186–201.

Pinkard, Terry, *Hegel. A Biography*, Cambridge: Cambridge University Press 2000.

Pinkard, Terry, »Das Paradox der Autonomie: Kants Problem und Hegels Lösung«, in: Thomas Khurana/Christoph Menke (Hg.), *Paradoxien der Autonomie. Freiheit und Gesetz I*, Berlin: August 2011, S. 25–59.

Pinkard, Terry, »From Schelling's Naturalism to Hegel's Naturalism«, in: Johannes Haag/Markus Wild, *Übergänge – diskursiv oder intuitiv? Essays zu Eckart Försters »Die 25 Jahre der Philosophie«*, Frankfurt a. M.: Klostermann 2013, S. 275–288.

Pippin, Robert B., »Brandoms Hegel«, in: Ders., *Die Aktualität des Deutschen Idealismus*, Berlin: Suhrkamp 2016, S. 245–289.

Reemtsma, Jan Philipp, »Ein paar Bemerkungen hernach«, in: Laotzi, *Daodejing.* Eine Übertragung von Jan Philipp Reemtsma, München: Beck 2017, S. 97–124.

Reuß, Roland, *Die perfekte Lesemaschine. Zur Ergonomie des Buches*, Göttingen: Wallstein 2014.

Rosenzweig, Franz, *Hegel und der Staat*, hg. v. Frank Lachmann. Mit einem Nachwort v. Axel Honneth, Berlin: Suhrkamp 2010.

Ruda, Frank, *Hegels Pöbel. Eine Untersuchung der »Grundlinien der Philosophie des Rechts«*, Konstanz: Konstanz University Press 2012.

Ruda, Frank, *Gegen-Freiheit. Komik und Fatalismus*, Konstanz: Konstanz University Press 2018.

Sandkaulen, Birgit, »Der Begriff des Lebens in der Klassischen deutschen Philosophie – eine naturphilosophische oder lebensweltliche Frage?«, in: *Deutsche Zeitschrift für Philosophie* 67.6 (2019), S. 911–929.

Schelling, Friedrich Wilhelm Joseph, *Aphorismen über die Naturphilosophie*, hg. v. Fabian Mauch, Hamburg: Meiner 2018.

Schiefen, Fana, *Öffnung des Christentums? Eine fundamentaltheologische Auseinandersetzung mit der Dekonstruktion des Christentums nach Jean-Luc Nancy*, Regensburg: Friedrich Pustet 2017.

Siep, Ludwig, »Die Lehre vom Begriff. Dritter Abschnitt. Die Idee«, in: Michael Quante/Nadine Mooren (Hg.), *Kommentar zu Hegels Wissenschaft der Logik*, Hamburg: Meiner 2018, S. 651–790.

Simon, Ralf, *Die Idee der Prosa. Zur Ästhetikgeschichte von Baumgarten bis Hegel mit einem Schwerpunkt bei Jean Paul*, Paderborn: Fink 2013.

Stanitzek, Georg, *Blödigkeit. Beschreibungen des Individuums im 18. Jahrhundert*, Tübingen: Niemeyer 1989.

Stašková, Alice, »Schillers philosophische Prosa und die Sprachen der Karlsschule«, in: Peter-André Alt/Marcel Lepper (Hg.), *Schillers Europa*, Berlin/Boston: de Gruyter 2017, S. 74–87.

Stekeler, Pirmin, *Hegels Wissenschaft der Logik. Ein dialogischer Kommentar*, Hamburg: Meiner 2020.

Tho, Tzuchien, »The Good, the Bad, and the Indeterminate: Hegel and Badiou on the Dialectics of the Infinite«, in: Jom Vernon/Antonio Calcagno (Hg.), *Badiou and Hegel. Infinity, Dialectics, Subjectivity*, Lanhan u. a.: Lexington 2015, S. 35–57.

Tolstoi, Leo, *Krieg und Frieden*, München: Hanser 2010.

Unger, Daniel, *Schlechte Unendlichkeit. Zu einer Schlüsselfigur und ihrer Kritik in der Philosophie des Deutschen Idealismus*, Freiburg/München: Alber 2015.

Vieweg, Uwe, *Hegel. Philosoph der Freiheit*, München: Beck 2019.

Vogel, Juliane, »Zeremoniell und Effizienz. Stilreformen in Preußen und Österreich«, in: Mulder-Bach, Inka/Jens Kersten/Martin Zimmermann (Hg.), *Prosa schreiben. Literatur – Geschichte – Recht*, Paderborn: Fink 2019, S. 39–53.

Wagner, Frank D., *Hegel und Brecht. Zur Dialektik der Freiheit*, Würzburg: Königshausen & Neumann 2015.

Waibel, Violetta L., »Kant, Fichte, Schelling (Voraussetzungen, Quellen, Kontexte)«, in: Johann Kreuzer (Hg.), *Hölderlin Handbuch. Leben – Werk – Wirkung*, Stuttgart: Metzler 2002/2011, S. 90–106.

Wenz, Gunter, *Hegels Freund und Schillers Beistand: Friedrich Immanuel Niethammer (1766–1848)*, Göttingen: Vandenhoeck & Ruprecht 2008.

Werbeck, Walter, »Die Klaviersonaten«, in: Sven Hiemke (Hg.), *Beethoven-Handbuch*, Kassel/Stuttgart: Bärenreiter/Metzler 2009, S. 319–403.

Windischmann, Carl Joseph Hieronymus, *Die Philosophie im Fortgang der Weltgeschichte. Teil 1: Die Grundlagen der Philosophie im Morgenland. Erste Abtheilung: Sina*, Bonn: Thormann 1827.

Wittgenstein, Ludwig, *Philosophische Untersuchungen*, Frankfurt a. M.: Suhrkamp 2003.

Žižek, Slavoj, *Psychoanalyse und die Philosophie des deutschen Idealismus. Bände I und II*, Wien: Turia + Kant 2008.

Zupančič, Alenka, *Der Geist der Komödie*, Berlin: Merve 2014.

Zupančič, Alenka, *Was ist Sex? Psychoanalyse und Ontologie*. Wien/Berlin: Turia + Kant 2019.

Erste Auflage Berlin 2021

MSB Matthes & Seitz Berlin Verlagsgesellschaft mbH
Göhrener Str. 7, 10437 Berlin
info@matthes-seitz-berlin.de

Satz und Gestaltung: Gaby Michel, Hamburg
Druck und Bindung: GGP Media GmbH, Pößneck
Printed in Germany
978-3-7518-0302-1
www.matthes-seitz-berlin.de

Patrick Eiden-Offe

Die Poesie der Klasse
Romantischer Antikapitalismus und die Erfindung des Proletariats

460 Seiten, Broschur, 18,00 €

Mit der Durchsetzung des Kapitalismus und der Industrialisierung entsteht im frühen 19. Jahrhundert aus verarmten Handwerkern, städtischem Pöbel, umherziehenden ländlichen Unterschichten, bankrotten Adligen und nicht zuletzt freigesetzten prekären Intellektuellen jenes neue soziale Kollektiv, das man in der Sprache der Zeit bald das Proletariat nennen wird. Allerdings existierte dieses zunächst noch nicht als formierte, homogene Klasse mit angeschlossenen politischen Parteien, die den Weg in die bessere Zukunft vorgeben. Die buntscheckige Erscheinung, die Träume und Sehnsüchte dieser allen ständischen Sicherheiten entrissenen Gestalten fanden neue Formen des Erzählens in romantischen Novellen, Reportagen, sozialstatistischen Untersuchungen, Monatsbulletins. Doch schon bald wurden sie – ungeordnet, gewaltvoll, nostalgisch, irrlichternd und utopisch, wie sie waren – von den Vordenkern der Arbeiterbewegung als reaktionär und anarchisch verunglimpft, weil sie nicht in die große lineare Fortschrittsvision passen wollten. In seiner bahnbrechenden Studie verhilft Patrick Eiden-Offe dem lange verdrängten romantischen Antikapitalismus zu seinem Recht und befreit die Sozial- und Literaturgeschichte des 19. Jahrhunderts aus ihren eindimensionalen Sichtachsen. Dabei wird nicht zuletzt deutlich, dass die historische, poetisch besungene unordentliche Klasse den heutigen Figuren von Prekarität nach dem Ende der alten Arbeitsgesellschaft verblüffend ähnlich ist.

»Patrick Eiden-Offes originelles Buch stellt überzeugend dar, wie der deutschen Arbeiterbewegung die Poesie ausgetrieben wurde – zumindest offiziell [...] Selten ist eine Forschungslücke mit so viel Esprit geschlossen worden« Judith Leister, *SWR2*

»Eine der fulminantesten literaturwissenschaftlichen Neuerscheinungen des Jahres« Marcel Lepper, *Geschichte der Germanistik*

Alain Badiou, Jean-Luc Nancy, Jan Völker (Hg.)

Deutsche Philosophie
Ein Dialog

Aus dem Französischen von Jan Völker
Fröhliche Wissenschaft
110 Seiten, Klappenbroschur, 10,00 €

Ob Nietzsche oder Heidegger, ohne den Einfluss der Klassiker der deutschen Philosophie wäre die Entwicklung der großen französischen Theorien im 20. Jahrhundert kaum vorstellbar. Doch worin besteht das deutsche Denken, und welche Fragen verleihen ihm weiterhin Aktualität? Auf Initiative von Jan Völker treffen sich mit Alain Badiou und Jean-Luc Nancy die beiden wichtigsten französischen Philosophen der Gegenwart zum ersten Mal zu einem gemeinsamen intellektuellen Austausch: In ihrem ebenso konzentrierten wie gedankensprühenden Dialog nehmen die beiden Philosophen die deutsche Denktradition anhand von Kant, Hegel, Heidegger und Adorno unter die Lupe und gleichen ihre Meinung zu den verschiedenen Theoriekonzepten ab. Dabei entspinnt sich nicht nur eine kontroverse Debatte über Aktualität, Relevanz und Überlebtheit der deutschen Denker, sondern auch eine zugängige wie originelle Einführung in die Klassiker der deutschen Philosophie, in deren Verlauf auch die Theorien Badious und Nancys Kontur gewinnen und an deren Ende die Frage nach dem Sinn von Philosophie überhaupt aufscheint.

Donatella Di Cesare

Von der politischen Berufung der Philosophie

Aus dem Italienischen von Daniel Creutz
175 Seiten, gebunden mit Schutzumschlag, 22,00 €

Während in der vollends globalisierten, kapitalisierten und integrierten Welt ohne Außen Krise auf Krise folgt und menschenfeindliche Positionen immer mehr Raum gewinnen, verhält die Philosophie sich eigentümlich konformistisch: In Ethikkommissionen stellt sie hier und da eine zaghafte Empfehlung moralischer Angemessenheit aus und bescheidet sich ansonsten damit, das Bestehende intellektuell mitzuverwalten. In ihrer ebenso leidenschaftlichen wie scharfsinnigen Abhandlung ruft Donatella Di Cesare die Philosophie dazu auf, sich wieder ins politische Handgemenge zu begeben und in die Stadt, die globale Polis, zurückzukehren, aus der sie nach dem Tod des Sokrates vertrieben worden war. Getragen von radikalem Existenzialismus und einem neuen Anarchismus zeigt sie, dass in die abendländische Philosophie seit ihrem antiken Anfang eine politische Berufung eingeschrieben war, deren Verdrängung sie um ihr Wertvollstes, um ihre aufklärerische Potenz, bringt. Doch Kritik und Dissens allein reichen nicht mehr aus. Der Niederlage des Exils, der inneren Emigration eingedenk kehren die Philosophen jetzt zurück, um ein Bündnis mit den Unterdrückten zu schmieden. Ein fulminantes Plädoyer für die politische Relevanz der Philosophie, ihre radikale Zeitgenossenschaft und ihre atopische Widerstandskraft.

Di Cesares Buch ist eine kleine, elegante – und elegant übersetzte – Philosophiegeschichte, in der das Fremdeln als theoretische Kunst in seinen verschiedenen Formen und politischen Facetten erkundet wird.«
Dieter Thomä, *Frankfurter Allgemeine Zeitung*

»Eine gedanklich konzisere und sprachlich leidenschaftlichere Darstellung ist zurzeit wohl nicht zu haben.« Andreas Puff-Trojan, *ORF*

Jürgen Goldstein

Hans Blumenberg

Ein philosophisches Portrait

624 Seiten, gebunden mit Schutzumschlag, 34,00 €

Das Werk Hans Blumenbergs steht wie ein Monolith in der philosophischen Landschaft. Während er immer mehr als einer der wichtigsten deutschsprachigen Philosophen des 20. Jahrhunderts entdeckt wird, erscheinen seine Bücher als ungemein faszinierend und schwer zu lesen, äußerst anregend und zumeist umständlich sowie überaus stilbewusst und oftmals sehr um fangreich. Jürgen Goldstein, der selbst bei Blumenberg studierte, zeichnet ein philosophisches Portrait dieses Autors, indem er dessen geistige Physiognomie hervortreten lässt: Meisterhaft und anschaulich folgt er als ausgewiesener Kenner den Gedankenlinien des reichhaltigen Werkes, von den frühesten akademischen Schriften über die klassischen Bücher bis zu den essayistischen Miniaturen der späten Jahre und den bereits aus dem Nachlass gehobenen Schriften. Dabei wird nicht nur beleuchtet, was Blumenberg dachte, sondern auch, wie er es tat. So eröffnet seine Denkbiografie nicht nur Eingeweihten des Werks neue Perspektiven, sondern dient auch als Handreichung für jene, die bei einem seiner Bücher ins Stocken geraten sind. Auf diese Weise wird dem Gelehrten, der zeit seines Lebens den Zugriff auf seine Person scheute, Genüge getan: denn Blumenberg wollte nicht durchschaut, er wollte gelesen werden.

»Goldsteins ›philosophisches Portrait‹ … ist eine ausgezeichnete Einführung in Blumenbergs Werk, der das Unmögliche gelingt: eine unaufhörliche Bewegung gewissermaßen still zu stellen, ohne ihr das Lebendige zu nehmen.« Elke Schmitter, *Der Spiegel*

»Ein luzider, in einem überaus klaren und unangestrengten Stil geschriebener fortlaufender Kommentar zum Gesamtwerk in allen seinen Facetten.«
Lothar Müller, *Süddeutsche Zeitung*

»Eines der herausragenden Werke, … stilistisch wunderbar zu lesen.«
Michael Köhler, *WDR3*